Strafvollzug im SED-Staat

Studien des Forschungsverbundes SED-Staat an der Freien Universität Berlin

Herausgegeben von Klaus Schroeder
und Jochen Staadt

Band 20

Zu Qualitätssicherung und Peer Review der vorliegenden Publikation

Die Qualität der in dieser Reihe erscheinenden Arbeiten wird vor der Publikation durch beide Herausgeber der Reihe geprüft.

Notes on the quality assurance and peer review of this publication

Prior to publication, the quality of the work published in this series is reviewed by both editors of the series.

Steffen Alisch

Strafvollzug im SED-Staat

Das Beispiel Cottbus

PETER LANG
EDITION

Bibliografische Information der Deutschen Nationalbibliothek
Die Deutsche Nationalbibliothek verzeichnet diese Publikation
in der Deutschen Nationalbibliografie; detaillierte bibliografische
Daten sind im Internet über http://dnb.d-nb.de abrufbar.

Covergestaltung: Uta Schulz

Umschlagabbildungen:
Vorderseite: Torhaus ehemalige StVE Cottbus 1992
Quelle: Menschenrechtszentrum Cottbus e.V. / Wolfgang Reppin
Rückseite: Mitte der siebziger Jahre heimlich angefertigtes Foto
der StVE Cottbus (Günter Schau).
Zum Hintergrund vgl. Lippmann 2013b
Quelle: MfS-AU-9272-78-Bd-14-Seite-0097-Bild-0001

ISSN 0946-9052
ISBN 978-3-631-64557-4 (Print)
E-ISBN 978-3-653-03745-6 (E-Book)
DOI 10.3726/ 978-3-653-03745-6

© Peter Lang GmbH
Internationaler Verlag der Wissenschaften
Frankfurt am Main 2014
Alle Rechte vorbehalten.
Peter Lang Edition ist ein Imprint der Peter Lang GmbH.

Peter Lang – Frankfurt am Main · Bern · Bruxelles · New York ·
Oxford · Warszawa · Wien

Dieses Buch erscheint in der Peter Lang Edition
und wurde vor Erscheinen peer reviewed.

www.peterlang.com

Inhaltsverzeichnis

Vorwort

Die Geschichte des 1860 eröffneten und 2002 geschlossenen Cottbuser Zentralgefängnisses ist bisher wissenschaftlich kaum bearbeitet. Dies gilt für die gesamte Zeit seines Bestehens. Dabei spiegelte das Gefängnis die Entwicklung im (ost-)deutschen Strafvollzug des 20. Jahrhunderts deutlich wider. Dominierten während der Weimarer Republik noch sozialreformerische Konzepte, so mussten die Gefangenen in den beiden folgenden diktatorischen Perioden unter Willkür, Entrechtung, Überfüllung und Misshandlungen leiden. Während sich aber in der NS-Zeit die Verhältnisse infolge des Krieges und der weiteren Radikalisierung der Diktatur immer mehr zuspitzen, wurden die Haftbedingungen in der DDR seit den 1960er Jahren besser, ohne allerdings ein menschenwürdiges Leben zu ermöglichen.

Das Cottbuser Gefängnis hatte von 1933 bis 1989 immer regionale und überregionale Bedeutung: Während der NS-Zeit war es das einzige Jugendgefängnis bzw. später Frauenzuchthaus im Kammergerichtsbezirk Berlin, Haftort für deutsche und ausländische Widerstandskämpferinnen und Ausgangspunkt für Deportationen in Konzentrationslager. Im SED-Staat diente es vor allem als Schwerpunktgefängnis für verurteilte Ausreisewillige aus der ganzen DDR.

Während der beiden deutschen Diktaturen im 20. Jahrhundert gab es in Cottbus immer einen beträchtlichen Anteil an Häftlingen, die unter rechtsstaatlichen Verhältnissen nie zu Haftstrafen verurteilt worden wären, sondern Opfer totalitärer Machtansprüche wurden. Einige Häftlingsgruppen, wie die „Zeugen Jehovas", wurden sogar von beiden Diktaturen verfolgt. Einen entscheidenden Unterschied bildete die Perspektive nach Strafende: Während eine beträchtliche Zahl der NS-Gefangenen nach Ablauf der Justizhaft in Konzentrationslager deportiert wurde, wo viele von ihnen umkamen, fieberten vor allem ab den 1970er Jahren viele Gefangene ihrem „Freikauf" durch die Bundesregierung und der Ausreise in die Bundesrepublik entgegen.

Vor allem bezüglich der NS-Zeit steht die Forschung zum Cottbuser Zentralgefängnis noch immer am Anfang. Aber auch der Wissensstand zur Phase der SED-Diktatur ist keineswegs zufriedenstellend. Es lag deshalb nahe, eine umfassende vergleichende Untersuchung der Zustände im Zentralgefängnis Cottbus während der NS- und DDR-Zeit in Angriff zu nehmen und die Verhältnisse dort in das jeweilige System der Unterdrückung politischer Gegner einzuordnen. Der Forschungsverbund SED-Staat der Freien Universität Berlin leistete hierzu bereits seit 2008 wesentliche Vorarbeiten. So wurde unter anderem für das Brandenburger Ministerium für Wissenschaft, Forschung und Kultur (MWFK) ein Gutachten über den Forschungsstand zur Gefängnisgeschichte erstellt. Das MWFK finanzierte auch die vorliegende Untersuchung, ein Kooperationsprojekt des Forschungsverbundes SED-Staat mit dem Historischen Institut der Universität Potsdam, wofür wir uns bei der damaligen Ministerin Johanna Wanka herzlich bedanken möchten.

Mit den Arbeiten für das neue Forschungsvorhaben begannen wir Ende 2010. Leider erkrankte einige Monate vor Ende der Projektlaufzeit der für die Zeit des Nationalsozialismus zuständige Mitarbeiter Dr. Bernhard Bremberger so schwer, dass unser ursprünglicher Plan, eine Monografie zur Gefängnisgeschichte 1933-1990 zu erstellen, aufgegeben werden musste. Stattdessen beschränkt sich die Arbeit von Dr. Steffen Alisch nunmehr auf die Zeit nach 1945. Das Buch liefert trotz der sehr eingeschränkten Quellenlage eine Vielzahl von neuen Erkenntnissen sowohl allgemein zum DDR-Strafvollzug als auch zur „Gefangenengesellschaft" in Cottbus und den dort herrschenden Haftbedingungen. Es wird klar gezeigt, dass es der DDR nie gelang, die eigenen Ansprüche an eine Umerziehung im Strafvollzug zu erfüllen. Gerade die politischen Häftlinge verließen das Gefängnis in aller Regel mit noch größerer Distanz zum SED-Staat als vor ihrer Verurteilung. Mit diesem Buch wird die Geschichte des in der DDR meist als „Strafvollzugseinrichtung" bezeichneten Zentralgefängnisses auf eine solide wissenschaftliche Grundlage gestellt.

Bernhard Bremberger, dem wir baldige Genesung wünschen, wird seine Arbeitsergebnisse später publizieren.

Prof. Dr. Manfred Görtemaker
Prof. Dr. Klaus Schroeder

1. Einleitung

Christoph Flügge, 1990 als Leiter der Abteilung Justizvollzug der Berliner Senatsverwaltung für Justiz für die Übernahme der Ost-Berliner Gefängnisse zuständig, verfasste sechs Jahre später einen Artikel über die Schwierigkeiten auf die ihm häufig gestellte Frage „Wie war es wirklich in den DDR-Gefängnissen?" korrekt zu antworten. Er berichtet von den vergeblichen Versuchen der „Beauftragten des Bundesjustizministeriums, die mit Wirkung vom 3. Oktober 1990 die Verantwortung für die Verwaltung Strafvollzug des ehemaligen Ministeriums des Innern übernahmen und die Abwicklung zu beaufsichtigen hatten, [...] in den Besitz der Aktenbestände dieser Verwaltung zu gelangen." Auch Vertreter seiner Behörde hätten „bei einem Besuch im ehemaligen Ministerium des Inneren der DDR im Frühjahr 1991 [...] nur mit großem Erstaunen viele leere Regale besichtigen (können). Es fanden sich lediglich Karteikarten mit Vernichtungsvermerken." Bei anderer Gelegenheit sei das tatsächlich übergebene Material „geradezu läppisch" gewesen.

Die Gründe für diese Vernichtungsorgie liegen laut Flügge im Dunkeln. Sicherlich hätten die Verantwortlichen des DDR-Strafvollzuges ein Interesse daran gehabt, möglichst wenig an Informationen über die eigene Institution „in westliche Hände gelangen zu lassen, um so möglicherweise von eigenen Verstrickungen abzulenken. Vielleicht diente dies auch bloß der gut geübten Geheimhaltungsdoktrin gegenüber dem Klassenfeind." Darüber hinaus müsse man an die Ermächtigung des letzten DDR-Innenministers Peter-Michael Diestel für die einzelnen Verwaltungsdienststellen erinnern, in eigener Zuständigkeit Akten zu vernichten. Die Verantwortlichen der Verwaltung Strafvollzug hätten diese Anordnung „exzessiv" befolgt. [1]

Auch die Lage in den Archiven stellt sich bezüglich der Überlieferungen zum Strafvollzug alles andere als erfreulich dar. Der im Bundesarchiv vorhandene Bestand der Verwaltung Strafvollzug des Innenministeriums ist äußerst lückenhaft. An vielen Stellen wirkt es geradezu zufällig, welche Akten als aufbewahrungswürdig empfunden wurden und welche nicht. Von einer regelmäßigen Abgabe relevanter Schriftstücke dieser Verwaltung an das damalige DDR-Staatsarchiv kann offensichtlich keine Rede sein. Dies gilt auch für thematisch naheliegende Bestände wie die der Generalstaatsanwaltschaft und des Obersten Gerichts der DDR.

---

1   Flügge 1996, S.101

Ebensowenig können die in der „Stiftung Archiv der Parteien und Massenorganisationen der DDR" des Bundesarchivs überlieferten Akten der SED-Führung (Politbüro, ZK-Sekretariat, Büro Ulbricht, Honecker, Krenz, Mittag) sowie der zuständigen Abteilungen (Sicherheit sowie Staats- und Rechtsfragen) des zentralen
Parteiapparats, die für die „Anleitung" des Strafvollzugs zuständig waren, aber
vergleichsweise wenige einschlägige Akten enthalten - diese Lücken schließen.

Etwas besser sieht die Materiallage bezüglich der Zeit bis 1950 aus, als der Großteil der Gefängnisse (auch Cottbus) den Landesjustizverwaltungen unterstellt war.
Im Brandenburger Landeshauptarchiv sind die Bestände des Potsdamer Justizministeriums erhalten, die diese Zeit zu der bezüglich des Cottbuser Zentralgefängnisses am besten dokumentierten machen. Die preußische Tradition einer genauen
Aktenführung macht sich hier – nach Anfangsschwierigkeiten in der unmittelbaren Nachkriegszeit - noch positiv bemerkbar. Im Landeshauptarchiv finden sich
darüber hinaus in ab 1951 im Zeitverlauf stetig abnehmender Zahl Akten der Bezirksverwaltung Strafvollzug Cottbus der Deutschen Volkspolizei. Hier sind zumindest einige Berichte über das Cottbuser Gefängniswesen überliefert.

Wichtige Quellenbestände zum DDR-Strafvollzug finden sich natürlich auch in
der Stasiunterlagenbehörde (BStU) und hier insbesondere in der Überlieferung
der Linie VII des MfS, die für das Innenministerium und seine nachgeordneten
Dienststellen zuständig war. Der benutzbare Aktenbestand zu Cottbus erwies sich
allerdings leider als viel weniger ergiebig als der anderer Gefängnisse, etwa Brandenburg oder Bautzen.[2]

Bedauerlicherweise ist auch im Archiv der neuen JVA Cottbus-Dissenchen, wo
seit 2002 die schriftlichen Hinterlassenschaften des DDR-Gefängnisses lagern,
außer Gefangenenpersonalakten und Belegungsbüchern nahezu nichts mehr zu
finden.[3] Offensichtlich wurde die historische Bedeutung der Cottbuser Haftanstalt
nach der deutschen Vereinigung lange Zeit weder von der Gefängnisleitung noch
dem Brandenburger Justizministerium erkannt, sodass es zu massiven Aktenver-
lusten kam. Auch im Stadtarchiv Cottbus finden sich nur vereinzelte Informationen zur Gefängnisgeschichte in SBZ und DDR.

Christoph Flügge äußert sich in seinem erwähnten Aufsatz sehr pessimistisch über
die Möglichkeiten zur Analyse des Gefängniswesens im SED-Staat. Die „offenbar umfangreiche Aktenvernichtung" erschwere es erheblich, „ein zuverlässiges
Bild der Geschichte des Strafvollzugs der DDR sowie eine Darstellung der Struktur der Organisation, der Verantwortlichkeiten der handelnden Personen, der

---

2   Vgl. Kap. 5.2. und 5.3.
3   Vgl. Kap. 6.1. und 6.4.

Größe der Anstalten, der wahren Gefangenenzahl, der besonderen Vorkommnisse wie Meutereien, Suizide, Todesfälle, Ausbrüche etc. und der internen Weisungen zu zeichnen" oder mache dies sogar unmöglich. „Auch dürfte der Nachwelt immer verborgen bleiben, ob es im System jemals interne Auseinandersetzungen gegeben hat, welchen Einfluss welche Personen oder Gruppen hatten und wie auf Kritik von außen und auf internationale Entwicklungen reagiert worden ist."[4]

In vielen Punkten hat Flügge sicherlich recht. Auch speziell für Cottbus können gravierende Lücken in der Überlieferung - besonders eklatant etwa 1965 bis 1975 - nicht geschlossen werden. Zentrale Fragen müssen unbeantwortet bleiben, etwa die, wann genau und warum das Zentralgefängnis Cottbus zu einem zentralen Haftort für ausreisewillige „Straftäter" wurde oder wie viele Cottbuser Gefangene von der Bundesregierung „freigekauft" worden. Anderes ließ sich mit geduldigen Recherchen auch in vermeintlich abseitigen Quellenbeständen und der Sekundärliteratur sowie durch Gespräche mit Zeitzeugen doch herausfinden.

Zum DDR-Strafvollzug existieren ausschließlich ältere Gesamtdarstellungen (insbesondere von Gerhard Finn und Karl-Wilhelm Fricke),[5] die die wesentlichen Strukturen und Haftanstalten sowie das Leiden der Häftlinge schon damals sehr klar beschrieben und ein überaus wichtiges Gegengewicht bildeten zur auch in der Bundesrepublik der siebziger und achtziger Jahre immer größer werdenden Zahl von Publikationen, die den SED-Staat und seine Repression verharmlosten. Allerdings konnten Finn und Fricke selbstverständlich nur in Ausnahmefällen auf Originalmaterial der SED-Diktatur zurückgreifen. In den letzten Jahren hat vor allem Tobias Wunschik auf neuer Quellengrundlage zu verschiedenen Aspekten des Strafvollzugs in der DDR publiziert.[6] Von großer Wichtigkeit für die vorliegende Studie sind auch die Arbeiten von Falco Werkentin und Johannes Raschka zur politischen Justiz in der DDR.[7]

Eine Vielzahl von Häftlingen hat eigene Erinnerungen, u. a. an die Haftzeit in Cottbus, veröffentlicht, diese Arbeiten sind naturgemäß von unterschiedlicher Qualität und zeigen die Vielfalt der Betrachtungsweisen ein und derselben Haftanstalt.[8] Einige Berichte, wie beispielsweise die von Bernd Pieper oder Dietrich

---

4   Ebenda, S. 101f.
5   Finn 1960, Finn 1981, Fricke 1979, Fricke 1988
6   Vgl. u. a. Wunschik 1999, 2001b, 2003
7   Werkentin 1995 und 1998 sowie Raschka 1997, 1998 und 2000
8   Zschorsch 1977, Faust 1980 und 1983, Schmidt 1986, Berger 1988 und 2008, Skribano-witz 1991, Pieper 1997, Kessler 2001, Krolkiewicz 2003, Winkler 1984, Rosenbaum-Held 2006, Seewald 2012, Lippmann 2012, Lolland/Rödiger 1977, Maltzahn 2010, Rothenbächer 2009

von Maltzahn, haben einen hohen Quellenwert und sind von daher geeignet, Lücken in den archivalischen Überlieferungen zu schließen.

Manche ehemalige Gefangene lassen dagegen ihrer Phantasie und aufgeschnappten Gerüchten freien Lauf. So schrieb Karl Winkler 1984: „Das Gefängnis Cottbus war früher eine Brauerei, aber nach dem Ersten Weltkrieg wurde es zum Zuchthaus umgebaut. Schon in der Nazizeit wurde hier Politische eingesperrt, und die Katakomben waren die Folterkeller der Gestapo." [9] Tatsächlich entstand das Gefängnis Ende der fünfziger Jahre des 19. Jahrhunderts weitgehend auf der grünen Wiese. Seit 1939 existierte hier ein von der Justiz betriebenes Frauenzuchthaus, in dem auch politisch Verurteilte einsaßen. Einen „Gestapo-Keller", also eine Einrichtung der Polizei auf Justizgelände, gab es natürlich nicht. Winkler weiter: „Die Sicherheitsvorkehrungen und überhaupt der ganze Knast - die Bauten und die Zellen - erinnerten mich stark an meine Gefühle, die ich beim Besuch von Auschwitz hatte." [10] Zu Winklers Glück existierten allerdings in Cottbus weder eine Rampe zur Selektion, noch Gaskammern oder Verbrennungsöfen.

Auch im Falle eines besonders unangenehmen Gefängniswärters reicht es Winkler nicht, über dessen Brutalität zu berichten, er muss ihm auch noch einen Totschlag andichten: „RT! Dieser Schließer mit dem Dienstgrad Obermeister ist einer der schlimmsten in Cottbus. Sein Hobby ist es, die Gefangenen zu schikanieren und einzuschüchtern. Vor Jahren hatte RT einen Gefangenen totgeschlagen. Er wurde deshalb in Salzgitter/BRD in Abwesenheit zu 15 Jahren Freiheitsentzug verurteilt." [11] In der Tat können viele ehemalige Cottbuser Häftlinge ein Lied über die „Schlagkräftigkeit" dieses „Roter Terror" genannten Angehörigen des sozialistischen Strafvollzugs singen. Er erhielt dafür 1997 auch die höchste je gegen einen DDR-Gefängniswärter ausgesprochene Freiheitsstrafe. [12] Dennoch war er kein Totschläger und ein Urteil gegen ihn erging erst nach dem Ende der SED-Diktatur – „Salzgitter"-Prozesse in Abwesenheit gab es generell nicht.

Andere Autoren schildern Ereignisse, an denen Cottbuser Häftlinge beteiligt waren, so die Flucht Wolfgang Deforts 1975 [13], oder berichten über die Aktivitäten von Amnesty international u. a. für Cottbuser Häftlinge [14]. Darüber hinaus finden sich in der Sekundärliteratur – neben den bereits vorgestellten Standardwerken

---

9   Winkler 1984, S. 143
10   Ebenda; S.144
11   Ebenda, S.144f.
12   Vgl. ausführlich Kap. 7.1.
13   Winter 1996
14   Brauckmann 1996

zur politischen Justiz bzw. dem Strafvollzug in der DDR - eine Vielzahl von Darstellungen zum Strafvollzug[15], einige haben besonders starken Bezug zu Cottbus.[16] Speziell zum Cottbuser Gefängnis existiert bisher auf dem Buchmarkt lediglich eine Überblicksdarstellung von Tomas Kittan[17], deren erste Fassung 2009 unter der Federführung des Forschungsverbundes SED-Staat entstand. In der Folgezeit kam es zu erheblichen Differenzen mit dem Autor, die zu einem Abbruch der Zusammenarbeit führte.[18]

Darüber hinaus vorhandene Kurztexte wie etwa in dem gemeinsam von der Stiftung zur Aufarbeitung der SED-Diktatur und der Bundeszentrale für politische Bildung herausgegebenen Band über Gedenkstätten und Museen zur SBZ/DDR verdeutlichen mit lückenhaften und z.T. falschen Angaben die Dürftigkeit des derzeitigen Forschungsstandes.[19]

Natürlich wurde eine Vielzahl von Gesprächen mit Zeitzeugen geführt, besonders danken für ihre wertvollen Informationen möchte ich Arno Drefke, Bernd Lippmann und Enrico Seewald.

Die damaligen Häftlinge bezeichneten das Gefängnis meist als „Zuchthaus" Cottbus. Damit wurde auf die schlechten Haftbedingungen angespielt. Offiziell sprach man in der unmittelbaren Nachkriegszeit vom Zentralgefängnis, später von der Vollzugsanstalt Cottbus. Nach der Unterstellung unter das Innenministerium lautete die Bezeichnung Strafvollzugsanstalt (StVA) bzw. Strafvollzugseinrichtung (StVE). Es gab vor allem in der SBZ-Zeit in Cottbus einige wenige zu Zuchthausstrafen Verurteilte, deren Haftbedingungen sich aber kaum von denen der Strafgefangenen mit Gefängnisstrafen unterschieden. Das DDR-Strafgesetzbuch von 1968 sah keine Zuchthausstrafen mehr vor, sondern unterschied stattdessen nach Vollzugsarten. Die Übernahme des Begriffs „Zuchthaus" ist für eine vor allem aus Sicht der Opfer argumentierende Einrichtung wie die „Gedenkstätte Zuchthaus Cottbus" vertretbar, aus wissenschaftlicher Perspektive scheint die Verwendung des Begriffs für die Gefängnisgeschichte in der SBZ/DDR allerdings wenig sinnvoll zu sein.

Welche Bedeutung hatte das Zentralgefängnis Cottbus für den DDR-Strafvollzug und inwiefern unterschied sich das Gefängnis von anderen Haftanstalten? Wie sah

---

15 Arnold 1993, Bastian/Neubert 2003, Bilke 1995, Heyme/Schumann 1991, IGFM 1985
    und 2005, Oleschinski 1993 und 1994.
16 IGFM 1986, Müller 1998, Raschka 1998
17 Kittan 2012
18 Vgl. Alisch/Schroeder 2010
19 Vgl. Kaminsky 2004, S.148ff.

die Häftlingsgesellschaft aus? Dieses Buch soll zur Klärung dieser und anderer Fragen beitragen.[20]

Zunächst wird in den Kapiteln 2 bis 4 ein Überblick über die Geschichte des Gefängnisses in der SBZ/DDR gegeben. Themenblöcke bilden dabei die unmittelbare Nachkriegszeit unter der Ägide der Brandenburger Justiz, die Übergabe an das Innenministerium sowie Konsolidierung und Niedergang von der zweiten Hälfte der fünfziger Jahre bis zum Ende der DDR. Die zweite Hälfte der Studie beschäftigt sich in den Kapiteln 5 bis 8 systematisch mit Häftlingen und Haftbedingungen in Cottbus und ordnet die Ergebnisse in das Gesamtbild des DDR-Strafvollzugs ein – der Analyseschwerpunkt liegt dabei auf den siebziger und achtziger Jahren.

Herzlichen Dank allen, die zum Gelingen dieses Bandes beigetragen haben. An erster Stelle steht das Brandenburger Ministerium für Wissenschaft und Kultur, das die Arbeit finanzierte. Dank gebührt auch den Projektleitern Prof. Dr. Manfred Görtemaker und Prof. Dr. Klaus Schroeder für Hinweise und hilfreiche Kritik. Vielen Dank den Mitarbeiterinnen und Mitarbeitern der besuchten Archive, die Unmengen Staub für mich aufwirbeln mussten, allen Zeitzeugen, die für Gespräche zur Verfügung standen, Uta Schulz, Sara Sponholz, Erik Zurth und Uwe Hillmer vom Forschungsverbund SED-Staat, die bei der Bearbeitung des Manuskripts halfen, sowie dem Menschenrechtszentrum Cottbus für Kontaktvermittlungen und das Titelfoto. Last but not least bedanke ich mich bei Günter Schau („Aljoscha"), der mir den Abdruck seines Mitte der siebziger Jahre illegal gemachten und bisher unveröffentlichten Fotos ermöglichte.[21]

Meinem Kollegen Bernhard Bremberger, mit dem ich ursprünglich eine Monographie zur Gefängnisgeschichte von 1933 bis 1989 vorlegen wollte, den aber eine schwere Krankheit an der Fertigstellung seines Beitrags zur NS-Zeit in Cottbus hinderte, wünsche ich baldige Genesung.

---

20 Die U-Haftanstalt des MfS ist nicht Gegenstand dieser Arbeit
21 Zum Hintergrund vgl. Lippmann 2013b

2. Unter der Ägide der Brandenburger Justiz

2.1. Rahmenbedingungen und Ausgangslage

Nach Kriegsende bestimmte zunächst die sowjetische Besatzungsmacht uneingeschränkt über Strafverfolgung und –vollzug in ihrer Zone. Die in den Augen der Sowjets wichtigsten NS-Täter wie auch politische Gegner der Kommunisten wurden in die Sowjetunion gebracht, andere in Speziallagern gefangengehalten, nur z.T. waren sie vorher in Schnellverfahren von Sowjetischen Militärtribunalen verurteilt wurden. Zehntausende starben in den Lagern oder wurden hingerichtet.[22]

Die deutschen Strafvollzugsbehörden - die in der Nachkriegszeit nahezu ausschließlich für „Kriminelle" zuständig waren - versuchten demgegenüber an den reformierten Strafvollzug der Weimarer Republik anzuknüpfen und - soweit es angesichts der allgemein katastrophalen Versorgungslage nicht nur der Gefangenen, sondern der Gesamtbevölkerung möglich war - relativ humane Haftbedingungen zu gewährleisten. Obwohl der Strafvollzug zunächst wieder in die Zuständigkeit der Justizverwaltungen der Länder überging, wurde allerdings - im Widerspruch zu föderalen Prinzipien - aufgrund eines Befehls der Sowjetischen Militäradministration (SMAD) eine eigene Abteilung Strafvollzug innerhalb der Deutschen Zentralverwaltung für Justiz geschaffen.[23]

Zwar passte ein reformorientiertes Gefängniswesen gut in das von sowjetischen und deutschen Kommunisten propagierte Bild vom antifaschistisch-demokratischen Neuanfang, kollidierte aber schnell mit den Vorstellungen der Besatzungsmacht. SED und Innenverwaltung forderten mehr Härte im Strafvollzug und eine deutliche Reduzierung der hohen Fluchtzahlen, sodass sich die Gewichte immer mehr zuungunsten der liberaleren Kräfte verschoben.[24]

Das Zentralgefängnis Cottbus unterstand in der Nachkriegszeit nach einem kurzen Intermezzo unter der Oberhoheit der Stadt Cottbus bis Ende 1950 der Brandenburger Justizverwaltung. Nicht nur die Haftbedingungen, sondern auch das zumindest tendentiell stärker auf Erziehung ausgerichtete „Gefängnisklima" unterschieden sich erheblich von dem sowohl in der NS-Zeit als auch ab 1951 unter dem Regime der „Volkspolizei" vorherrschenden, das darauf angelegt war, die

---

22 Zu den sowjetischen Speziallagern vgl. als hervorragende Einführung Greiner 2010, hier auch zahlreiche weiterführende Literatur und ein ausführliches Kapitel zum größten Speziallager in Brandenburg, dem ehemaligen KZ Sachsenhausen. Für letzteres vgl. auch den jüngst erschienenen instruktiven Zeitzeugenbericht von Harald Beer (Beer 2011).

23 Vgl. Ansorg 2005, S. 23 ff. und Wentker 2001, S.79ff.

24 Vgl. Wentker 2001, S.218ff. und Ansorg 2005, S.30ff.

Häftlinge zu „brechen". Zwischen den Verhältnissen in Cottbus und den in anderen von den Brandenburger Justizbehörden betriebenen Gefängnissen bestanden während dieser Jahre vergleichsweise geringe Differenzen, wie die Auswertung entsprechender Aktenbestände im Brandenburger Landeshauptarchiv nahelegt. In der ersten Zeit dominierten überall Bemühungen, zunächst die materiellen und rechtlichen Standards von vor 1933 wiederherzustellen.

Eine erste eingehende Ortsbegehung durch die städtischen Behörden nach Kriegsende ist für den 28. Mai 1945 dokumentiert.[25] Laut einem Tätigkeitsbericht des neuen „Anstaltsleiters" Max Reeck wurde das frühere Zuchthaus Anfang Juni zunächst von der Stadtverwaltung übernommen. Zum vorgefundenen Zustand („ein reines Trümmerfeld") schreibt er: „Das Hauptgebäude, einschließlich Verwaltung sowie das Zellenhaus durch Bombenangriff total zerstört, ein Haus mit Arbeitssälen teilweise erhalten, schätzungsweise Beschädigung 40%, das ehemalige Lazarett etwa zu 25% beschädigt." Auch eine etwa 50 mal 25 Meter große Werkstatt sei stark reparaturbedürftig. Sämtliche Dächer der Haftanstalt seien „zu decken, alle Fenster zu verglasen und umfangreiche Tischler- und Zimmererarbeiten auszuführen. Kanalisations- und Lichtanlagen waren zerstört und unbrauchbar geworden. Allein im Anstaltsgelände wurden 28 große Bombentrichter vorgefunden." Die Besatzungsmacht hätte anfangs das Gefängnis teilweise benutzt, da die Gebäude leer standen. „Sicherungsanlagen wie Mauern, Zäune, Alarmvorrichtungen [...] waren zum größten Teil vernichtet." Zur Beseitigung der „großen Schuttmengen", sowie für die notwendigen Planierungs- und Instandsetzungsarbeiten seien beim Arbeitsamt viele Arbeitskräfte angefordert worden. Doch konnte der Bedarf nicht gedeckt werden, „da große Teile des zur Verfügung stehenden Menschenmaterials von der Roten Armee beansprucht wurden. Es musste also zunächst auf Frauen zurückgegriffen werden. Zeitweilig waren ca. 100 Frauen, einschließlich Schuljugend, mit Aufräumungsarbeiten beschäftigt. An Männern wurden nur Kranke und Invaliden [...] zur Verfügung gestellt."[26] Außerdem überstellte die Ortspolizeibehörde zu Aufräumungsarbeiten zwangsweise ehemalige Parteigenossen, die bei ihrer Tätigkeit von Vorarbeitern beaufsichtigt und angeleitet werden sollten, abends allerdings das Gefängnis wieder verlassen durften.[27]

---

25   Bericht über die Besichtigung der Schäden im Frauenzuchthaus am 28.5.1945. Fundort: Stadtarchiv Cottbus, Bestand Rat der Stadt Cottbus, Nr. 874

26   Tätigkeitsbericht Reeck vom 23.9.1945. Fundort: Stadtarchiv Cottbus, Bestand Rat der Stadt Cottbus, Nr. 874

27   Vgl. Schreiben Ortspolizeibehörde an Reeck vom 13.7.1945, Fundort: Stadtarchiv Cottbus, Bestand Rat der Stadt Cottbus, Nr. 874 und Schreiben Reeck an die Personalabteilung der Stadtverwaltung vom 18.8.1945. Fundort: Stadtarchiv Cottbus, Bestand Rat der Stadt Cottbus, Nr. 686

Im Juli 1945 begann man schrittweise mit der Belegung des Gefängnisses, zu den ersten Häftlingen gehörten u.a. „Geisteskranke", die später in die „Irrenanstalt Teupitz" überwiesen wurden.[28] Eine erste „Verhaltensvorschrift" („Der Gefangene hat sich der Anstaltsgewalt unbedingt zu unterwerfen [...]") wurde bereits am 1. Juli erlassen.[29] Am 31. August war das Gefängnis mit 14 Männern und 8 Frauen belegt.[30] Der Chef der Gendarmerie Cottbus, Tusch, berief sich in einem Schreiben an das Zentralgefängnis vom 19. Oktober 1945 auf eine „Vereinbarung mit der russischen politischen Leitung, Amtsgericht". Dieser zufolge seien „sämtliche politischen Gefangenen, deren Ermittlungen in meinen Händen liegen, dem Zentralgefängnis zu überführen. Die Besatzungsbehörde hat sich vorbehalten, wann diese zu entlassen bzw. zu einem Verhör zu erscheinen haben."[31]

Ansonsten werden politische Gefangene in der Anfangszeit nicht erwähnt. Überhaupt liegen für die ersten Monate kaum Angaben über die „Häftlingsgesellschaft" vor.

2.2. Unterstellungsverhältnisse und Rechtslage

Am 1. September 1945 wurde das Zentralgefängnis von der Provinzialregierung Brandenburg übernommen. Als sogenannte „besondere Vollzugsanstalt" war das Gefängnis neben dem in Luckau die einzige Brandenburger Haftanstalt, die keinem Staatsanwalt, sondern direkt der Justizverwaltung unterstellt wurde.[32] Diese bildete nach dem Vorbild und auf Aufforderung der Strafvollzugsabteilung der „Deutschen Justizverwaltung" (der SBZ) vom 4. Oktober 1945 ein separates Strafvollzugsamt.[33]

Erste „Richtlinien" für den Strafvollzug wurden am 16. Oktober 1945 durch den Chef der Deutschen Justizverwaltung der SBZ erlassen, die Alliierten folgten im März 1946 mit ihrer Direktive Nr.19.[34] Allerdings wurde keine neue Strafvollzug-

---

28 Vermerk Zentralgefängnis Cottbus, Juli 1945. Fundort: Stadtarchiv Cottbus, Bestand Rat der Stadt Cottbus, Nr. 874

29 Fundort: BArch, DP1/28479

30 Schreiben Reeck an die Provinzialverwaltung Brandenburg vom 31.8.1945. Fundort: BLHA, Rep.212, Nr.1251

31 Schreiben Tusch an Zentralgefängnis vom 19.10.1945. Fundort: BLHA, Rep.212, Nr.1227

32 Schreiben Reeck an städtische Behörden vom 6.9.1945. Fundort: Stadtarchiv Cottbus, Bestand Rat der Stadt Cottbus, Nr. 874

33 Vgl. Wentker 2001, S.216

34 Fundort: BLHA, Rep.212, Nr.1195

sordnung erlassen, Initiativen westdeutscher Länder zur Erstellung eines gemeinsamen Entwurfs „zunächst" zurückgewiesen.[35] Also galten grundsätzlich die Strafvollzugsordnung vom 22. Juli 1940 und die Untersuchungshaftvollzugsordnung vom 19. November 1942 weiter, beide „unter Fortlassung der Bestimmungen erkennbar nazistischen Inhalts".[36] Aus heutiger Sicht ist schwer verständlich, wieso diese nicht außer Kraft gesetzt und vorübergehend durch die entsprechenden Bestimmungen der Weimarer Republik ersetzt wurden, zumal man sich ja ansonsten wie beschrieben am Strafvollzug der Vorkriegszeit orientierte. Wahrscheinlich waren für diese Entscheidung keine politischen, sondern rein praktische Gründe ausschlaggebend, da selbst die Verordnungen aus der NS-Zeit nicht mehr überall verfügbar waren, so auch in Cottbus. Das Zentralgefängnis bat in einem Schreiben an die Landesregierung vom 1. August 1949 um Übersendung der im letzten Runderlass angegebenen Paragraphen der Untersuchungshaftvollzugsordnung von 1942, sowie um Mitteilung, „ob irgendwelche grundsätzlichen Abweichungen zwischen der Strafvollzugsordnung der ehemaligen preußischen Länder vom 1.8.1933 und der Strafvollzugsordnung vom 22.7.1940 bestehen, da nur die erste hier vorhanden ist."[37]

Ein Berichtswesen etablierte sich nur langsam (wieder). Das Zentralgefängnis schickte die eigenen Rechenschaftsberichte an die Brandenburger Justizverwaltung. Das Land bzw. die „Deutsche Justizverwaltung der Sowjetischen Besatzungszone" waren dann für die Berichterstattung an die Sowjets zuständig. Diese „regierten" mit Verfügungen der Rechtsabteilung der SMAD, griffen aber vor allem in der Anfangszeit auch direkt in den Strafvollzug ein.

2.3. Sowjetische Einflussnahme

Für Cottbus ist zunächst ein Übergriff gegen einen Gefängnisbediensteten dokumentiert: Laut einem Protokoll Reecks klingelte am 25. Oktober 1945 ein von zwei Soldaten begleiteter sowjetischer Offizier am Tor des Zentralgefängnisses. „Der Aufseher Otto trat heraus und fragte nach ihren Wünschen. Die Russen sagten, sie wollen Arbeitskräfte aus dem Zentralgefängnis haben." Als Otto gemäß Dienstanweisung „die Herausgabe von Anstaltsinsassen verweigerte, [...] wurde er aufgefordert, selbst mitzukommen und zu arbeiten, was Otto ebenfalls ablehnte,

---

35   So eine hessische Anfrage an die SBZ-Justizverwaltung vom 29.10.1948. Vgl. Schreiben des Chefs der Deutschen Justizverwaltung der SBZ an den Brandenburger Justizminister vom 3.2.1948, Fundort: BLHA, Rep.212, Nr.1191
36   Schreiben des Chefs der Deutschen Justizverwaltung der SBZ, Fechner, an die Landesregierungen. Fundort: BLHA, Rep.212, Nr.1191
37   Schreiben Zentralgefängnis Cottbus, Fundort: BLHA, Rep.212, Nr.1191

weil er Dienst hatte. Daraufhin griff ein Russe ihn tätlich an und versetzte ihm zum Schluss einen kräftigen Fußtritt."[38]

Im Dezember 1945 ließ sich ein Offizier des NKWD Cottbus – ebenfalls laut einem Bericht Reecks - „jeden einzelnen Gefangenen vorführen und befragte ihn nach den Gründen seiner Inhaftierung." Besonderes Interesse wurde einem des Doppelmords beschuldigten U-Häftling entgegengebracht, der zur Vernehmung in das ehemalige Amtsgericht, die Dienststelle des NKWD, befohlen wurde. „M. schob hier seine Tat auf das politische Gebiet und es gelang ihm, die russische Dienststelle von der Stichhaltigkeit seiner Schilderung zu überzeugen."[39]

Am 17. Januar 1946 besuchte erstmals eine sowjetisch-deutsche Kontrollgruppe (NKWD, Staatsanwaltschaft, Polizei) das Gefängnis. Der sowjetische „Leutnant Serrow ließ sich in alle Zellen führen und befragte jeden einzelnen Insassen nach dem Grunde seines Einsitzens." Im Zuge dessen forderte er, ihm bis zum Abend die parteipolitische Zugehörigkeit aller Häftlinge mitzuteilen. Anschließend ordnete Serrow an, den erwähnten, unter Mordvorwurf in Einzelhaft sitzenden, U-Häftling in eine Gemeinschaftszelle zu verlegen. Ein anderer, wegen Beamtenbeleidigung und -bedrohung Inhaftierter, sollte sofort freigelassen werden. Solche Reaktionen erhofften sich offensichtlich auch andere Häftlinge, wie aus dem Bericht weiter hervorgeht: „Der U-Gefangene S. machte sofort beim Betreten seiner Zelle durch die Kommission die Bemerkung: ‚Gott sei Dank, dass die Herren von der NKWD endlich kommen. Ich glaubte schon, man hätte uns ganz vergessen.'" Berichterstatter Reeck hatte den Eindruck, dass sich in Zukunft der NKWD ein Vetorecht bei der Ausstellung von Haftbefehlen vorbehalten wolle.[40]

Aus mehreren Dokumenten geht hervor, dass sowjetische Dienststellen in einigen Fällen für Einweisungen in das Zentralgefängnis sorgten. Im Inspektionsbericht eines Mitarbeiters der Abteilung VI - Strafvollzug der Brandenburger Provinzialverwaltung in Cottbus vom 3. Dezember 1946 heißt es dazu lapidar; „Die Besatzungsmacht belegt nach Vereinbarung bei Bedarf vorübergehend ein oder zwei Zellen."[41]

Reeck beschreibt einen wahrscheinlich politischen Fall: Auf Veranlassung der politischen Abteilung der SMAD war G., „während der nazistischen Zeit Gendar-

---

38   Zentralgefängnis Cottbus. Protokoll Direktor Reeck, 30.10.1945 Fundort: Stadtarchiv Cottbus, Bestand Rat der Stadt Cottbus, Nr. 874

39   Bericht Reeck vom 17.1.1946, Fundort: BLHA, Rep.212, Nr.1253

40   Ebenda

41   Reisebericht Oberregierungsrat Nissen, Fundort: BLHA, Rep.212, Nr.1251

meriemeister in Werben, Kreis Cottbus", vom 30. November 1945 bis zur Abholung durch die Sowjets am 19. Februar 1946 offensichtlich ohne Haftbefehl im Zentralgefängnis inhaftiert.[42]

Der Leiter der Abteilung IVa der „Deutschen Justizverwaltung der Sowjetischen Besatzungszone in Deutschland", Dr. Werner Gentz, der sich besonders für eine Humanisierung des Strafvollzugs einsetzte[43], machte bei einer Inspektionsreise am 29. Mai 1947 in Cottbus eine bedrückende Entdeckung: „In einer Zelle stießen wir auf einen offenbar geisteskranken Gefangenen, welcher von der Besatzungsmacht vor etwa vier Wochen eingeliefert worden ist und für diese dort gehalten wird. Er […] ist offenbar nicht haftfähig. Er war über und über mit Kot beschmiert und nicht in der Lage, aufzustehen oder sich zu äußern. Der aufsichtsführende Hilfswachtmeister berichtete in diesem Zusammenhang, dass bereits vor sechs Wochen von der Besatzungsmacht ein ähnlich kranker Mann eingeliefert wurde, welcher am nächsten Tag gestorben sei.[44] An anderer Stelle des Berichts beklagt Gentz undurchführbare oder mit den Direktiven der Landesjustizverwaltung nicht in Einklang zu bringende Befehle der örtlichen SMAD: „So musste die Staatsanwaltschaft Cottbus einen Befehl der operativen Abteilung der SMA Cottbus […] vom 23. Mai 1947 weitergeben, welcher lautet: ,Es ist ab sofort verboten, einem Justizwachtmeister mehr als 5 Häftlinge auf Außenkommandos mitzugeben. Für jeden weiteren Mann über 5 ist ein neuer Justizwachtmeister zu stellen, so dass das Verhältnis immer 1 zu 5 sein muss.' […] Bei einem Außenkommando von 60 Mann würde die Durchführung dieses Befehls 12 Beamte erfordern, das ist fast die Hälfte des gesamten Beamtenbestandes in Cottbus." Der Befehl sei laut Gentz besonders im Hinblick auf die Cottbuser Verhältnisse nicht begründbar, da die dort vom 1. Januar bis 25. Mai 1947 von Außenkommandos entwichenen vier Gefangenen sämtlich unter der Verantwortung der Besatzungsmacht arbeiteten.[45]

Für die Folgejahre sind keine Berichte über von den Sowjets verantwortete Einweisungen ins Cottbuser Zentralgefängnis bekannt – sowjetische Dienststellen belegten ja ohnehin das frühere Gerichtsgefängnis in der Cottbuser Spreestrasse,

---

42   Schreiben Reeck an Provinzialverwaltung vom 4.6.1946. Fundort: BLHA, Rep.212, Nr.1227

43   Zur Person von Gentz und seinen Versuchen zur Reform des Strafvollzugs vgl. Wentker 2001, S203ff,

44   Abschrift des Inspektionsberichts vom 30.6.1947, angefertigt für die Brandenburger Provinzialverwaltung. Fundort: BLHA, Rep.212, Nr.1247

45   Ebenda

das erst Ende 1951 an die Brandenburger Justiz zurückgegeben wurde.[46] Allerdings waren die Häftlinge des Zentralgefängnisses zumindest bis zur Gründung der DDR nicht vor einer Abholung durch die Sowjets gefeit. So wurde laut einem Schreiben der Amtsanwaltschaft bei dem Amtsgericht Falkensee vom 22. März 1949 an den Generalstaatsanwalt die Verkäuferin S. „zwecks Verbüßung ihrer zweijährigen Gefängnisstrafe am 5. November 1948 in das Zentralgefängnis Cottbus überführt. Nach Mitteilung der Gefängnisverwaltung Cottbus wurde S. am 12. November durch Soldaten der russischen Besatzungsmacht für die SMA abgeholt. Der jetzige Aufenthaltsort ist unbekannt." Auch die Gründe für die „Überführung" seien nicht bekannt.[47] Im Juli 1949 wussten die Brandenburger Behörden noch immer nichts über das Schicksal von Frau S.[48]

Prinzipiell drängten die Sowjets die deutschen Justizbehörden im Zeitverlauf immer stärker auf eine Verschärfung des Strafvollzugs: So kritisierte Oberleutnant Antschupan von der Rechtsabteilung der SMAD in einer Besprechung mit dem Brandenburger Strafvollzugsamt am 24. September1948, die Gefangenen lebten „wie in einem Sanatorium", „sie könnten Lebensmittel erhalten, Bücher und Zeitungen lesen, Radio hören und seien insbesondere bei der Arbeit schlecht bewacht, sodass sie miteinander Fühlung nehmen und ihre Aussagen besprechen könnten; hierdurch würde das Untersuchungsergebnis in vielen Fällen beeinflusst. Hosenträger, Gürtel und Schnürsenkel dürften den Untersuchungsgefangenen nicht belassen werden, um die vielen Entweichungen zu verhindern." Auf den Einwand des Brandenburger Justizvertreters, „dass wir einen humanen Strafvollzug durchzuführen hätten" und die Gefangenen entsprechende Anordnungen als Vergehen gegen die Menschlichkeit bezeichnen würden, reagierte der sowjetische Offizier mit Unverständnis („wo denn die Beschwerdeführer gewesen sein, als im vorigen Regime tatsächlich Verbrechen gegen die Menschlichkeit erfolgt seien"), Antschupan machte sehr genaue Vorgaben: Danach blieben etwa Bücher nur erlaubt, „wenn diese in der Gefangenenbücherei nach jeder Ausgabe auf Kassiber durchgesehen würden. Eigene Bücher, Zeitschriften oder Zeitungen dürften die Untersuchungsgefangenen nicht erhalten. Das Abhören eines zugelassenen Radiosenders für einige Zeit am Tage gestatte er, der Anstaltsleiter sei aber dafür verantwortlich, dass nur die in der russischen Zone zugelassenen Sendungen gehört werden. Um die Durchstechereien und Entweichungen zu verhindern, sollen die

---

46 Vgl. DDR-Justizministerium, Hauptabteilung Justizhaftanstalten, 25.10.1951. Reisebericht über die Dienstreise nach Cottbus am 19.10.1951. Fundort: BLHA, Rep.212, Nr.1229

47 Fundort: BLHA, Rep.212, Nr.1394

48 Schreiben Generalstaatsanwalt des Landes Brandenburg an SMAD-Rechtsabteilung, Juli 1945, Fundort: BLHA, Rep.212, Nr.1394

Untersuchungsgefangenen möglichst überhaupt zu keiner Arbeit zugelassen werden."[49] Die gegebenen Anweisungen finden sich z.T. wortgleich in einem entsprechenden Runderlass des Brandenburger Strafvollzugsamts vom 22. Oktober
1948.[50]

In immer größerem Maße drängten die Sowjets 1948/49 auch auf stärkere ökonomische Anstrengungen im Gefängniswesen.[51] Major Sachwatow von der
SMAD wurde am 15. Juli 1949 bei einer Tagung des Strafvollzugsamts im Brandenburger Justizministerium sehr deutlich: „Es ist unbedingt erforderlich, dass
alle Ministerien Einnahmen haben. Diese Einnahmen müssen vergrößert werden.
Um diesen Haushaltsplan zu erfüllen, können Sie als Angestellte des Justizministeriums durch die Arbeit der Gefangenen viel dazu beitragen." Nach Versuchen
der deutschen Justizmitarbeiter, die Arbeitsbeschaffung für die Gefangenen auch
in einen pädagogischen Kontext zu stellen („Wir haben dabei das beruhigende
Bewusstsein, dass das auch für die Erziehung der Gefangenen von großem Wert
ist") kam Sachwatow wieder auf den ihn interessierenden Punkt: „Wie gedenken
Sie nun in Zukunft Ihre Gefangenen auszunutzen?"[52] Diese Frage wird ausführlich in Abschnitt 2.5. erörtert.

2.4. Versorgungskrisen und materielle Schwierigkeiten und ihre Folgen für die Gefängnisse

Wie bereits beschrieben, ging es ab Sommer 1945 im Gefängnis vor allem um
den Wiederaufbau. Neben Häftlingen und vom Arbeitsamt zugewiesenen Hilfs-
kräften war dabei ab Juli 1945 auch die Cottbuser Firma Mahley aktiv, die mit der
Sanierung des II. Stocks des als Männerunterkunft dienenden Haus 7 beauftragt
wurde. Die Arbeiten wurden Mitte Januar 1946 abgeschlossen. Im April begann
man dann mit dem Wiederaufbau des total zerstörten Zellenhauses, das in den
Monaten darauf schrittweise wieder belegt werden konnte.[53] Verbunden mit den
Baufortschritten war eine sprunghafte Zunahme der Häftlingszahlen: Waren am
31. Oktober 1945 erst 25 Männer und 10 Frauen inhaftiert[54], so stieg diese Zahl

---

49   Protokoll gefertigt vom Strafvollzugsamt Brandenburg. Fundort: BLHA, Rep.212, Nr.
      1404
50   Runderlass Nr. 353/VI (1948). Fundort: BLHA, Rep.212, Nr. 1404
51   Vgl. Wentker 2001, S. 371
52   Protokoll gefertigt vom Strafvollzugsamt Brandenburg. Fundort: BLHA, Rep.212, Nr.
      1175
53   Reisebericht Oberregierungsrat Nissen vom 3.12.1946 , Fundort: BLHA, Rep.212,
      Nr.1251
54   Vom Zentralgefängnis Cottbus ausgefüllter „Fragebogen für besondere Gefangenenan-
      stalten" Stand 31.10.1945. Fundort: BLHA, Rep.212, Nr. 1251

bis 20. März 1946 auf ca. 125 Männer und 25 Frauen.[55] Bereits im Juli gab es in Cottbus dann 295 Häftlinge, damit war die angegebene Belegungsfähigkeit zu dieser Zeit ausgeschöpft.[56]

Ab Sommer 1946 rückten die schlechte materielle Ausstattung des Gefängnisses, die unzureichende Ernährung und die aus beidem resultierenden gravierenden Gesundheitsprobleme ins Zentrum der schriftlichen Überlieferungen. Reeck beklagte in seinem Rechenschaftsbericht für den Monat August vor allem den Mangel an Bekleidung und anderen Textilien: „Wie ich bereits wiederholt, schriftlich und mündlich zum Ausdruck gebracht habe, fehlen Decken, Wäsche und Leibwäsche. Ich bin nicht in der Lage, Wäsche zum Wechseln auszugeben. Die Folge davon ist, dass die gesamte Anstalt verlaust bzw. verwanzt ist. Hautkrankheiten, vor allem Krätzeerkrankungen sind in erschreckendem Umfang zu verzeichnen. Die vorhandenen Decken wurden restlos ausgegeben." Er forderte seine Vorgesetzten dringend auf, „Abhilfe zu schaffen, da ich für derartige Zustände die Verantwortung nicht länger übernehmen kann."[57]

Der Gefängnissanitäter, der auch als Betriebsrat fungierte, schlug in einem internen Schreiben an den Gefängnisvorstand ebenfalls Alarm: „Der Krankenbestand der Häftlinge ist derart hoch, und der Ernährungs- und Kräftezustand durchschnittlich derart reduziert, dass etwa 70% aller Häftlinge täglich sanitätsdienstliche Behandlung unbedingt benötigen. [...] Die Unvernunft der Gefangenen (Essen von Eicheln, schlechten Küchenabfällen, Vertauschen ihrer Verpflegung gegen Rauchware oder andere Artikel usw.) machen außerdem die beste Behandlungsmethode und die genaueste ärztliche Untersuchung zunichte."[58]

Die ärztliche Versorgung hatte zunächst wieder der „frühere nebenamtliche Anstaltsarzt Dr. Gollasch" inne, wie aus einem im November 1945 ausgefüllten Fragebogen hervorgeht.[59] Bis zum Herbst 1946 muss es zu zwei Wechseln der Vertragsärzte gekommen sein, denn Reeck notierte am 12. November: „Durch den bisherigen Vertragsarzt, Herrn Dr. Schilling, wurden fraglos die Krankenhauskosten durch seine schon als übertrieben zu bezeichnende humane Einstellung wesentlich vergrößert. Meine diesbezüglichen fortgesetzten Beanstandungen führten

---

55 Zentralgefängnis Cottbus: Planstellenanforderung vom 20.3.1946. Fundort: BLHA, Rep.212, Nr. 1251

56 Rechenschaftsbericht Gefängnisverwaltung Brandenburg an die Deutsche Justizverwaltung der SBZ, 16.7.1946. Fundort: BLHA, Rep.212, Nr. 1202

57 Der Vorstand des Zentral-Gefängnisses Cottbus, 6.9.1946: Tätigkeitsbericht vom 1. bis 31.8.1946. Fundort: BLHA, Rep.212, Nr.1251

58 Schreiben Strafvollzug-Oberwachtmeister Georg Schütz vom 24.9.1946 an den Vorstand des Zentralgefängnisses Cottbus. Fundort: BLHA, Rep.212, Nr.1251

59 Vom Zentralgefängnis Cottbus ausgefüllter „Fragebogen für besondere Gefangenenanstalten" Stand 31.10.1945. Fundort: BLHA, Rep.212, Nr. 1251

bereits einen Wechsel des Arztes herbei."[60] Ob Dr. Schilling nicht doch medizinisch richtige Entscheidungen getroffen hatte (vermutlich ging es um teure Krankenhauseinweisungen) muss offen bleiben. Nur wenige Tage nach Reecks Bekenntnis zur unbedingten Kostenreduzierung verstarben Ende November 1946 fast gleichzeitig 3 kranke Häftlinge im Gefängnis, was eine Untersuchung durch das Brandenburger Justizministerium und die „Deutsche Justizverwaltung der SBZ" zur Folge hatte. Laut dem allerdings erst am 18. Februar 1947 erstellten Bericht des seit 1. November amtierenden neuen nebenberuflichen Gefängnisarztes Dr. Sasse jr.[61] starb der Häftling M. am 23. November an „akuter Herzmuskelschwäche bei reduziertem Ernährungszustand". M. hatte allerdings bereits bei der Aufnahmeuntersuchung am 7. Oktober bei einer Größe von 162 cm nur 49,5 kg gewogen. Offensichtlich gab es keine weitere ärztliche Untersuchung, da sich M. nicht krank meldete. Der Häftling B., der seit 19. September wegen Durchfällen bettlägerig war und im Krankenrevier versorgt wurde, starb am 22. November am „Nachlassen der Herzkraft." Der Gefangene S. verstarb einen Tag später an Kreislaufschwäche. Aufnahmeuntersuchungen gab es bei B. und S. laut dem berichterstattenden Gefängnisarzt nicht,[62] was von der Deutschen Justizverwaltung am 23. Juli 1947 bemängelt wurde, ansonsten hatte die Häufung der Todesfälle keine weiteren Konsequenzen.[63]

Der Chef der Abteilung Strafvollzug der Justizverwaltung der SBZ, Gentz, äußerte in seinem schon erwähnten Reisebericht vom 30. Juni 1947 Zweifel an der Qualität der medizinischen Betreuung; „Die ärztliche Versorgung geschieht durch Dr. Sasse als Vertragsarzt, angeblich in 4-5 Stunden an zwei Nachmittagen. Durch weiteres Befragen ergab sich jedoch, dass die Visiten mitunter nur eine halbe Stunde dauern. Es wird darauf zu achten sein, dass die ärztliche Versorgungsbehandlung bewusst durchgeführt wird."[64] Laut einem Vermerk des Strafvollzugsamts Potsdam konnten die Cottbuser Häftlinge im Sommer 1948 keinerlei zahnärztliche Behandlung in Anspruch nehmen, „da die beiden in Cottbus vor-

60   Rechenschaftsbericht an Provinzialverwaltung, Fundort: BLHA, Rep.212, Nr. 1251
61   Vgl. Vertrag über die Wahrnehmung der Geschäfte des Anstaltsarztes im Zentralgefängnis Cottbus vom 25.1.1947, rückwirkend gültig ab 1.11.1946. Fundort: BLHA, Rep.212, Nr. 1251
62   Zentralgefängnis Cottbus, Anstaltsarzt: Ärztlicher Bericht zur Todesursache der Strafgefangenen […] Fundort: BLHA, Rep.212, Nr. 1421
63   Schreiben an Brandenburger Justizministerium. Fundort: ebenda
64   Abschrift des Inspektionsberichts vom 30.6.1947, angefertigt für die Brandenburger Provinzialverwaltung. Fundort: BLHA, Rep.212, Nr.1247

handenen Dentisten die Behandlung wegen der geringen Entschädigung abgelehnt haben."[65] Spätestens Anfang 1949 stand laut dem obligatorischen Quartalsbericht Reecks wieder ein Zahnarzt zur Verfügung, im vorhergehenden Quartal war das Thema noch umschifft worden.[66]

Laut dem Monatsbericht des Strafvollzugsamts an die Sowjetische Militäradministration vom Mai 1949 waren für die Gefängnisse in Cottbus und Luckau im Haushalt der Justizverwaltung für 1949 jeweils eine Stelle für einen hauptamtlichen Arzt vorgesehen.[67] Im März 1950 war diese Stelle in Cottbus noch immer nicht besetzt, stattdessen wurde der nebenberufliche Gefängnisarzt Sasse im April durch einen Nachfolger ersetzt.[68]

Am 22. August 1949 wurde in der Cottbuser Bahnhofstrasse ein Haftkrankenhaus mit zunächst 100 Plätzen eröffnet, dessen Verwaltung in der Hand des Zentralgefängnisses lag.[69] Der Mietvertrag zwischen dem Brandenburger Justizminister und der „Evangelischen Kirchengemeinde der Ober- und Klosterkirche" war bereits am 7. April (rückwirkend zum 1.4.) geschlossen worden.[70] Allerdings waren in der neuen Einrichtung weder operative Eingriffe noch Röntgenaufnahmen möglich, auch Infektionskrankheiten konnten nicht behandelt werden. Solche Krankheitsfälle mussten deshalb durch das Städtische Krankenhaus übernommen werden, was Sicherheitsprobleme aufwarf. Deshalb wurde im März 1950 die Aufstellung einer gesicherten Baracke auf dem Gelände des Städtischen Krankenhauses erwogen; ob dieser Plan umgesetzt wurde, ist nicht bekannt.[71]

Unter besonders schlechten Haftbedingungen in Cottbus litten schwangere Frauen. Noch 1949 wurden Entbindungen in den Zellen vorgenommen, was der Ausschuss für Straffälligen- und Strafentlassenenfürsorge des Landes Brandenburg als „ganz unmöglichen und unhaltbaren Zustand" ansah. Der Ausschuss,

---

65   Dienstreisebericht Zentralgefängnis Cottbus vom 24.7.1948, Fundort: BLHA, Rep.212, Nr.1253

66   Rechenschaftsberichte des Cottbuser Zentralgefängnisses an das Brandenburger Justizministerium vom 7.4. bzw. 8.1.1949, Fundort: BLHA, Rep. 212, Nr.1253

67   Monatsbericht Strafvollzugsamt Brandenburg an die SMAD vom Mai 1949. Fundort: BLHA, Rep.212, Nr. 1225

68   Strafvollzugsamt Brandenburg an Minister für Arbeit und Sozialwesen, 22.3.1950. Fundort: BLHA, Rep.212, Nr. 1316

69   Strafvollzugsamt Brandenburg. Reisebericht nach Cottbus27.6.1949. Fundort: BLHA, Rep.212, Nr. 1253, Prüfbericht , wahrscheinlich Strafvollzugsamt Brandenburg, zum Zentralgefängnis vom 28.9.1949, BLHA, Rep.212, Nr. 1254 sowie Schreiben Vollzugsanstalt Cottbus an das Brandenburger Justizministerium, 22.6. 1950 (bezüglich Eröffnungstermin), ebenda

70   Fundort: BArch, DO 1/30200

71   Schreiben Zentralgefängnis an Brandenburger Justizministerium. Fundort: BLHA, Rep.212, Nr. 1254

dem diverse Behördenvertreter und Abgesandte der Volkssolidarität, des Demokratischen Frauenbund Deutschlands (DFD) und des FDGB angehörten, war möglicherweise gegenüber dem Strafvollzugsamt weisungsberechtigt. Zumindest beschloss er ausweislich eines Protokolls vom 26. Oktober 1949, das Amt zu verpflichten, „Maßnahmen zu treffen, damit für die schwangeren weiblichen Strafgefangenen eine Strafunterbrechung eintritt und diese so in der Lage sind, die Entbindung in einem geeigneten Krankenhaus durchzuführen. Der Ausschuss ist sich jedoch klar, dass hierüber eine generelle Regelung nicht erfolgen kann, sondern von Fall zu Fall entschieden werden müsste. Jedoch ist dafür zu sorgen, dass keine Entbindung in der Gefängniszelle stattfindet. In Fällen, in denen einer Strafunterbrechung nicht zugestimmt werden kann, ist die Entbindung in der Krankenstation der betreffenden Strafanstalt vorzunehmen."[72]

Der harte Winter 1946/47 führte zum fast völligen Zusammenbruch des Heizsystems. Die im Dezember 1946 zur Verfügung stehende Kohle reichte laut einem Bericht des Gefängnisdirektors vom 7. Februar 1947 gerade noch aus „um in den Unterkunftsräumen eine Durchschnittstemperatur von 13-14 Grad zu halten." Nachdem sich zu Beginn des neuen Jahres die Versorgung weiter verschlechtert hatte, gelang es Reeck nach Verhandlungen mit der Besatzungsmacht zunächst, „von der Roten Armee, welche laufend trotz strengster Kälte eine wesentliche Anzahl an Arbeitskräften täglich anforderte, nach und nach 140 Zentner Kohle aus russischen Beständen für die Anstalt zu erhalten." Doch als die Kohlevorräte immer dramatischer schrumpften, mussten vom 1. bis 4. Februar 1947 28 Frauen und 62 Männer (darunter 9 Untersuchungsgefangene) in den „Kälteurlaub" entlassen werden. Zunächst blieben noch 63 Frauen und 138 Männer in Haft. [73] Diese Notmaßnahme reichte allerdings noch nicht aus. Der Anstaltsarzt Sasse berichtete am 13. Februar der Gefängnisleitung, es sei „nicht mehr möglich, die Einzelzellen, Gemeinschaftszellen, das Krankenrevier und die Entlausungsanlagen auch nur annähernd zu beheizen. So beträgt die Temperatur in diesen Räumen tagsüber nur noch 6-8 Grad", nachts sinke sie teilweise bis auf 2 Grad. „Durch diese ständige Unterkühlung besteht die Gefahr, dass die Zahl der Erkrankten, die z.Zt. noch in normalen Grenzen ist, erheblich zunimmt und insbesondere Krankheiten wie Lungen- und Nierenentzündungen auftreten." Sasse empfahl dringend die Beurlaubung aller „irgendwie gesundheitlich gefährdeten" Häftlinge.[74]

Da die Gefangenen sich „weder bei Tag noch bei Nacht erwärmen" könnten und „infolge der nur sehr beschränkt zur Verfügung stehenden Kleidungsstücke und

---

72 Fundort: BLHA, Rep.212, Nr. 1311
73 Schreiben Zentralgefängnis an Brandenburger Justizministerium: Fundort: BLHA, Rep.212, Nr. 1252
74 Fundort: BLHA, Rep.212, Nr.1252

Decken laufend frieren", schloss sich Reeck dieser Auffassung an, beurlaubte am 13. und 14. Februar weitere 70 Männer und 32 Frauen und bereitete die Verlegung von etwa „40 Gefangenen mit längeren Strafen und schweren Vergehen nach Luckau" vor.

Anschließend würden noch ca. 30 Männer und 26 Frauen übrigbleiben. Nach den dann möglichen Zusammenlegungen der verbliebenen Häftlinge sollte „die Niederdruckkesselanlage, welche eine wesentliche Menge an Kohle tagsüber verschlingt", stillgelegt und nur noch zwei mit Kohle gefeuerte Kessel betrieben werden. Damit hoffte man eine Durchschnittstemperatur von 15 Grad in den noch besetzten Hafträumen halten zu können.[75]

Mit Hilfe dieser Notmaßnahmen konnte offensichtlich die Lage einigermaßen unter Kontrolle gebracht werden. In einem Reisebericht des für die Haftanstalten zuständigen Abteilungsleiters des Brandenburger Justizministeriums vom 21. März 1947 ist jedenfalls von der Kälteproblematik keine Rede mehr, vielmehr wird vor allem die Vollzugspraxis für die weiblichen Häftlinge gelobt: „Das Frauenhaus macht einen ganz ausgezeichneten Eindruck. Peinlichste Sauberkeit und Ordnung, Zustand und Stimmung der Häftlinge durchaus angemessen. Frau Hartung, die das Frauenhaus leitet, macht einen sehr klaren und bestimmten Eindruck, ist aber offenbar durchaus human eingestellt, sodass im Frauenhaus irgendwelche Missstände seit langer Zeit nicht mehr hervorgetreten sind. Schwieriger liegen die Verhältnisse in der Männerabteilung. Die Männer sind z.T. verlaust und verwanzt und sind teilweise sehr unzufrieden. Abhilfe ist sehr schwer zu schaffen, weil keine Badegelegenheit besteht, sodass jede Bekämpfung des Ungeziefers zwecklos ist."[76]

Zum Hauptproblem in Cottbus entwickelte sich im Sommer 1947 die Mangelernährung. Diese hatte immer schlimmere gesundheitliche Folgen, wie der Bericht des Anstaltsarztes an die Gefängnisleitung vom 9. Juni 1947 verdeutlicht: „Infolge der zunehmenden Ernährungsschwierigkeiten steigt die Zahl der Magenkranken, insbesondere aber die Zahl der an Hungerödem erkrankten Gefangenen […] in der letzten Zeit ständig an. Allein in der Sprechstunde am 7. Juni meldeten sich bei mir 13 Gefangene, die an hochgradigen Ödemen litten", die auf „die lang andauernde Unterernährung, insbesondere auf den Eiweißmangel zurückzuführen" seien. Um dauerhafte Gesundheitsschäden unter den Gefangenen zu vermeiden, müsse die Ernährung wesentlich aufgebessert wird. Als Arzt könne er keine Verantwortung für die Folgen der chronischen Unterernährung übernehmen.[77]

---

75   Schreiben an Brandenburger Justizministerium vom 14.2.1947.Fundort: BLHA, Rep.212, Nr. 1252

76   Fundort: BLHA, Rep.212, Nr.1252

77   Fundort: BLHA, Rep.212, Nr.1252

Reeck verweist in seinem darauffolgenden Schreiben an das Justizministerium auch auf die Folgen des vergangenen Winters: Es sei nicht möglich gewesen, „in den letzten Wochen Kartoffeln an die Häftlinge auszugeben, so dass ich gezwungen war, die von mir zusätzlich auf dem freien Markt erworbene bedeutende Gemüsemenge, welche mir unter normalen Voraussetzungen den Anschluss an die neue Ernte gesichert hätte, vorzeitig zu verbrauchen. Das zur Ausgabe gelangte Gemüse musste im gesalzenen Zustand verabreicht werden, da infolge des ungewöhnlich strengen Winters es teilweise in den Mieten eingefroren war und daher nicht im erforderlichen Maße haltbar sein konnte. Im eigenen Betrieb wurde demzufolge die anfallende Gemüsemenge als Salzgemüse konserviert." Dieses sei, wenn es als Teil der Ernährung verabreicht werde, durchaus bekömmlich; könne allerdings eigentlich nur als Ersatzstoff für Kartoffeln dienen, da es in seiner Zusammensetzung dem Kalorienwert, insbesondere aber dem Eiweiß- und Stärkegehalt der Kartoffeln in keiner Weise entspreche. Zur Zeit müssten aber pro Tag und Häftling 1000 g an reinem Salzgemüse ausgegeben werden, dessen dauernde Zuführung in dem schon an sich geschwächten Körper der Häftlinge zu hochgradigen Hungerödemen führe, die in den letzten Tagen ein bedenkliches Ausmaß angenommen hätten.[78]

Wesentlich weniger dramatisch lesen sich Auszüge aus dem etwa einen Monat später verfassten Quartalsbericht Reecks an seine vorgesetzte Behörde: Der Gesundheitszustand der Häftlinge sei „im vergangenen Berichtszeitraum [...] nicht immer ausreichend" gewesen. „Bei längerer Strafzeit erfolgte ein allgemeines Absinken des Kräftezustandes, bedingt durch die zeitgemäße Ernährungslage. Besondere Schwierigkeiten in dieser Beziehung sind hervorgerufen durch die einmal nicht voll zur Auslieferung gelangten Einkellerungskartoffeln und ein anderes Mal durch die Verzögerung des Frischgemüseanfalls infolge des lang andauernden Winters. Es wurde demzufolge notwendig, verschiedentlich Strafunterbrechungen gemäß § 455 Abs.3 Strafprozessordnung zu verfügen."[79] Es ist allerdings fraglich, ob sich die Situation wirklich schon derart entspannt hatte – möglicherweise durch die erwähnten „Strafunterbrechungen", über deren Umfang nichts bekannt ist – oder Reeck „von oben" bedeutet wurde, dass schließlich der Rest der Bevölkerung auch hungere.

Aus dem Herbst 1947 ist eine weitere schriftliche Stellungnahme des Anstaltsarztes Sasse zum Gesundheitszustand der Inhaftierten überliefert. Dieser reagierte auf einen Bericht der Schutzpolizei, die bei einer Kontrolle des Gefängnisses (das eigentlich nicht zu ihrem Zuständigkeitsbereich gehörte) am 16. September „zum

---

78   Schreiben vom 10.6.1947. Fundort: BLHA, Rep.212, Nr.1252
79   Rechenschaftsbericht Zentralgefängnis Cottbus an das Brandenburger Justizministerium vom 10.7.1947. Fundort: BLHA, Rep.212, Nr.1252

Teil sehr erhebliche Gewichtsabnahme(n)" nach der Inhaftierung registriert hatte.[80] Laut Sasse werde „bei der Einlieferung von Häftlingen eine Untersuchung auf Haftfähigkeit vorgenommen und das Gewicht festgestellt. Der größte Teil der Häftlinge wird mit erheblichem Untergewicht eingeliefert. Monatlich werden laufend an jedem Häftling Kontrollwiegungen vorgenommen. Hierbei wird beobachtet, dass zunächst eine Gewichtsabnahme besteht, die nach 3-4 Monaten zum Stillstand kommt, wonach häufig ein geringer Gewichtsanstieg zu beobachten ist. Jeder Häftling, bei dem ein größerer Gewichtsverlust auftritt, wird mir vorgestellt; desgleichen diejenigen, bei denen sich Ödeme einstellen. In vielen Fällen musste wegen Gewichtsabnahme und starker Ödeme die Haftentlassung bzw. Haftunterbrechung beantragt werden." Die Gefangenenkost werde „laufend auf Menge, Kalorienwert und Schmackhaftigkeit geprüft. Unter den heutigen Ernährungsverhältnissen ist sie gerade noch als ausreichend anzusehen." Bei Häftlingen, die von ihren Angehörigen keinerlei Lebensmittel erhielten[81] und unter einer „größeren Gewichtsabnahme" litten, werde „nach Vereinbarung mit dem Wirtschaftsinspektor [...] ein Essensnachschlag gewährt." Gegenwärtig erhielten durchschnittlich 30 Männer und 10 Frauen als Magenkranke Schonkost. Weitere Magen- Darm-Beschwerden, über die viele Inhaftierte klagten, seien auf zu frisches und feuchtes Brot zurückzuführen. [82]

Noch im Mai 1948 äußerte sich der Chef der deutschen Justizverwaltung der SBZ sehr besorgt über den Ernährungszustand der Gefangenen in den Haftanstalten in seinem Einflussbereich. In von ihm angeforderten Berichten „einer Anzahl von Anstalten [...] werden für Mitte April dieses Jahres von insgesamt 3000 Gefangenen 893, also fast ein Drittel, als schwer unterernährt bezeichnet. In den Monaten November 1947 bis April 1948 sind 176 Gefangene in den Anstalten gestorben. Diese Todesrate ist zehnmal so hoch wie in den Zeiten normaler Ernährungsverhältnisse." In den ersten vier Monaten dieses Jahres hätte man 773 Gefangene, großenteils wegen Unterernährung, als haftunfähig aus den Anstalten entlassen müssen. Es sei zu befürchten, dass auch von ihnen noch eine erhebliche Anzahl an den Folgen der Unterernährung gestorben sei und viele andere infolge der durch Mangelödeme bewirkten Gewebsänderungen dauernde Schäden davongetragen haben. Deshalb müssten die für die Ernährung der Gefangenen verfügbaren

---

80 Dezernat Schutzpolizei Potsdam: Bericht über die am 16.September 1947 durchgeführte Kontrolle des Zentralgefängnisses Cottbus. Fundort: BLHA, Rep.212, Nr.1252

81 Gefangene durften –wahrscheinlich ab Frühjahr 1947 - nach Ablauf einer Strafzeit von 8 Wochen bei guter Führung Nahrungsmittelspenden erhalten. Vgl. Abschrift des Inspektionsberichts Gentz vom 30.6.1947, angefertigt für die Brandenburger Provinzialverwaltung. Fundort: BLHA, Rep.212, Nr.1247

82 Stellungnahme Anstaltsarzt, ca. September 1947. Fundort: BLHA, Rep.212, Nr.1252

Nahrungsmittel restlos ausgenutzt werden. Die verbreitete Praxis, Teile der auf Gefängnisland herangezogenen „Nahrungsmittel an Anstaltsangestellte, teilweise auch an andere Mitglieder der Justizverwaltungen, die nicht den Anstalten angehören, und an Verwaltungsfremde" abzugeben, sei „bei der katastrophalen Ernährungslage in den Anstalten [...] nicht zu verantworten. Solange Gefangene wegen Unterernährung für haftunfähig geschrieben werden müssen oder in Gefahr sind zu verhungern, darf auch nicht ein Gramm der Anstaltserzeugnisse für andere Zwecke als zur Verbesserung der Kost für diese mit dem Tode oder schwerem Siechtum bedrohten Menschen verwendet werden."[83]

Die Ernährungsverhältnisse in der Cottbuser Haftanstalt werden etwa in Berichten der Brandenburger Strafvollzugsbehörden an die Sowjetische Militäradministration oder die Justizverwaltung der SBZ häufig als überdurchschnittlich schwierig eingeschätzt. Man kann deshalb wohl davon ausgehen, dass hier Mitte 1948 ebenfalls mindestens ein Drittel der Häftlinge stark unterernährt war. In ihren Berichten an vorgesetzte Stellen hat die Cottbuser Gefängnisverwaltung die aus der Ernährungslage erwachsenden gesundheitlichen Schwierigkeiten sicherlich eher unter- als übertrieben. So teilte sie dem Brandenburger Justizministerium am 9. Juni 1948 mit, ca. 6 % der im Gefängnis befindlichen Männer sei krank, diesen Anteil bezeichnete sie - im Gegensatz zu dem bei den Frauen erreichten „überhöhten" Wert von ca. 13-15 % als „normal". Auffällig seien nach wie vor verhältnismäßig viele Ödemerkrankungen sowie die Unterernährung (insbesondere bei den Männern, unter ihnen litten 42 von 282 an Ödemen). Diese Krankheiten hätten im Allgemeinen bereits vor der Einlieferung ins Gefängnis bestanden; eine Verbesserung des Gesundheitszustands sei allerdings „bei der verabfolgten Kost [...] naturgemäß kaum zu erreichen."[84] Obwohl also knapp 15% der Männer an Ödemen litten, wurde unter den männlichen Gefangenen nur ein Krankenanteil von etwa 6% ausgewiesen, eine fast schon zynische Verharmlosung der Situation. Im Oktober 1948 wurde in einem Rechenschaftsbericht an die Landesregierung sogar von einem gemessen an der Ernährungslage „durchaus zufriedenstellend(en) Gesundheitszustand der Häftlinge" gesprochen. Gewichtsabnahmen kämen selten vor und würden von Gewichtszunahmen bei anderen Häftlingen quasi wieder egalisiert.[85]

---

83   Schreiben an die Justizministerien der Länder, Fundort: BLHA, Rep.212, Nr.1421
84   Schreiben „Gesamtbild der gesundheitlichen Verhältnisse in der Anstalt". Fundort: BLHA, Rep.212, Nr.1255
85   Fundort: BLHA, Rep.212, Nr.1253

Doch im Juni 1949 musste man erneut ein allgemeines Absinken des Kräftezustandes vor allem bei U-Häftlingen, die sich schon längere Zeit im Gefängnis befanden, einräumen. Wiederum sei es notwendig gewesen, Strafunterbrechungen nach §455, Absatz 3 Strafprozessordnung anzuordnen.[86]

In einem Bericht an die „Deutsche Justizverwaltung der SBZ" führte das Strafvollzugsamt Brandenburg am 6. Juli 1949 den schlechten Gesundheitszustand der Häftlinge in einigen Gefängnissen, darunter Cottbus, vor allem auf das Verbot des Mitbringens zusätzlicher Lebensmittel durch Angehörige zurück, das auf sowjetische Anordnungen zurückgehe. Auf Insistieren der Brandenburger Behörde habe die Rechtsabteilung der Potsdamer SMAD das Verbot inzwischen mündlich aufgehoben. Eine weitere Besserung des Gesundheitszustandes sei auch durch einen 2 Wochen zurückliegenden Runderlass zu erwarten, durch den es den Gefängnisleitungen gestattet werde, „in angemessenen Grenzen freie Kartoffeln und Gemüse zur Aufbesserung der Anstaltsverpflegung zu beschaffen."[87]

Die Gestaltungsspielräume der Gefängnisleitungen zur Lebensmittelbeschaffung waren allerdings selbst auf „eigenem Grund und Boden" gering. So beklagte der Cottbuser Arbeitsinspektor Abke anlässlich des bereits erwähnten Kontrollbesuchs des SBZ-Strafvollzugsamtschefs Gentz Ende Mai 1947 die Auflagen, bestimmte Pflanzen anzubauen, an deren Aufzucht das Gefängnis kein Interesse hätte oder die sogar schädliche Wirkungen hätte. So solle zum Beispiel auf 2000 m² Tabak angepflanzt werden. „Die Pflanzen dafür kosten 400 Reichsmark. Zu erwarten sei ein Ertrag von 100 Kilo Tabak unter der Voraussetzung, dass dieser Tabak von Gefangenen nicht gestohlen werde." Für 100 Kilo Tabak würden jedoch nur 138 Reichsmark bezahlt, so dass das Gefängnis mindestens 262 Reichsmark verliere. Hinzu käme, dass dieses Land nicht für den Anbau des für die Ernährung der Gefangenen notwendigen Gemüses zur Verfügung stehe.[88]

Im Oktober 1950 stellte dann der Cottbuser Amtsarzt Fischer erstmals eine auffallende „Gewichtszunahme der männlichen Häftlinge" fest und führte dies auf eine vorangegangene Rationserhöhung zurück, die Zeit des Kalorienmangels war jetzt auch in Cottbus vorbei.[89]

Während des gesamten Untersuchungszeitraums litt das Zentralgefängnis Cottbus – wie wohl generell die Haftanstalten in der SBZ/DDR - unter einem gravierenden

---

86 Rechenschaftsbericht 2. Quartal 1949 an Landesregierung, 21,6.1949. Fundort: BLHA, Rep.212, Nr.1253

87 Fundort: BLHA, Rep.212, Nr.1202

88 Abschrift des Inspektionsberichts vom 30.6.1947, angefertigt für die Brandenburger Provinzialverwaltung. Fundort: BLHA, Rep.212, Nr.1247

89 Amtsärztliche Kontrolle der Vollzugsanstalt Cottbus, 2.10.1950. Fundort: BLHA, Rep.212, Nr.1424

Mangel an elementaren Ausrüstungsgegenständen. Am 15. März 1948 meldete die Gefängnisleitung dem Justizministerium, die Haftanstalt sei nicht mehr überbelegt und könne wieder neue Häftlinge aufnehmen. Allerdings müssten die Neuankömmlinge „zwei Decken, Kochgeschirr bzw. Essnapf, Essbesteck und sonstige Gebrauchsgegenstände mitbringen." [90]

Laut einem Prüfungsbericht in Cottbus vom 28. September 1949 müssten die Gefangenen meist Zivilkleidung tragen, Männerunterwäsche sei überhaupt nicht vorhanden, die vorgefundene Frauenunterwäsche decke nur 50 % des Bedarfs. „Die vorhandenen Bestände an Bekleidung für die Gefangenen sind in einem derartig abgetragenen Zustand, dass diese kaum noch als Bekleidung anzusprechen sind. Der Bestand an Fußbekleidung ist überhaupt nicht mehr als solche anzusehen, weil es sich nur um Lumpen handelt. Schuhe für Gefangene besitzt das Gefängnis nicht. Es sind lediglich nur Holzpantoffeln vorhanden."[91]

2.5. Die Haftarbeit

Die Arbeit spielte wie gesehen eine zentrale Rolle sowohl für die „Erziehung" der Gefangenen als auch für die ökonomische Situation der Haftanstalten. Laut Artikel 137 der DDR-Verfassung von 1949 sollte die „Erziehung der Besserungsfähigen durch gemeinsame produktive Arbeit" die Basis des Strafvollzugs bilden. Das „In-Arbeit-Bringen" der Gefangenen war mithin eine der zentralen Aufgaben der Gefängnisleitungen.

Die Art und Weise der Arbeit bildete einen zentralen Aspekt der Lebensverhältnisse in den Gefängnissen. Vom Schweregrad der Tätigkeit hing häufig die Lebensmittelversorgung der Häftlinge ab. Das Zentralgefängnis bemühte sich von Anfang an recht erfolgreich um sinnvolle Tätigkeiten für seine Gefangenen, wie ein Anfang 1949 gehaltenes Referat des Cottbuser Arbeitsinspektors Abke zur Arbeitsbeschaffung insbesondere im Zentralgefängnis nahelegt: Bis zum letzten Jahr seien die Häftlinge vorwiegend für Wiederaufbauarbeiten an dem zu fast 70% zerstörten Gefängnis eingesetzt worden. „Hierbei konnten Gefangene aller Berufe Beschäftigung finden. Für die Facharbeiter, wie Tischler, Schlosser usw., mussten in Cottbus zunächst erst einmal die Voraussetzungen zum Einsatz dieser Kräfte geschaffen werden, d.h. es waren entsprechende Handwerksbetriebe, wie Tischlerei, Schlosserei, Schuhmacherei usw. einzurichten. Die Maschinen, soweit

---

90   Fundort: BLHA, Rep.212, Nr.1252
91   Fundort: BLHA, Rep.212, Nr.1254

vorgefunden und noch brauchbar, wurden wieder mit eigenen Kräften instandgesetzt [...]"[92] Neben den erwähnten Gewerken gab es bereits Ende 1946 eine Gärt-
nerei, eine Schmiede, eine Flechterei, einen Holzhof und Spielwarenanfertigung.
In den Handwerksbetrieben seien vorwiegend Jugendliche angelernt worden.[93]

Neben den internen Arbeiten wurde in Cottbus auch für Fremdfirmen produziert.
Den Anfang machte die Kokosweberei Willi Kohl, Zittau, mit der am 12. August
1946 ein Vertrag über die Einrichtung eines Zweigbetriebs innerhalb des Gefängnisses abgeschlossen wurde. Die Firma verpflichtete sich, zunächst 10 Strafgefangene mit Flechtarbeiten und der Herstellung von Stroh-Isoliermatten zu beschäftigen. Später könnten bei Bedarf sowohl Arbeitsfelder als auch die Zahl der
Arbeitskräfte ausgeweitet werden. Die Bezahlung sollte nach einer Einarbeitungs-
zeit allein nach Leistung erfolgen, die Löhne an die Gefängnisleitung bezahlt werden.[94] Tatsächlich wurden laut dem erwähnten Referat Abkes von Anfang 1949
durch die Firma Kohl bis zu 50 Arbeitskräfte auf diversen Arbeitsfeldern beschäftigt. So konnte das Gefängnis allein aus diesem Vertrag im November 1948 6500
Mark an Arbeitslöhnen vereinnahmen.[95]

Außerdem wurde für externe Auftraggeber im Gefängnis gefertigt, z.B. in einer
Nopperei oder einer Weidenschälerei. Bei Bedarf wurden Häftlinge auch extern
in Großgärtnereien beschäftigt.[96] Hinzu kam eine Seidenraupenzucht, die damals
als eine volkswirtschaftlich sehr bedeutende Wachstumsbranche angesehen
wurde. DDR-Justizminister Max Fechner lobte in einem Rundschreiben vom 9.
Februar 1950 das Cottbuser Zentralgefängnis für seine Jahresproduktion 1949
von 85 Kilogramm Seidenraupenfrischkokons.[97]

Als wichtiger „Arbeitgeber" für die Häftlinge fungierte auch die sowjetische
Besatzungsmacht. Im I. Quartal 1948 waren 26% der männlichen und 10% der
weiblichen Arbeitskräfte für sowjetische Dienststellen tätig, im IV. Quartal 1948
waren es noch 25% bzw. 6%.[98] Im I. Quartal 1949 wurden seitens der Sowjets
keine Arbeitskräfte mehr angefordert, auch danach gibt es keine Hinweise auf

---

92 Referat Abke auf einer Konferenz von Strafvollzugspraktikern auf SBZ-Ebene (?), ca.
Mai 1949.Fundort:BLHA, Rep.212, Nr.1175

93 Oberregierungsrat Nissen: Bericht über die Besichtigung des Zentralgefängnisses am
28.11.1946. Schreiben an Provinzialverwaltung Mark Brandenburg. Abteilung VI –Justiz
– Strafvollzug vom 3.12.1946, Fundort: BLHA, Rep.212, Nr.1253

94 Fundort: BLHA, Rep.212, Nr,1374

95 Referat Abke auf einer Konferenz von Strafvollzugspraktikern auf SBZ-Ebene (?), ca.
Mai 1949.Fundort:BLHA, Rep.212, Nr.1175

96 Vgl. ebenda

97 Fundort: BLHA, Rep.212, Nr.1376

98 Rechenschaftsberichte des Cottbuser Zentralgefängnisses an das Brandenburger Justizministerium vom 8.4. 1948 und 8.1.1949, Fundort: BLHA, Rep. 212, Nr.1253

entsprechende Beschäftigung. Die Gründe für diese Veränderung werden nicht benannt.[99] Möglicherweise steht dieser abrupte Wechsel im Zusammenhang mit einer am 11. Dezember 1948 erlassenen Rundverfügung des Brandenburger Justizministeriums, wonach sowjetisches Militärpersonal der deutschen Justizverwaltung unterstehende Gefängnisse nur noch mit schriftlicher Genehmigung der Rechtsabteilung der SMAD in Potsdam betreten durfte. Eine „Anforderung von Gefangenen zu Arbeiten für die Besatzungsmacht" war nur noch möglich, „wenn eine schriftliche Anweisung hierzu von der SMAD in deutscher Sprache dem Gefängnisleiter oder seinem Stellvertreter vorgelegt wird."[100] Auch wenn unklar ist, ob und wenn ja wie weit sich sowjetische Dienststellen solchen Anweisungen der Brandenburger Behörden fügten, selbst wenn sie im Grundsatz in der Rechtsabteilung der SMAD entstanden waren, schränkten diese bürokratischen Hürden die Flexibilität des Arbeitseinsatzes von Gefangenen zumindest stark ein.

Seit 1949 existierten neben den Werkstätten auf dem Gefängnisgelände auch sogenannte Außenarbeitsstellen. Ab März 1949 wurde die ca. 6 km vom Gefängnis entfernte und im Krieg stillgelegte Ziegelei Annahof wieder instandgesetzt. Laut Abke nahm man dieses Vorhaben sogar in den Zweijahresplan auf. Die Instandsetzungsarbeiten wurden komplett von Gefangenen durchgeführt.[101] Bereits Ende Juni konnten diese Vorarbeiten abgeschlossen und mit zunächst 30 Gefangenen zur Produktion übergegangen werden. Die Häftlinge waren vor Ort untergebracht.[102] Schon kurze Zeit später kam es in Annahof zu massiven Problemen; im halbjährlichen Rechenschaftsbericht des Brandenburger Strafvollzugsamts an das DDR-Justizministerium über das 2. Halbjahr 1949 ist von einem Strafverfahren gegen den Betriebsleiter Eckert wegen Arbeitssabotage die Rede. E. habe „sich der Strafverfolgung durch Flucht entzogen"[103] – es ist also davon auszugehen, dass sich Eckert in den Westen absetzte.

Nahezu zeitgleich wurde im VEB Steinwerk Koschenberg eine weitere Außenarbeitsstelle eingerichtet. Zunächst waren ab 15. Mai 1949 30 Strafgefangene in einem Steinbruch zur Herstellung von Edelsplitt für den Straßenbau eingesetzt – je nach Absatzmöglichkeiten der Firma könnte diese Zahl weiter steigen. Für die Unterbringung der Häftlinge sei „vom Werk ein Lager zur Verfügung gestellt"

---

99   Rechenschaftsbericht des Cottbuser Zentralgefängnisses an das Brandenburger Justizministerium vom 7.4.1949

100   Rundverfügung Nr. 420/VI (1948) Fundort: BLHA, Rep. 212, Nr.1196

101   Referat Abke auf einer Konferenz von Strafvollzugspraktikern auf SBZ-Ebene (?), ca. Mai 1949.Fundort: BLHA, Rep.212, Nr.1175

102   27.6.1949: Reisebericht Leiter des Strafvollzugsamt Brandenburg über die Besichtigung der Strafanstalten Cottbus und Luckau am 21.6.1949. Fundort: BLHA, Rep.212, Nr.1253

103   Bericht vom 21.3.1950. Fundort: BLHA, Rep.212, Nr.1228

worden. Die betreffenden Räume hätten bereits zur Unterbringung von Kriegsgefangenen gedient. [104] Da es sich um körperliche Schwerstarbeit handelte, sollten die Gefangenen eine Zusatzverpflegung bekommen und in diesem Punkt wie freie Arbeiter behandelt werden. Allerdings monierte das Zentralgefängnis in einem Schreiben an die Abteilung Handel und Versorgung des Brandenburger Justizministeriums vom 13. Juli 1949, dass eine entsprechende Anordnung noch nicht umgesetzt wurde.[105]

Ein weiteres Außenlager für bis zu 50 Häftlinge bestand in Crinitz.[106] Belegt ist außerdem eine Außenarbeitsstelle „Niederspree" in Rietschen bei Weißwasser, die bis Ende 1949 eine Aufnahmekapazität von 40 Frauen hatte; Anfang 1950 konnten dann dort bereits 100 Frauen untergebracht werden. Vertragspartner war die „Staatliche Teichwirtschaft Niederspree, Post Daubitz". Die abgestellten Häftlinge sollten bevorzugt aus landwirtschaftlichen Berufen kommen.[107] Auf dem Weg zu dieser Arbeitsstelle kam es am 7. August 1950 zu einem tödlichen Unfall. Eine 30-jährige Gefangene wurde lt. Arztbericht „durch eine Lore von rückwärts im Stehen angefahren" und verstarb nach einer Operation im Krankenhaus Rothenburg.[108]

Der Cottbuser Arbeitsinspektor Karl Abke beklagte sich in seinem bereits mehrfach erwähnten Referat vom Mai 1949 auch über das Fehlen von Aufsichtskräften. Die Aufgaben der Arbeitsverwaltung würden gegenüber anderen Ressorts als zweitrangig angesehen. „Zweifelsohne sind in jeder Anstalt erst die Belange der Sicherheit in Betracht zu ziehen. Es ist auf die Dauer aber nicht angängig, dass am Tag Hunderte von Arbeitsstunden ausfallen, nur weil eine Aufsichtskraft fehlt. Die bisher betriebene Personalpolitik ist vollkommen unzulänglich."[109]

---

104 Aktenvermerk Abke zur Außenarbeitsstelle Koschenberg vom 5.5.1949. Fundort; BLHA, Rep.212, Nr. 1373 und Justizministerium Potsdam, Oberreferat Strafvollzug: Tätigkeitsbericht für die Zeit vom 1.-31. Mai 1949. Fundort: BLHA, Rep.212, Nr.1174
105 Fundort: BLHA, Rep.212, Nr.1311
106 Schreiben Vollzugsanstalt Cottbus an das Brandenburger Justizminister, Haushaltsstelle, 22.6.1950. Fundort: BLHA, Rep.212, Nr.1254
107 Vertrag zwischen Zentralgefängnis und der Staatlichen Teichwirtschaft vom 12.10.1949, vgl. auch Vermerk Strafvollzugsamt Potsdam zur Einrichtung des Lagers vom 6.10.1949. Fundort: BLHA Rep.212, Nr.1382 sowie Schreiben Vollzugsanstalt Cottbus an das Brandenburger Justizministerium, Haushaltsstelle, 22.6.1950. Fundort: BLHA, Rep.212, Nr.1254
108 Arztbericht. Fundort: BLHA, Rep.212, Nr.1372
109 Referat Abke auf einer Konferenz von Strafvollzugspraktikern auf SBZ-Ebene (?), ca. Mai 1949. Fundort: BLHA, Rep.212, Nr.1175

Die Cottbuser Bemühungen, soviel Gefangene wie möglich arbeiten zu lassen, führten im Zeitverlauf zu hohen Beschäftigungsquoten: Am 5. August 1948 konstatierte die Brandenburger Landesregierung in einem turnusmäßigen Bericht an die „Deutsche Justizverwaltung der SBZ" eine weiterhin günstige Entwicklung der Arbeitsbetriebe „besonders bei den größeren Vollzugsanstalten."

Im „Zentralgefängnis Cottbus wurden 45 % der Gesamtbelegung zur Arbeit herangezogen, während 55 % als Kranke und Untersuchungsgefangene unbeschäftigt bleiben. In der Hauptsache sind hier Instandsetzungsarbeiten für die Anstalt durchgeführt wurden, die wenig Material, aber viel Zeit beanspruchen."[110] Im Juni 1949 waren laut einem Cottbuser Rechenschaftsbericht „von den hier untergebrachten männliche Strafgefangenen ca. 84 % und von den untergebrachten weiblichen Strafgefangenen 100 % zur Arbeit eingesetzt." Weniger hoch war dieser Wert bei den Untersuchungshäftlingen, die prinzipiell nunmehr ebenfalls arbeiten sollten: „Von den untergebrachten männlichen U-Gefangenen waren ca. 10 %, von den untergebrachten weiblichen U-Gefangenen ca. 80 % zur Arbeit eingesetzt."[111] Noch am 8. Juni 1948 hieß es in einem Bericht aus Cottbus, ca. 55% der Insassen seien U-Häftlinge, „die demzufolge nicht zur Arbeit eingesetzt werden können."[112] Ein Jahr später, am 13. Juni 1949, betonte der Chef der Deutschen Justizverwaltung der SBZ und spätere DDR-Justizminister Max Fechner in einem Schreiben an die Justizministerien der Länder, Untersuchungsgefangene unterlägen der gleichen Arbeitspflicht wie die freie Bevölkerung, allerdings dürften sie nicht zu Außenarbeiten zugelassen werden.[113] Wie im Kapitel zur sowjetischen Einflussnahme bereits beschrieben, geschah dies im Kontext der von der Besatzungsmacht gewünschten stärkeren Ökonomisierung des Gefängniswesens. Hier besteht eine direkte Parallele zu den NS-Justizvollzugsanstalten: Ab März 1938 konnten auch dort Untersuchungshäftlinge zur Arbeit verpflichtet werden, um noch mehr Gefangene für die Volkswirtschaft nutzbar zu machen.[114]

---

110 Rechenschaftsbericht zum Strafvollzug II. Quartal 1948. Fundort: BLHA, Rep.212, Nr.1202
111 Zentralgefängnis Cottbus an Justizministerium Brandenburg: Rechenschaftsbericht 1.4.-25.6. 1949. Fundort: BLHA, Rep. 212, Nr.1253
112 Rechenschaftsbericht des Cottbuser Zentralgefängnisses an das Brandenburger Justizministerium vom 8.4.1948, Fundort: BLHA, Rep. 212, Nr.1253
113 Fundort: BLHA, Rep. 212, Nr.1191
114 Vgl. Wachsmann 2006, S.90f.

Bereits im Sommer 1950 herrschte DDR-weit ein Mangel an Gefängnisarbeitskräften. Deshalb sollten laut DDR-Justizministerium künftig Schwerpunktprojekte bevorzugt und Arbeitskommandos ohne besondere volkswirtschaftliche. Bedeutung aufgelöst werden.[115]

Die gefängnisinternen Arbeitsbetriebe erlangten für die Finanzierung des Betriebs der Haftanstalt schnell große Bedeutung. So schrieb Gefängnisdirektor Max Reeck bereits am 12. November 1946 an die Brandenburger Justizverwaltung: „Die Arbeitsbetriebe haben zwar über den allgemeinen Rahmen hinausgehende Unkosten durch den Verschleiß an Maschinen, die Beschaffung größerer Rohstoffmengen usw., bringen aber auf der anderen Seite jedoch die gesamten Unkosten der Anstalt, ausschließlich der Gehälter, seit ihrem Bestehen auf, so dass die Justizkasse bisher lediglich für die Zahlung der Dienstbezüge in Anspruch genommen werden musste."[116]

Die aus der Häftlingsarbeit erzielten Gewinne stiegen nicht zuletzt infolge der wachsenden Häftlingszahlen und Beschäftigungsquoten zwischen 1948 und 1950 stark an. Im 1.Quartal 1948 betrugen die Gewinne nach Berechnungen des Autors im Monatsdurchschnitt 6076 Mark, im 4. Quartal bereits 9712 Mark. Im 2. Halbjahr 1949 konnten durchschnittlich 21.780 Mark, im 1. Halbjahr 1950 sogar 24.154 Mark im Monat als Gewinn verbucht werden. Diese Werte ergaben sich aus der Differenz aus Einnahmen und reinen Betriebsausgaben (zu denen auch die sogenannten „Arbeitsbelohnungen" gehörten). Die Gewinne reduzierten die Haftkosten (deren Höhe nicht bekannt ist), die natürlich aufgrund der steigenden Belegungszahlen (s.u.) ebenfalls stiegen.[117] Das Anwachsen der Gewinnsumme alleine lässt keine Rückschlüsse auf die Arbeitsproduktivität im Gefängnis zu. Eine Saldoermittlung aus Gewinnen und Haftkosten ist nicht möglich.

Die Zahlung von Arbeitsbelohnungen kann ab Ende 1946 nachgewiesen werden. Damals wurden pro Tag zwischen 15 und 25 Pfennig gezahlt. Anfang 1948 wurden je nach Schweregrad der Arbeit und der Strafform („Gefängnis" oder „Zuchthaus") zwischen 5 und 50 Pfennig pro Tag gezahlt.[118] Zum Vergleich: Die Rote

---

115 Rundschreiben DDR-Justizministerium, Hauptabteilung Strafvollzug an die Landesregierungen vom 25.8.50, Fundort: BLHA, Rep. 212, Nr.1375

116 Schreiben an Provinzialverwaltung Mark Brandenburg. Abteilung VI –Justiz – Strafvollzug vom 12.11.1946, Fundort: BLHA, Rep.212, Nr.1253

117 Eigene Berechnungen aus den Rechenschaftsberichten des Cottbuser Zentralgefängnisses an das Brandenburger Justizministerium vom 8.4.1948 und 8.1.1949, Fundort: BLHA, Rep. 212, Nr.1253 sowie den Halbjahresberichten des Strafvollzugsamts des Lands Brandenburg an das DDR-Justizministerium vom 21.3.und 5.9.1950, Fundort: BLHA, Rep. 212, Nr.1228

118 Reisebericht Oberregierungsrat Nissen vom 3.12.1946, Fundort: BLHA, Rep.212, Nr.1251

Armee etwa zahlte dem Zentralgefängnis zu dieser Zeit pro verliehener Arbeitskraft und Tag 3 Mark, wenn den Gefangenen entsprechende Aufsichtskräfte mitgegeben worden, sogar 4,50 Mark.[119] Allerdings hatten die Sowjets ein Jahr vorher für die angeforderten Gefangenen noch gar nichts bezahlt.[120]

1949/50 stiegen nicht nur die Gewinne des Gefängnisses stark an, die Arbeitsbelohnungen wuchsen sogar überproportional. Die im Monatsdurchschnitt gezahlten Arbeitsbelohnungen stiegen von 396 Mark im 1. Quartal 1948 auf 3525 Mark im 1. Halbjahr 1950. Dies entsprach 6,5% (1.Quartal 1948) bzw. 14,6% (1. Halbjahr 1950) der Gewinnsumme.[121]

Mit einem Schreiben vom 1. November 1948 wies das Brandenburger Justizministerium die Haftanstalten an, sofort Arbeitsschutzkommissionen zu bilden, Auch Gefangene sollten involviert werden. Der Vorstand des Cottbuser Zentralgefängnisses berichtete am 5. August 1949, die Arbeitsschutzkommission sei im Berichtszeitraum (wahrscheinlich seit Mai) bereits zweimal zusammengetreten, einen Unfall habe es in diesem Jahr noch nicht gegeben.[122]

Bezüglich der Haftarbeit im Zentralgefängnis Cottbus scheint mir für den beschriebenen Zeitraum eine Einordnung als illegitime „Zwangsarbeit" zunächst nicht gerechtfertigt zu sein – abgesehen von den politischen Häftlingen[123], von denen es in der Nachkriegszeit hier nur wenige gab (s. Abschnitt 2.6.). Für den weitaus überwiegenden Teil der Cottbuser Häftlinge, die auch in einem Rechtsstaat wegen krimineller Delikte verurteilt worden wären, sind – verglichen mit freien Arbeitern - keine besonders diskriminierenden Arbeitsbedingungen, etwa gravierende Verstöße gegen den Arbeitsschutz oder hoher Normdruck feststellbar. Wie gesehen überwog der Erziehungsaspekt – eine solche Tätigkeit ist nach

---

119 Rechenschaftsbericht des Cottbuser Zentralgefängnisses an das Brandenburger Justizministerium vom 8.4.1948, Fundort: BLHA, Rep. 212, Nr.1253

120 Rechenschaftsbericht des Cottbuser Zentralgefängnisses an das Brandenburger Justizministerium vom 10.4.1947, Fundort: BLHA, Rep. 212, Nr.1252

121 Eigene Berechnungen aus den Rechenschaftsberichten des Cottbuser Zentralgefängnisses an das Brandenburger Justizministerium vom 8.4.1948 und 8.1.1949, Fundort: BLHA, Rep. 212, Nr.1253 sowie den Halbjahresberichten des Strafvollzugsamts des Landes Brandenburg an das DDR-Justizministerium vom 21.3.und 5.9.1950. Fundort: BLHA, Rep.212, Nr.1228

122 Fundort: BArch, DP 1/30156.

123 Nach völkerrechtlichen Maßstäben (insbesondere der ILO-Übereinkunft Nr.105 von 1959) ist jede unfreiwillig geleistete Arbeit politischer Häftlinge als Zwangsarbeit zu werten, da Arbeit niemals zur Bestrafung politischer Ansichten dienen dürfe. Vgl. dazu u.a. Schmidt 2011, S.69ff.

völkerrechtlichen Kriterien nicht als illegale Zwangsarbeit anzusehen.[124] Schwieriger zu beurteilen ist die Situation nach der von der Besatzungsmacht „angeregten" Ökonomisierung der Haftarbeit 1948/49. Die zunehmende Einbindung in die Planwirtschaft erhöhte den Arbeitsdruck, unzulässig ist in jedem Fall die ab 1949 praktizierte Einbeziehung der Untersuchungshäftlinge in die Arbeitspflicht.

2.6. Die Gefangenengesellschaft

Der Versuch einer statistischen Erfassung der Häftlingszahlen im Zentralgefängnis Cottbus stößt auf erhebliche Schwierigkeiten. Dies beginnt bereits bei der Feststellung der sich im Zeitverlauf stark ändernden Belegungsfähigkeit. Eine auf SBZ-Ebene bereits Ende 1946 erlassene Rundverfügung knüpfte nach eigenem Bekunden bei der Festlegung der entsprechenden Normen an die Praxis in der Weimarer Republik an; „Bei Berechnung der Belegungsfähigkeit der Anstalten sind die bereits vor 1933 aufgestellten allgemeinen Richtlinien maßgebend. Hiernach sind für die Hafträume folgende Raummaße vorgesehen: a) Hafträume zum Aufenthalt bei Tag und Nacht: - Haftzellen für Einzelhaft: ein Luftraum von 22 cbm. - Räume für Gemeinschaftshaft: ein Luftraum von 16 cbm für jeden Gefangenen. b) Hafträume zum Aufenthalt bei Nacht und in der arbeitsfreien Zeit: - Einzelschlafzellen: ein Luftraum von wenigstens 11 cbm; - gemeinschaftliche Schlafräume ein Luftraum von nicht weniger als 10 cbm für jeden Gefangenen."[125]

Über den Rauminhalt der Hafträume hinaus gab es offensichtlich jedoch keine genaue Definition der Belegungsfähigkeit, wie aus dem Entwurf eines Schreiben der Brandenburger Provinzialregierung an die Gefängnisleitungen vom 20.Januar 1947 hervorgeht: „Es sollte selbstverständlich sein, dass die Belegungsfähigkeit jeder Gefangenenanstalt genau feststeht. Stattdessen weisen einige Anstalten Zahlen auf, die sich von Monat zu Monat ohne erkennbaren Grund ändern, andere verstehen unter Belegungsfähigkeit die Zahl der am Stichtag einsitzenden Gefangenen, wieder andere berücksichtigen auch Hafträume, die ausschließlich von der Besatzungsmacht in Anspruch genommen und von ihr selbstständig verwaltet werden."[126]

---

124 Vgl. zur Diskussion um die Definition um die Zwangsarbeit in der DDR jüngst Schmidt 2011 und Vesting 2012, S.11ff.

125 Schreiben DDR-Ministerium der Justiz, Hauptabteilungsleiter SV und Anstaltsverwaltung vom 20.4.1950 an die Justizministerien der Länder zur Dokumentation der Gefängnisse. Dieses ist nach Ministeriumsangaben identisch mit einer entsprechenden Rundverfügung der SBZ-Justizverwaltung vom 30.12.1946.Fundort: BLHA, Rep.212, Nr.1228

126 Fundort: BLHA, Rep.212, Nr. 1320

Auch in Cottbus dauerte es offensichtlich mehrere Jahre, bis ein widerspruchs-
freies Verfahren gefunden wurde, das nachvollziehbare Zahlen lieferte.

Ab Spätsommer 1945 bis 1946 gab man eine offizielle Belegungsfähigkeit von
etwa 300 Häftlingen an.[127] Im Sommer 1947 zeigte sich das Zentralgefängnis offiziell zur Aufnahme von 383 Inhaftierten bereit[128], im Winter 1947/48 nur noch
von 260 Menschen.[129] Sehr sprunghaft ging es 1948 weiter: Im April stieg die
formelle Belegungsfähigkeit kurzzeitig auf 460 Häftlinge – was auch seitens der
Brandenburger Justizverwaltung angezweifelt wurde[130] - um im Sommer wieder
auf 331 abzusinken.[131] 1949 wuchs die offizielle Belegungsmöglichkeit dann besonders stark. Sie stieg von 380 im März über 560 im Juni auf 610 im Oktober[132],
ein Prüfbericht aus der Brandenburger Justizverwaltung spricht im September
1949 sogar von einer offiziellen Cottbuser Kapazität von 740 (640 Gefängnis und
100 Haftkrankenhaus), ein Rekordwert. Für 1950 wird dann durchgängig eine Belegungsfähigkeit von 582 angegeben.[133] Diese Zahl setzt sich zusammen aus 200
Männern und 282 Frauen, hinzu kommen 100 Plätze im Haftkrankenhaus, das im
Sommer 1949 eröffnet wurde.[134]

Es scheint unmöglich zu sein, die Gründe für dieses Auf und Ab über die Jahre
präzise zu beschreiben. Eine zentrale Bedingung für jede Kapazitätsausweitung
bildeten Fortschritte beim Wiederaufbau, insbesondere des Zellenhauses. Dieser
ging vor allem aufgrund von Materialmangel nur langsam voran. Im Herbst 1948
mussten sogar einige Baufirmen ihre Tätigkeit auf dem Gelände einstellen, da die

---

127 Vgl. Schreiben Reeck an die Provinzialverwaltung Brandenburg vom 31.8.1945.; vom
     Zentralgefängnis Cottbus ausgefüllter „Fragebogen für besondere Gefangenenanstalten"
     Stand 31.10.1945. Beide Fundort: BLHA, Rep.212, Nr. 1251sowie Rechenschaftsbericht
     Gefängnisverwaltung Brandenburg an die Deutsche Justizverwaltung der SBZ,
     16.7.1946. Fundort: BLHA, Rep.212, Nr. 1202
128 Monatsbericht Zentralgefängnis Cottbus Juli 1947. Fundort: BLHA, Rep.212, Nr. 1252
129 Monatsbericht Zentralgefängnis Cottbus Dezember 1947. Fundort: BLHA, Rep.212, Nr.
     1252
130 Monatsbericht Zentralgefängnis Cottbus April 1948. Hinter der Zahl 460 ist handschrift-
     lich - offensichtlich von einem Mitarbeiter der Justizverwaltung – vermerkt worden:
     „? früher 260". Fundort: BLHA, Rep.212, Nr. 1252
131 Monatsbericht Zentralgefängnis Cottbus Juni 1948. Fundort: BLHA, Rep.212, Nr. 1252
132 Monatsberichte Strafvollzugsamt Brandenburg an SMA/SKK. Fundort: BLHA, Rep.212,
     Nr. 1225
133 So die beiden Halbjahresberichte 1950 des Zentralgefängnisses an die SKK. Fundort:
     BLHA, Rep.212, Nr. 1225.
134 Strafvollzugsamt Brandenburg: Gefangenennachweis für die selbständigen Haftanstalten,
     Stichtag 1.1.50. Fundort BLHA, Rep.212, Nr.1190

notwendigen Baustoffe nicht verfügbar waren und die Landesregierung die Finanzierung des Wiederaufbaus zunächst einstellte.[135] Teilweise konnten selbst bereits fertiggestellte Bauabschnitte nicht bezogen werden, weil Einrichtungsgegenstände fehlten.[136] Möglicherweise wurden etwa bezugsfertige Zellen zunächst in die Kapazitätsberechnung einbezogen, dann aber wieder herausgenommen, um ein realistischeres Bild der Lage zu zeichnen. Eine weitere Kapazitätszunahme resultierte aus dem Aufbau der Außenlager, im August 1949 kam auch noch das Haftkrankenhaus dazu.

Bezüglich der tatsächlichen Belegung des Gefängnisses gibt es unvollständige und widersprüchliche Angaben. Wie oben beschrieben, stieg die Häftlingszahl von 35 im Oktober 1945 über 150 im März 1946 schnell auf 295 Personen im Juli, um dann im Zuge der Kältekrise im Februar 1947 zeitweise bis auf ca. 60 Gefangene abzusinken. Schon im Sommer 1947 wurden wieder 392 Häftlinge registriert (127 verurteilte Männer, 117 verurteilte Frauen, 124 männliche Untersuchungshäftlinge, 24 weibliche),[137] am 16. September sogar 521 (262 verurteilte Männer, 115 verurteilte Frauen, 113 männliche Untersuchungshäftlinge, 31 weibliche).[138] Am 17.November waren dann lt. Frühbericht des Gefängnisses nur noch 428 Menschen in Cottbus inhaftiert (301 Männer, 127 Frauen).[139] Ein knappes Jahr später, am 30.Oktober 1948 betrug die Gefangenenzahl in Cottbus 436 (120 verurteilte Männer, 77 verurteilte Frauen, 191 männliche Untersuchungshäftlinge, 50 weibliche).[140]

Ein Bericht des jetzt als Vollzugsanstalt Cottbus firmierenden Zentralgefängnisses vom 22. Juni 1950 an die Landesregierung vergleicht die durchschnittlichen Belegungszahlen der ersten 6 Monate der Jahre 1949/50 und gibt dabei folgende Werte an: **1949** Januar 466, Februar 457, März 454, April 491, Mai 526, Juni 566. **1950**: Januar 710, Februar 816, März 840, April 854, Mai 900, Juni 856. Die Durchschnittsbelegungszahlen betrugen demnach im ersten Halbjahr 1949 493 Menschen, im ersten Halbjahr 1950 dagegen 826, eine Steigerung von 67,5%.

---

135 Rechenschaftsbericht des Cottbuser Zentralgefängnisses an das Brandenburger Justizministerium vom 8.1.1949, Fundort: BLHA, Rep. 212, Nr.1253
136 Rechenschaftsbericht des Cottbuser Zentralgefängnisses an das Brandenburger Justizministerium vom 7.4.1949, Fundort: BLHA, Rep. 212, Nr.1253
137 Monatsbericht Zentralgefängnis Cottbus Juli 1947. Fundort: BLHA, Rep.212, Nr. 1252
138 Dezernat Schutzpolizei Potsdam 18.9.1946: Bericht über eine Kontrolle des Zentralgefängnisses Cottbus. Fundort: BLHA, Rep.212, Nr.1253
139 Frühbericht Zentralgefängnis Cottbus 17.11.1947, Fundort: BLHA, Rep.212, Nr.1252
140 Monatsbericht Zentralgefängnis Cottbus Oktober 1948, Stand 30.10.1948. Fundort: BLHA, Rep.212, Nr.1253

Der Berichterstatter führt diesen starken Anstieg und die damit verbundenen Mehrausgaben „a) auf die Schließung der Strafanstalt Luckau und die im Zusammenhang hiermit erfolgte dauernde Überbelegung der Vollzugsanstalt und b) auf die Öffnung des Haftkrankenhauses am 22. August des Vorjahres zurück."[141] Die angegebenen Zahlen sind statistisch aber nur begrenzt aussagekräftig, da die Belegung der neu entstandenen Außenlager und des Haftkrankenhauses nicht extra ausgewiesen ist. Nach einer internen Auflistung des Strafvollzugsamts Potsdam vom 23. November 1950 waren im „Stammhaus" 509 Männer (davon 215 Untersuchungsgefangene) und 100 Frauen (davon 39 Untersuchungsgefangene) inhaftiert, hinzu kamen 109 Frauen und 21 Männer in Außenstellen, das Haftkrankenhaus mit ca. 100 Patienten wurde hier wahrscheinlich nicht einbezogen.[142] Im Laufe des Jahres 1950 ist nach den für die Sowjetische Kontrollkommission erstellten Halbjahresberichten nochmals ein Anstieg der Häftlingszahlen zu verzeichnen: Januar 770, Februar 711, März 728, April 782, Mai 764, Juni 780, Juli 805, August 820, September 802, Oktober 841, November 861, Dezember 872. Die theoretische Belegungsfähigkeit wurde durchgängig mit 582 angegeben.[143] Die Zahlen für das 1.Halbjahr weichen aus unerklärlichen Gründen z.T. recht deutlich von den oben genannten Berichten an die Landesregierung ab.

Bei allen statistischen Unsicherheiten kann dennoch konstatiert werden, dass sich die Belegung des „Stammhauses" (ohne Außenstellen und Haftkrankenhaus) zwischen Sommer 1946 (nach Abschluss der dringendsten Wiederaufbauarbeiten) und Ende 1950 (kurz vor der Übergabe an das DDR-Innenministerium) von ca. 300 auf ca. 650-700 Häftlinge mehr als verdoppelte, während die theoretische Belegungsfähigkeit (die wegen fortschreitender Sanierungsarbeiten wuchs) nur von ca. 300 auf knapp 500 (ohne Haftkrankenhaus) anstieg. Eine extreme Überbelegung bestand u.a. im November 1947, als Cottbus vorübergehend für Neuaufnahmen gesperrt wurde,[144] und zunehmend 1949/50.

Der Bericht über eine amtsärztliche Untersuchung des Cottbuser Gefängnisses vom 2. Oktober 1950 verdeutlicht die Folgen der auch hier festgestellten Überfüllung: „Durch die enge Zusammenlegung der Häftlinge bestehen seuchenhygienische Gefahren, auf die erneut hingewiesen werden muss." Häufig würden „Transporte eintreffen, die oft erst nach acht Tagen weitergeleitet werden können. Die hierfür vorhandenen Zellen sind ganz besonders überbelegt. Die Häftlinge

---

141 Schreiben Vollzugsanstalt Cottbus an das Brandenburger Justizministerium, Haushaltsstelle, 22.6.1950. Fundort: BLHA, Rep.212, Nr.1254

142 Fundort: BLHA, Rep.212, Nr.1171

143 Fundort: BLHA, Rep.212, Nr.1225

144 Rundschreiben Brandenburger Justizministerium an die Gefängnisse vom 21.11.1947. Fundort: BLHA, Rep.240, Landgericht Potsdam, Nr.248

müssen auf überaus primitiven Pritschen eng zusammengedrängt liegen, haben im Allgemeinen auch keine Sitzgelegenheiten."[145]

Verurteilte Straftäter wurden den einzelnen Gefängnissen von der Brandenburger Justizverwaltung anhand sogenannter Strafvollstreckungspläne zugewiesen: Nach einem ersten, vorläufigen Plan vom 8. April 1946 war Cottbus zuständig für die Vollstreckung von Freiheitsstrafen über 6 Monaten an erstbestraften Männern, sowie an Frauen und Jugendlichen. Am 5. Juli 1947 und am 21. Oktober 1948 wurden neue Richtlinien erlassen. Danach sollten in Cottbus Freiheitsstrafen bis zu 6 Monaten für die Amtsgerichtbezirke Cottbus und Luckau vollstreckt werden. Hinzu kamen verurteilte Männer, die zum ersten Mal mit Gefängnis bestraft wurden, Vorbestrafte mit einem Urteil von maximal 1 Jahr Freiheitsentzug sowie vorbestrafte Frauen (keine Jugendlichen). Im Vollzugsplan vom Juli 1947 war auch der Vollzug von Haftstrafen an männlichen Jugendlichen mit mehr als 6 Monaten vorgesehen.[146] Mit Runderlass vom 17. Oktober 1949 wurde die Urteilsgrenze für nach Cottbus zu schickende Männer auf 2 Jahre erhöht, jetzt sollten auch weibliche Jugendliche mit mehr als 3 Monaten sowie Frauen mit mehr als 2 Jahren Freiheitsentzug ihre Strafe in Cottbus verbüßen.[147]

Neben den Strafgefangenen gab es in der Nachkriegszeit in Cottbus auch immer eine beträchtliche Anzahl von Untersuchungshäftlingen. Bei den Männern überstieg ihre Zahl gelegentlich sogar die der bereits Verurteilten, so Ende November 1946 (123 von 201 inhaftierten Männern waren Untersuchungsgefangene)[148] oder Ende Oktober 1948 (191 von 311).[149]

Während des gesamten Untersuchungszeitraums waren in Cottbus auch Frauen inhaftiert, die aber gegenüber den Männern immer in der Minderheit blieben. Wieso dennoch 1950 ständig eine Belegungsfähigkeit von 200 Männern und 282 Frauen ausgewiesen wurde, bleibt unklar.

Wahrscheinlich bis Mitte 1948 waren sowohl weibliche als auch männliche Jugendliche, z.T. sogar unter 18 Jahren, in Cottbus inhaftiert. Über ihre Lebensbedingungen gibt beispielhaft ein Schreiben des Zentralgefängnisses an das Brandenburger Justizministerium vom 31. März 1948 Auskunft: „Die Jugendlichen und Minderjährigen sind im Zellenhaus auf zwei Stockwerke verteilt, weil die Räume im ersten nicht ausreichen. Sie sind also von den übrigen Gefangenen an

---

145 Fundort: BLHA, Rep.212, Nr.1424
146 Justizverwaltung Brandenburg Rundschreiben vom 8.4.1946, 5.7.1947 und 21.10.1948, Fundort: BLHA, Rep.212, Nr.1192
147 Fundort: BLHA, Rep.240, Landgericht Potsdam, Nr.248
148 Schreiben an Provinzialverwaltung Mark Brandenburg. Abteilung VI –Justiz – Strafvollzug vom 3.12.1946, Fundort: BLHA, Rep.212, Nr.1253
149 Monatsbericht Zentralgefängnis Cottbus Oktober 1948. Fundort: BLHA, Rep.212, Nr. 1253

sich getrennt untergebracht. Mit Rückgang der Belegungsziffer, der durch die Auswirkungen der Amnestie umgehend eintreten dürfte, ist die Verlegung dieser Abteilung in das Haus 7 vorgesehen, wo die Jugendlichen alsdann völlig getrennt in Gemeinschaftshaft untergebracht werden können. [...] Die Jugendlichen sind zum Teil mit den gleichen Arbeiten beschäftigt wie die Erwachsenen, jedoch wird auch hier nach Möglichkeit durch die Aufstellung von gesonderten Arbeitskolonnen dafür gesorgt, dass der Isolierungscharakter vorwiegend erhalten bleibt. [...] Der Mangel an geeigneten Erziehern ließ sich bisher nicht beseitigen. [...] Der Gesundheitszustand der Jugendlichen wird von mir laufend beobachtet. Es sind im Durchschnitt gesehen leichte Gewichtsabnahmen festzustellen. [...] Von meiner Seite aus wird den Jugendlichen, trotzdem eine Besserstellung bekanntlich in der Kartenversorgung nicht möglich ist, Zusatzkost verabfolgt. [...] Dass gerade Jugendliche unter den Ernährungsschwierigkeiten besonders zu leiden haben, ist allen beteiligten Stellen bekannt, nur liegt es nicht in meiner Macht hier eine Änderung eintreten lassen zu können."[150]

Für die Gefängnisleitung, der man Bemühungen insbesondere um stärkere pädagogische Einflussnahme nicht absprechen kann, waren Misserfolge auf diesem Gebiet besonders bitter. Resignierend heißt es dazu am 17. Juni 1948: „Ein Erziehungsstrafvollzug, wie er vor 1933 in Cottbus vorhanden war, kann allerdings hier z.Zt. nicht durchgeführt werden. Die Gründe hierfür sind vielfach besprochen worden."[151] Nur 4 Tage später wurden alle Cottbuser Strafgefangenen bis 23 Jahre in das zum Jugendgefängnis bestimmte Strafgefangenenlager Brandenburg-Görden-Plauerhof überführt.[152] Wie bereits vermerkt, sollten laut Strafvollzugsplan vom Oktober 1949 auch wieder weibliche Jugendliche mit einer Strafe von mehr als 3 Monaten Freiheitsentzug im Zentralgefängnis Cottbus inhaftiert werden, ansonsten gibt es für den Untersuchungszeitraum keine Hinweise mehr auf jugendliche Häftlinge.

Auf politische Gefangene deutet unmittelbar nach Kriegsende –abgesehen von den bereits erwähnten Einzelfällen– wenig hin. Symptomatisch ist der folgende Überblick Reecks vom 10. April 1947 über die Struktur der Straftaten, die zu Haftstrafen in Cottbus führten - ähnliche Aussagen finden sich noch mehrfach in anderen Rechenschaftsberichten: „Die Kriminalität wird nach wie vor durch die Folgen des verlorengegangenen Krieges bestimmt. Strafbare Handlungen erfolgen zum größten Teil aus persönlicher Notlage. Verbrechen sind prozentual auch im vergangenen Berichtszeitraum gering. Lebensmitteldiebstähle nehmen ca. 75

---

150 Fundort: BLHA, Rep.212, Nr. 1361

151 Schreiben Zentralgefängnis an Brandenburger Justizministerium. Fundort: BLHA, Rep.212, Nr. 1361

152 Schreiben Strafvollzugsamt Potsdam an das Landesjugendamt vom 28.6.1948

% aller aufgeführten Straftaten ein. Hierunter ist ein Ansteigen der jugendlichen Rechtsbrecher besonders beobachten. Die Zahl der Bestrafungen gemäß des Befehls 160 der SMA ist weiter zurückgegangen. [...] Die Beteiligung der Arbeiterschaft an Diebstählen ist weiterhin bedeutend. Kleinviehdiebstähle und Einbrüche in Lebensmittelgeschäfte und Bauerngehöfte stellen die hauptsächlichsten strafbaren Handlungen dar. Es ist in zunehmendem Maße eine Beteiligung von Gastwirten an Schwarzschlachtungen und Schwarzhandelsgeschäften festzustellen. Die Verurteilung von Frauen und Mädchen aufgrund des Gesetzes zur Bekämpfung der Geschlechtskrankheiten und Seuchen liegen nach wie vor weit über dem Durchschnitt. Zwei weitere noch nicht rechtskräftige Verurteilungen wegen Verbrechens gegen die Menschlichkeit (nach Kontrollratsgesetzes Nr.10) liegen vor."[153]

Der letzte Satz weist darauf hin, dass in Einzelfällen Kriegsverbrecher in Cottbus inhaftiert waren. Spätestens ab Frühjahr 1948 verbüßten auch in Cottbus nach SMAD-Befehl 201 Verurteilte ihre Haftstrafe, deren Zahl ist jedoch nur teilweise bekannt.[154] Am 18. März 1948 ordnete die SMAD mit Befehl Nr.43 eine Amnestie an, die alle Freiheitsstrafen bis 1 Jahr betraf, auch die nach SMAD-Befehl 201 Verurteilten fielen darunter.[155] In Cottbus wurden bis Anfang April zunächst 71 Gefangene entlassen, weitere 35 sollten folgen.[156]

Am 31. Januar 1949 waren 9 Gefangene entsprechend Befehl 201 inhaftiert, 4 Monate später keiner mehr. Im Dezember gab es dann 21 Häftlinge, im Januar und Februar 1950 jeweils 30. Im Juli saßen 18 Frauen und ein Mann nach Befehl 201 in Cottbus ein.[157] Obwohl ursprünglich offiziell zur Bestrafung von NS-Verbrechern durch deutsche Gerichte erlassen, diente der Befehl, der mit der Einrichtung von Sonderstrafkammern verbunden war, auch zur Verfolgung unerwünschter politischer Aktivitäten nach 1945 und markierte den Einstieg in die politische Justiz der SBZ/DDR. Ob die Verurteilten unter die „Obhut" von Innen- oder Justizressort genommen werden sollten, blieb lange umstritten, erst 1950 setzte sich das Innenministerium endgültig durch.[158]

---

153 Schreiben Zentralgefängnis an Brandenburger Justizministerium. Fundort: BLHA, Rep.212, Nr. 1257

154 In einem Bericht über die am 5. und 6. April 1948 stattgefundene Reise von Gentz und anderen nach Cottbus und Luckau wird die „gesonderte Unterbringung" der nach Befehl 201 Verurteilten angemahnt. Fundort: BLHA, Rep.212, Nr. 1253

155 Vgl. Wentker 2001, S.421

156 Bericht über die am 5. und 6. April 1948 stattgefundene Reise von Gentz und anderen nach Cottbus und Luckau. Fundort: BLHA, Rep.212, Nr. 1253

157 Fundort: BArch, DP1/30114,30115 und 30116.

158 Vgl. Wentker 2001, S. 399ff. und Pohl 2001, S.167f.

In einem Schreiben vom 9. Februar 1949 bat die Arbeitsverwaltung des Zentralgefängnisses Cottbus den „Sonderbeauftragten für die Durchführung des Befehls Nr. 201 im Bezirk Cottbus", die Anweisung zum Abtransport der 201-Verurteilten im Falle zweier dringend benötigter Fachkräfte aufzuheben, dieses Ansinnen wurde aber vom Strafvollzugsamt, das offensichtlich um Stellungnahme gebeten wurde, abgelehnt.[159] Wohin die Häftlinge gebracht wurden, ist nicht bekannt. Die nach Befehl 201 verurteilten Frauen, die in Cottbus einsaßen, wurden am 23. September 1950 nach Waldheim verlegt.[160] Höchstwahrscheinlich gab es zu diesem Zeitpunkt auch keine männlichen „201er" mehr in Cottbus, da diese schon im Sommer in eine Haftanstalt des DDR-Innenministeriums überführt werden sollten.[161] Zumindest zum Teil „politisch überformt" waren spätestens ab 1948 auch die Prozesse gegen sogenannte „Wirtschaftsverbrecher", dies gilt ebenso für Verurteilungen gemäß Befehl 160 der SMAD („Sabotage").[162] „Wirtschaftsverbrecher" verbüßten auch in Cottbus unter verschärften Bedingungen ihre Strafe, so musste etwa der Gefängnisvorstand am 3. Januar 1950 erst das Justizministerium um Genehmigung bitten, 3 entsprechend eingestufte Frauen mit Büroarbeit beschäftigen zu dürfen;[163] zu mehr als 3 Jahren Verurteilte sollten gesondert zur Freistunde geführt werden.[164]

Um Haftraum für die Unterbringung von Häftlingen der ehemaligen sowjetischen Speziallager freizubekommen, sollten laut einer Anordnung des DDR-Justizministers vom 23. April 1950 leichter bestrafte, arbeitswillige Häftlinge mit guter Führung vorzeitig entlassen werden, wobei u.a. wegen „Boykotthetze" Verurteilte von dieser Regelung ausgeschlossen werden sollten, über die Anwendung auf „201"-Verurteilte werde noch entschieden.[165] Das Zentralgefängnis Cottbus schlug dem Brandenburger Justizministerium daraufhin etwa 30 namentlich genannte Häftlinge zur Entlassung vor.[166]

---

159 Fundort: BLHA, Rep.212, Nr. 1193
160 Schreiben Strafvollzugsamt Potsdam an die Hauptabteilung Strafvollzug und Anstaltsverwaltung des DDR-Justizministeriums vom 27.11.1950. Fundort: BLHA, Rep.212, Nr. 1197
161 Rundschreiben des DDR-Justizministers Fechner an die Justizministerien der Länder vom 25.6.1950. Fundort: BLHA, Rep.212, Nr. 1197
162 Vgl. Pohl 2001, S. 201ff.
163 Fundort: BLHA, Rep. 212, Nr.1193
164 Dies war aufgrund des Wechselspiels von Überfüllung und Personalmangel im Sommer 1950 nicht mehr möglich. Schreiben Zentralgefängnis an Brandenburger Justizministerium vom 29.7.1950. Fundort: BLHA, Rep. 212, Nr.1220
165 Fundort: BLHA, Rep.212, Nr. 1214
166 Schreiben vom 20.5.1950. Fundort: BLHA, Rep.212, Nr. 1214

Ein zentrales Problem für den Strafvollzug in Cottbus wie in der ganzen SBZ stellte die Vielzahl von „Entweichungen" dar. Symptomatisch ist ein Polizeibericht vom 18. September 1947 über eine Kontrolle des Zentralgefängnisses: „Flüchtig geworden sind seit der Wiedereröffnung des Gefängnisses im Sommer 1945 insgesamt 29 Gefangene, davon 18 allein in diesem Jahre. Hiervon sind fünf den Russen entwichen und zwei sind aus dem Krankenhaus entflohen. Begünstigt wird die Flucht dadurch, dass sich auf dem Anstaltsgelände mehrere große Baustellen befinden, wo zahlreiche Zivilarbeiter beschäftigt sind und das Gelände unter anderem wegen der. vorhandenen Ruinen sehr unübersichtlich ist. Die Beleuchtung in den Anstaltsgebäuden ist ebenfalls sehr mangelhaft. Nur jede fünfte Zelle ist beleuchtet. Die Flure sind nur notdürftig erhellt und außerhalb der Gebäude auf dem großen Anstaltsgelände brennen nur drei Lampen. Scheinwerfer zum Beleuchten der Außenwände sind überhaupt nicht vorhanden. Die Bewaffnung des Aufsichtspersonals ist ungenügend. Für die ganze Anstalt stehen fünf Pistolen zur Verfügung. Sehr oft kommt es vor, dass die begleitenden Wachtmeister der Außenkommandos ohne Pistolen sind."[167]

Die beschriebenen materiellen Schwierigkeiten waren auch fast zwei Jahre später noch nicht beseitigt. Der Cottbuser Arbeitsinspektor Abke berichtete auf einer Tagung des Brandenburger Strafvollzugsamtes am 13. Juli 1949, bei der die Problematik „Fluchtverhinderung" einen der beiden Hauptkomplexe bildete, von 648 „Brennstellen" seien nur 25 in Betrieb, da nicht genügend Glühlampen zur Verfügung stünden. Stattdessen seien zwei Kartons Kerzen geliefert worden. Auch von 14 Scheinwerfern seien nur zwei funktionstüchtig.[168]

In den Akten findet sich eine Vielzahl von Beschreibungen erfolgreicher Fluchten aus Brandenburger Gefängnissen, die auch Cottbus betrafen –hier gelangen z.B. mehrfach Ausbrüche aus dem Städtischen Krankenhaus. Sogar bei Einsätzen für das sowjetische Militär konnten Häftlinge fliehen – z.T. gaben sowjetische Offiziere den deutschen Bewachern Anweisung, gegen eigene Vorschriften zu verstoßen, was Fluchten begünstigte. Häufig verschwanden Gefangene beim Austreten im Gebüsch oder bei Bauarbeiten in der Nähe der Gefängnismauer. Als Ursachen werden u.a. schlechte Beleuchtung, knappes und teilweise unmotiviertes oder unqualifiziertes Personal sowie der Waffenmangel genannt.[169]

Die Sowjets insistierten insbesondere ab 1948/49 verstärkt auf eine Reduzierung der Entweichungen, daraufhin gingen die Fluchtzahlen stark zurück. Während

---

167 Dezernat Schutzpolizei Potsdam 18.9.1946: Bericht über eine Kontrolle des Zentralgefängnisses Cottbus. Fundort: BLHA, Rep.212, Nr.1253
168 Fundort: BLHA, Rep.212, Nr.1175
169 Vgl. Übersichten zu Entweichungen im BLHA, Rep.212, Nr. 1218 und 1219.

zwischen Januar und Oktober 1947 monatlich durchschnittlich 213 Häftlinge flo-
hen, waren es im 1.Halbjahr 1949 im Monatsdurchschnitt nur noch 71.[170] Auch
aus dem Cottbuser Zentralgefängnis gelang im Jahre 1949 angeblich nur noch
einem Gefangenen die Flucht.[171]

Als ein probates Mittel zur Eindämmung unerlaubter Kontaktaufnahmen sowie
gegen die Übergabe von Gegenständen, die der Fluchtvorbereitung dienen könnten, galten im deutschen Strafvollzug seit dem 19. Jahrhundert Fensterblenden aus
Holz oder Blech. Das Brandenburger Justizministerium ordnete im Kontext der
verstärkten Anstrengungen zur Fluchtverhinderung am 2. Juli 1947 in einer Rundverfügung lt. eines Schreibens der Deutschen Justizverwaltung der SBZ an, „alle
Fenster, durch die der Ausblick auf die Außenwelt und die Möglichkeit einer
Übergabe irgendwelcher Gegenstände besteht, mit Schildern (Fensterklappen)
nach dem Muster der beim Gerichtsgefängnis in Potsdam angebrachten zu versehen."

    Gegen diese Verfügung machte die zentrale Instanz „schwerwiegende Beden-
ken" geltend. „Klappen der gedachten Art (strafvollzugstechnisch als ‚Blenden'
bezeichnet)" seien bei „Zuchthäusern alten Stils zu Mitte und Ende des vorigen
Jahrhunderts gelegentlich benutzt [...] wegen der schweren hygienischen Nachteile, die sie im Gefolge hatten", aber „überall wieder beseitigt worden. Sie ver-
dunkeln die Zellenräume derart, dass bei längerem Aufenthalt in solchen Räumen
nicht nur die Augen der Gefangenen Schaden nehmen, sondern auch der übrige
körperliche Zustand der Gefangenen, der ohnehin schon durch den Mangel an
Licht und Luft in Mitleidenschaft gezogen wird, erheblich beeinträchtigt wird.
Diese Wirkungen sind besonders bedenklich, wenn die körperliche Widerstands-
kraft schon durch unzureichende Ernährung und mangelhafte Bekleidung ge-
schwächt und gefährdet ist. Psychisch kommt hinzu, dass das allgemein erkannte
Hindernis erzieherischer Beeinflussung der Gefangenen, die Reizarmut des Ge-
fängnislebens, insbesondere in visueller Hinsicht, durch Versperrung des Aus-
blicks auf ein Stück Himmel oder ein Stück Natur außerordentlich vermehrt und
hierdurch die geistige Verstumpfung der Gefangenen verstärkt und ihre gesunde
Wiedereingliederung in die Gesellschaft behindert wird. [...] Es sind auch keine
Gründe dafür erkennbar, weshalb den Gefangenen der Ausblick auf die Außenwelt verwehrt werden soll. Gedacht ist wohl nur daran, unkontrollierbaren Verbindungen der Gefangenen mit Außenstehenden vorzubeugen, insbesondere zu
verhindern, dass Nachrichten oder sonstige Gegenstände durch die Fenster den
Gefangenen zugeworfen oder zugesteckt werden. Dem lässt sich aber auch auf
hygienisch einwandfreie Weise begegnen."

---

170   Eigene Berechnungen nach Zahlen bei Wentker 2001, S. 372ff.
171   Fundort: BLHA, Rep.212, Nr.1549

Als Alternative wird auf Auszüge aus „Richtlinien für die bauliche Anordnung, den Ausbau und die innere Einrichtung von Gefangenenanstalten vom Mai 1924, die seinerzeit von dem preußischen Justizministerium und der Hochbauabteilung des preußischen Finanzministeriums ausgearbeitet worden sind", verwiesen.[172] Es kann davon ausgegangen werden, dass diese „Bedenken" in Potsdam als Anweisungen verstanden wurden und in den dem Brandenburger Justizministerium unterstellten Gefängnissen die Blenden demontiert oder zumindest „entschärft" wurden. In Cottbus gab es solche Klappen 1947 laut dem bereits mehrfach zitierten Polizeibericht ohnehin nicht, „da wegen der großen Entfernung auf diesem Wege eine Verbindungsaufnahme kaum möglich ist."[173]

Das änderte sich wahrscheinlich erst 1966, als nach einem Bericht der Abteilung Strafvollzug der Bezirksbehörde der Deutschen Volkspolizei Cottbus Blenden an den Zellenfenstern angebracht wurden.[174] Zahlreiche Häftlinge beklagten in den folgenden Jahrzehnten den Mangel an Licht, Luft und Ausblick aus den Zellen.

2.7. Das Personal

Eine prägende Rolle für das Cottbuser Zentralgefängnis spielten während der „Justizjahre" vor allem der „Anstaltsleiter" Max Reeck und sein Arbeitsinspektor Karl Abke. Laut eines Vermerks des Brandenburger Justizministeriums aus dem Jahre 1947 leitete der am 5. Mai 1897 geborene Reeck das Gefängnis ab dem 4. Juni 1945. Seit 1919 sei er SPD-Mitglied und während der NS-Zeit als Kraftfahrer tätig gewesen.[175] Wie er zu seiner Leitungsfunktion kam, ist unklar. Leider ist keine einzige Personalakte aus dem Cottbuser Gefängnis überliefert.

Werner Gentz, wie erwähnt Hauptverantwortlicher für den Strafvollzug in der SBZ, hatte zunächst ein positives Bild von Reeck und Abke. Anläßlich einer Inspektion des Cottbuser Gefängnisses am 15. Januar 1946 schrieb er: „Beide machten einen einwandfreien und recht günstigen Eindruck. Insbesondere ist die Tatkraft zu rühmen, mit der sie den großen Zerstörungen, welchen die Anstalt im Kriege ausgesetzt war, zu Leibe gegangen sind. Man spürt überall ihre ordnende Hand und neben der Energie, mit der sie die Aufbauarbeit in Angriff nehmen, die Freude am Erreichten. Strafvollzugsmäßig sind beide begreiflicherweise nicht ge-

---

172 Schreiben vom 11.9.1947 an das Brandenburgische Justizministerium. Fundort: BLHA, Rep.212, Nr.1195
173 Dezernat Schutzpolizei Potsdam 18.9.1946: Bericht über eine Kontrolle des Zentralgefängnisses Cottbus. Fundort: BLHA, Rep.212, Nr.1253
174 Bericht über den durchgeführten Kontrolleinsatz in der Strafvollzugsanstalt Cottbus vom 6. Dezember bis 16. Dezember 1966. Fundort: BLHA, Rep.871/17.1/172, S.65
175 Fundort: BLHA, Rep.212, Nr.1313

schult, ich glaube aber, dass beiden auch für die Erziehungsaufgaben des Strafvollzuges Kenntnis abzugewinnen sein wird und dass sie, bei nachgeholter Schulung, brauchbare Strafvollzugsleute werden können."[176] Ein gutes Jahr später bezeichnete Gentz den Gefängnischef als einen „betriebsamen, energischen, für den
jetzigen baulichen und praktischen Aufbau der Anstalt sehr geeigneten, der Per-
sönlichkeit nach jedoch wenig differenzierten Mann." Abke dagegen wurde für
seinen „weiten Blick und große Arbeitsfreudigkeit" gelobt.[177]

Äußerst kritisch äußerte sich Gentz dann in einem Schreiben an Reeck vom 6.
Oktober 1948. Dabei geht es um in den Akten dokumentierte „Verbesserungsvor-
schläge" eines seit August 1947 in Cottbus einsitzenden Strafgefangenen an die
„Zentralverwaltung der Deutschen Justiz", in der dieser eine Generalkritik an den
Zuständen im Gefängnis formulierte.[178] Reeck hatte dieses Schreiben am 31. Mai
an die Zentralverwaltung der Deutschen Justiz weitergeleitet. In seinem Begleit-
brief nannte Reeck die Hauptvorwürfe des Häftlings T. „völlig abwegig" und bezeichnete ihn u.a. als „unverbesserlichen Verbrecher".[179] Gentz dagegen meinte:
„ Was T. schreibt, ist in allen wesentlichen Punkten richtig. Über gewisse Ent-
gleisungen im Ton sehe ich dabei hinweg." Der Gefangene beklage „die geistige
Stagnation [...] und das Abgeschlossensein vom Zeitgeschehen, das die Strafzeit
zu einer verlorenen Zeit macht, den innerlichen Leerlauf der Gefängnisarbeit, an
der der Gefangene weder interessen- noch ertragsmäßig beteiligt ist; den geringen
Ausbau der sozialen Betreuung. Das sind alles Dinge, die zu den wundesten Seiten des Gefängniswesens gehören, um deren Abstellung nicht nur unsere Verwaltung sich müht, sondern an denen auch die Öffentlichkeit, insbesondere das Zent-
ralsekretariat der SED, lebhaft Anteil nimmt." Außerdem beanstande T. „den militärischen Ton. Ich muss ihm leider beipflichten. Immer wieder finde ich in Anstalten das ebenso leidige wie entbehrliche ‚Melden' der Gefangenen beim Betreten einer Zelle. Da wird ‚Achtung' geschrien. Da spritzen die Gefangenen in die
Höhe. Da schmettert Ihnen der Stubenälteste sein ‚Zelle belegt mit drei Mann
usw.' entgegen. Alles Dinge, bei denen jedem Feldwebel Himmelstoß das Herz
im Leibe lacht, die aber ebenso scheußlich sind wie das Schreien durch die Gänge
der Anstalt, das Anschnauzen der Gefangenen, statt ruhiger Anrede. Das ist glatt-
weg entwürdigend, nicht für die Gefangenen, sondern für die Anstalten." Schließlich benennt Gentz seinen grundsätzlichen Dissens mit Reeck: „Was mich an Ihrem Brief gestört hat, ist das grundsätzliche Befremden, das Sie darüber zu erkennen geben, dass ein Gefangener, wie Sie schreiben, ‚sich erdreistet', Maßnahmen

---

176 Fundort: BLHA, Rep.212, Nr.1227
177 Abschrift des Inspektionsberichts vom 30.6.1947, angefertigt für die Brandenburger Pro-
     vinzialverwaltung. Fundort: BLHA, Rep.212, Nr.1247
178 Schreiben vom 5.5.1948. Fundort: BLHA, Rep.212, Nr.1196
179 Fundort: ebenda

und Verordnungen zu kritisieren. Es gibt nichts im Verwaltungsgeschehen, das nicht eine Portion Kritik vertragen könnte. Sie wollen den Gefangenen zuerst einmal den ‚Erziehungszweck' des Strafvollzugs ‚verspüren' lassen. Auch da gehen wir verschiedene Wege: Sie wollen den Menschen ducken, und ich will ihn aufrichten." Reeck wird empfohlen, sich in reformorientierten Gefängnissen wie Zwickau direkt zu informieren.[180] Ironischerweise wurde knapp 2 Jahre später gerade die Zwickauer Strafanstalt wegen ihrer liberalen Haftbedingungen insbesondere für „Wirtschaftsverbrecher" in der SED-Presse frontal angegriffen. Der sogenannte „humane Strafvollzug" sei „praktisch nichts anderes als Unterstützung der Verbrecher" und begünstige die Flucht von „Volksschädlingen".[181]

Reeck musste Ende 1949 seinen Stuhl in Cottbus räumen. Trotz seiner diesbezüglichen Meinungsverschiedenheiten mit Gentz lag das wohl nicht an mangelndem Reformeifer. Der Stern des SBZ-Strafvollzugsexperten Gentz sank im Laufe der Jahre. Ob das SED-Zentralsekretariat tatsächlich Ende 1948 dessen Reformvorstellungen noch vollinhaltlich teilte, sei dahingestellt. Die von ihm bekämpfte Übertragung des Strafvollzugs an das DDR-Innenministerium konnte er nicht verhindern. Er selbst blieb aber bis Juni 1952 im DDR-Justizministerium.[182]

Aus einem Schreiben der Betriebsgewerkschaftsleitung (BGL) des Zentralgefängnisses an den Brandenburger Justizminister vom 9. Februar 1950 geht hervor, dass der Abschied Reecks alles andere als harmonisch gewesen sein muss. Ihm sei „wegen Unfähigkeit" das Dienstverhältnis gekündigt worden. Die BGL warf ihm nun vor, beim Auszug die Möbel aus seiner Dienstwohnung zu einem zu günstigen Preis mitgenommen zu haben, obwohl die ihm vom Wohnungsamt zugewiesene neue Wohnung zu klein für die Aufnahme aller Stücke sei. „Reeck selbst ist Mitglied der SED und 1.Vorsitzender einer Wohnbezirksgruppe. Da wir diese Handlungsweise von einem Spitzenfunktionär der SED nicht dulden und es auch nicht im Sinne des Fortschritts und der Nationalen Front ist (sic!), bitten wir hier schnellstens Klarheit zu schaffen."[183]

Die tatsächlichen Hintergründe der Ablösung Reecks bleiben vorerst im Dunkeln. Da er noch als SED-Spitzenfunktionär bezeichnet wurde, kann sein Fall nicht allzu tief gewesen sein. Auch in der Amtsführung bestand wohl zumindest zunächst eine gewisse Kontinuität, denn Nachfolger wurde sein langjähriger Mitarbeiter Karl Abke. Der neue Leiter, geboren am 24. Juli 1908 und ebenfalls ehemaliger Sozialdemokrat, war laut dem Entwurf eines Arbeitszeugnisses vom 10.

---

180 Schreiben Gentz an Reeck vom 6.10.1948. Fundort: ebenda

181 „Warum zwei Glauchau-Meeraner Wirtschaftsverbrecher flüchten konnten". In „Freie Presse" vom 21.6.1950, .Fundort: BArch, DC 1/1460 Teil 1

182 Vgl. Wentker 2001, S.203ff. und 389ff.

183 Fundort: BLHA, Rep.212, Nr.1254

Februar 1951 seit dem 6. Juni 1945 im Cottbuser Gefängnis tätig. Leiter blieb er nur bis zum 22. September 1950. Seine Arbeit wurde positiv beurteilt, es fehlt jeder Hinweis, warum seine Leitungstätigkeit endete.[184] Anschließend wurde Adolf Hirsch neuer kommissarischer Leiter.[185] Im Januar 1951 übernahm dann VP-Rat Alfred Hellriegel das Gefängnis für die Volkspolizei.[186]

Doch zurück zu den Anfängen des Gefängnisses und die Suche nach geeignetem Personal. Diese bereitete Reeck laut einem seiner ersten Tätigkeitsberichte vom 23. September 1945 große Schwierigkeiten. Von den zunächst noch zuständigen städtischen Behörden seien dem Zentralgefängnis „diejenigen Kräfte zugeleitet" worden, „die zwar aus irgendwelchen Gesichtspunkten unterzubringen waren, für die aber innerhalb der Stadtverwaltung und Polizei keine Verwendungsmöglichkeit gegeben schien." Reeck spricht auch von nicht näher beschriebenen „politischen Gesichtspunkten" bei der „Überweisung der Arbeitskräfte." Durch die Zusammensetzung des überalterten Aufsichtspersonals, das keinerlei Waffen zur Verfügung habe, sei „die leider oftmals schlappe Dienstauffassung zu erklären."[187] Bei den aufsichtsführenden Frauen wurde erstaunlicherweise zunächst auf angeblich „politisch einwandfreies früheres Anstaltspersonal zurückgegriffen."[188] Laut einer Übersicht vom 1. November 1945 waren zu diesem Zeitpunkt 27 Männer und 9 Frauen im Zentralgefängnis angestellt. 10 der Männer gehörten der SPD, 3 der KPD an, alle Frauen waren parteilos.[189] In einem Schreiben Reecks vom 2. Mai 1946 wird von 10 Verwaltungsangestellten sowie 12 technischen Kräften berichtet, hinzu kamen 21 männliche und 9 weibliche Aufsichtskräfte. Der Gefängnischef zeigte sich unzufrieden mit der Leistung von 5 Aufsehern, die er austauschen wolle.[190] Ein Bericht eines Mitarbeiters der Brandenburger Justiz-

---

184 Fundort: BLHA, Rep.212, Nr.1311

185 Schreiben Rupfelt (wahrscheinlich Brandenburger Justizministerium) an DDR-Justizministerium, Hauptabteilung Strafvollzug vom 28.11.1950. Fundort: BLHA, Rep.212, Nr.1177

186 Übernahmeprotokoll. Fundort: BLHA, Rep.212, Nr.1179

187 Tätigkeitsbericht Reeck vom 23.9.1945. Fundort: Stadtarchiv Cottbus, Bestand Rat der Stadt Cottbus, Nr. 874

188 Schreiben Reeck an die Provinzialverwaltung Brandenburg vom 31.8.1945. Fundort: BLHA, Rep.212, Nr.1251

189 Von Reeck verfertigte „Liste über die Parteizugehörigkeit der Angestellten". Fundort: Stadtarchiv Cottbus, Bestand Rat der Stadt Cottbus, Nr. 874

190 Schreiben an die Provinzialverwaltung Brandenburg, Abteilung Justiz. Fundort: BLHA, Rep.212, Nr.1251

verwaltung nennt ein halbes Jahr später eine ähnliche Personalbesetzung in Cottbus.[191]

Wie aus einem im Januar 1947 erstellten Rechenschaftsbericht der Brandenburger Justizverwaltung an die SMAD hervorgeht, waren die Cottbuser Personalprobleme keineswegs untypisch für die Brandenburger Verhältnisse. Dort heißt es: „Die meisten früheren Strafvollzugsbeamten waren Parteigenossen und kamen für eine Einstellung beim Wiederaufbau des Strafvollzugs nicht in Frage. Eine Anzahl dieser Beamten wurde auch von der Besatzungsmacht verhaftet, weil sie sich Verfehlungen den Gefangenen gegenüber hatten zuschulden kommen lassen. Geeignete Angestellte zu finden war und ist auch heute noch schwierig. Neben einigen Fachkräften wurden meist bewährte Antifaschisten eingestellt, die die Grundsätze des Strafvollzuges und die Verwaltungsbestimmungen erst kennenlernen müssen. Da die seit 1933 eingeführten Vollzugsbestimmungen nicht anzuwenden sind, von den vor dieser Zeit geltenden Bestimmungen aber nur wenige Exemplare noch aufzufinden waren, macht die Ausbildung des Personals und die Führung der Verwaltung Schwierigkeiten." Wer bei seiner Einstellung im Personalfragebogen unrichtige Angaben über eine frühere Parteizugehörigkeit gemacht oder sie verschwiegen habe, werde grundsätzlich fristlos entlassen. Soweit solche „Angaben an Eides statt versichert worden sind, wird auch ein Strafverfahren eingeleitet. Neueinstellungen in den Aufsichtsdienst sind immer schwierig. Bei der geringen Besoldung, dem anstrengenden, verantwortungs- und gefahrvollen Dienst finden sich nur wenige geeignete Kräfte." Schwierigkeiten ergaben sich auch bei der materiellen Ausstattung: „Es war bisher nicht möglich, für die Angestellten des Aufsichtsdienstes eine einheitliche Bekleidung (Uniform) zu beschaffen. Durch die Polizeiverwaltungen sind zwar in vielen Orten alte Polizeiuniformen zur Verfügung gestellt worden, aber keine Mäntel und Mützen. Ein Teil der Angestellten muss in Zivilkleidung den Dienst versehen, die meisten Angestellten tragen ihre Zivilmäntel und unterscheiden sich deshalb in ihrem Aussehen nicht von Gefangenen, da für diese auch keine Gefangenenkleidung vorhanden ist." Bisher sei das Aufsichtspersonal auch noch nicht bewaffnet, jedoch habe die SMAD der Provinzregierung den Befehl erteilt, 30 Pistolen (für alle Gefängnisse insgesamt) auszugeben.[192]

---

191 Oberregierungsrat Nissen: Bericht über die Besichtigung des Zentralgefängnisses am 28.11.1946. Schreiben an Provinzialverwaltung Mark Brandenburg. Abteilung VI –Justiz – Strafvollzug vom 3.12.1946, Fundort: BLHA, Rep.212, Nr.1253

192 Rechenschaftsbericht vom Einmarsch der Roten Armee bis Ende 1946, 7.1.1947. Fundort: BLHA, Rep.212, Nr.1195

Auch kurz nach der Gründung der DDR erwies sich die Gewinnung geeigneten Personals republikweit noch immer als schwierig, wie beispielhaft aus Ausführungen des ersten DDR-Justizministers Max Fechner hervorgeht. Die Hauptschwierigkeit bestehe darin, dass die Justizangestellten im Strafvollzug „materiell, versorgungs- und verpflegungsmäßig sehr viel schlechter gestellt" seien als Polizeikräfte mit vergleichbaren Aufgaben. So sei es „verständlich, dass alle regeren, elastischeren, intelligenteren und zuverlässigeren Kräfte der Polizei zuströmen und für den Justizdienst nur eine Minusauslese übrigbleibt, die weder körperlich noch geistig die Voraussetzungen für eine sachgemäße Dienstführung, insbesondere für die Sicherheitsaufgaben des Strafvollzugs erfüllt."[193]

Wie gesehen, stieg die Gefangenenzahl in Cottbus ab Sommer 1947 stark an, beim Personal gab es keinen entsprechenden Zuwachs. Der Monatsbericht Juli 1947 spricht von 52 Mitarbeitern, von denen 45 der SED und einer der CDU angehörten. Zwei Entlassungen „aus eigenem Wunsch" werden vermeldet, die erste mit dem Ziel, eine „wirtschaftliche Verbesserung" zu erreichen, die zweite wegen „ungehörigen Benehmens gegenüber einem höheren Offizier der Besatzungsmacht." Die Arbeitsmoral der Beschäftigten wird als „im Durchschnitt zufriedenstellend" bezeichnet, die Entlohnung der Aufsichtskräfte sei aber „nicht besonders günstig", was insbesondere angesichts der besseren Bezahlung der im Gefängnis angestellten Handwerker Unzufriedenheit hervorrufe. Die Bekleidung des Personals sei mangelhaft, die aus Wehrmachtsbeständen zur Verfügung gestellten Uniformteile seien mittlerweile verschlissen. Falls es nicht gelinge, „für den Winter zumindest Mäntel und Schuhzeug zu beschaffen", seien „ernstliche gesundheitliche Schädigungen" bei den Mitarbeitern im Außendienst zu befürchten.[194] Im Frühjahr 1948 gab es hier endlich eine Verbesserung: „Es ist möglich gewesen, am 1.5.1948 den weitaus größten Teil des Aufsichtspersonals bereits in ihren neuen Uniformen demonstrieren zu lassen" – so die Mitteilung des Zentralgefängnisses.[195]

Im Juli 1948 waren dort 58 Mitarbeiter angestellt[196]. Diese Zahl blieb in etwa das ganze Jahr konstant, erst 1949 erfolgte ein starker Anstieg. In seinem Bericht vom 28. September 1949 spricht ein externer Prüfer von einem Personalbestand von 88 (14 Verwaltung, 74 Aufsichtsdienst incl. Haftkrankenhaus). Dem Bericht ist auch zu entnehmen, dass der Justizminister einen Personalschlüssel von einem

---

193 Brief Fechners an die Zentrale Kontrollkommission betr. Überprüfung von Haftanstalten vom 19.11.1949. Fundort: BArch, DC 1 1460, Teil 1
194 Monatsbericht Zentralgefängnis Cottbus Juli 1947. Fundort: BLHA, Rep.212, Nr. 1252
195 Monatsbericht Zentralgefängnis Cottbus April 1948. Fundort: BLHA, Rep.212, Nr. 1252
196 Monatsbericht Zentralgefängnis Cottbus Juli 1948. Fundort: BLHA, Rep.212, Nr. 1253

Aufsichtsmitarbeiter auf 8 Gefangene vorgegeben habe, auf einen Verwaltungsmitarbeiter sollten 50 Häftlinge entfallen. Das Zentralgefängnis sei entsprechend
diesem Schlüssel leicht überversorgt.[197]

Im Sommer 1950 herrschte nach einem nochmals enormen Anstieg der Gefangenenzahlen ein akuter Personalmangel, obwohl nunmehr 99 Menschen im Gefängnis beschäftigt wurden. Laut einem „Brandbrief" des neuen Gefängnisdirektors Karl Abke an das Potsdamer Strafvollzugsamt vom 26. August müsse der
Dienst im „Stammhaus", also abzüglich der 4 Außenstellen und des Haftkrankenhauses, bei durchschnittlich 700 Häftlingen von nur 50 Wärtern bewältigt werden.
Es sei „unmöglich, mit dieser Zahl von Aufsichtskräften die volle Verantwortung
für die Sicherheit der Anstalt zu übernehmen." Auch mit Hilfe des Arbeitsamts
hätte keine Auffüllung der Fehlstellen erreicht werden können. Abke bat deshalb
um Zuweisung von Personal aus anderen Gefängnissen.[198] Immerhin stieg die
Zahl der Beschäftigten bis November 1950 auf 117.[199]

Die hohen Häftlingszahlen, verbunden mit Personalmangel, führten offensichtlich
zu unübersichtlichen Verhältnissen bzw. erhöhten Spannungen in der Haftanstalt.
Der Vorstand des Zentralgefängnisses schrieb am 16. Januar 1950 an das Strafvollzugsamt Potsdam, „die letzten Vorfälle" hätten „gezeigt, dass jede Aufsichtskraft während des Dienstes eine Waffe tragen muss." Deshalb seien dringend
Schießübungen und Scharfschießen notwendig, jedoch gebe es keine Munition
dafür. Außerdem fehlten Koppel, die Pistolen würden in der Rock- oder Hosenta-
sche getragen, was mit Unfallgefahr verbunden sei. Am 3. Februar ließ das Strafvollzugsamt verlauten, es sei keine Pistolenmunition verfügbar, deshalb solle mit
Karabinern geübt werden.[200] Waffen waren vor der Übergabe des Gefängnisses
an die Volkspolizei generell nur in geringer Zahl vorhanden, im September 1950
wurden 21 Pistolen mit 160 Schuss Munition sowie 3 Karabiner mit 45 Schuss
aufgelistet.[201]

Zur Resozialisierung der Gefangenen war auch deren seelsorgerische und/oder
fürsorgerische Betreuung vorgesehen – fest angestelltes Personal stand dafür allerdings nicht zur Verfügung. Am 10. Dezember 1947 kündigte das Zentralgefängnis dem Justizministerium an, in Zukunft werde durch eine Fürsorgerin des
DFD „einmal wöchentlich eine Sprechstunde für fürsorgebedürftige Insassen abgehalten. Demzufolge stehen nun für diese betreffende Tätigkeit der evangelische

---

197 Fundort: BLHA, Rep.212, Nr. 1254
198 Fundort: BLHA, Rep.212, Nr. 1254
199 Schreiben Landesbehörde Deutsche Volkspolizei Brandenburg, Abt. Personal an Justiz-
     ministerium Potsdam vom 30.11.1950. Fundort: BLHA, Rep.212, Nr. 1177
200 Fundort: BLHA, Rep.212, Nr. 1211
201 Fundort: BLHA, Rep.212, Nr. 1177

und katholische Geistliche, die evangelische Innere Mission und der DFD zur Verfügung. Es ist somit allen Häftlingen die Möglichkeit gegeben, sich in geeigneter Weise betreuen zu lassen."[202] Im Sommer 1948 teilte das Strafvollzugsamt dem Sozialministerium mit, dass für größere Anstalten wie Cottbus ein hauptamtlicher Fürsorger eingestellt werden solle – wobei haushaltstechnisch noch keine Finanzierung vorläge. Die Funktion eines Fürsorgers erfordere „eine umfangreiche Tätigkeit, die in eingehenden Verhandlungen mit jedem Gefangenen, Aufnahme der Verbindung mit seinen Angehörigen und seiner Arbeitsstelle, der seelischen und kulturellen Betreuung, der Regelung ihrer wirtschaftlichen Verhältnisse und insbesondere der Erziehung zu einem geordneten, künftig straffreien Leben besteht."[203] Auch im Herbst des nächsten Jahres gab es laut eines Protokolls des Brandenburger Ausschusses für Straffälligen- und Strafentlassenenfürsorge im Cottbuser Zentralgefängnis noch keinen hauptamtlichen Fürsorger.[204]

In den Akten finden sich auch einige Hinweise über Bereicherungsvorwürfe gegen Mitarbeiter des Gefängnisses, die wohl aber nur zum Teil erhärtet werden konnten. So wurde von der Staatsanwaltschaft ein Ermittlungsverfahren eingeleitet, nachdem ein Bericht des Bezirksvorstandes der SED Cottbus „Unstimmigkeiten" im Zentralgefängnis Cottbus moniert hatte, die Recherchen konzentrierten sich auf die Schneiderwerkstatt. „Schiebungen irgendwelcher Art" seien dabei „nicht feststellbar" gewesen.[205] Dagegen enthält eine amtliche „Zusammenstellung der in der Zeit vom 1.4. bis 30.9. 47 bekannt gewordenen Korruptionsfälle" in Brandenburger Haftanstalten zwei Cottbuser Namen: Verwaltungssekretär Günter Reeck (wahrscheinlich der Sohn des Gefängnisdirektors) wurde wegen Unterschlagung von Gefangenengeldern zu einem Jahr Gefängnis verurteilt. Ein Strafvollzugsoberwachtmeister erhielt wegen „Begünstigung von Gefangenen in Verbindung mit passiver Bestechung" 6 Monate Gefängnis.[206]

Generell herrschte in Cottbus wie anderswo im Brandenburger Strafvollzug eine hohe personelle Fluktuation, die nicht zuletzt auf die z.T. von den Sowjets befohlenen häufigen Überprüfungen des Personals zurückging. So heißt es in einem Tätigkeitsbericht aus dem Brandenburger Justizministerium vom August 1948: „Die SMA hat angeordnet, sämtliche Justiz- und Polizeigefängnisse des Landes

---

202 Fundort: BLHA, Rep.212, Nr. 1391
203 Schreiben vom 25.8.1948.Fundort: BLHA, Rep.212, Nr. 1391
204 Protokoll vom 26.10.1949. Fundort: BLHA, Rep.212, Nr. 1211
205 Schreiben Justizministerium Brandenburg an Deutsche Justizverwaltung der SBZ vom 25.1.1947. Fundort: BLHA, Rep.212, Nr. 1252
206 Fundort: BLHA, Rep.212, Nr. 1197a

von Kommissionen, die aus je einem Vertreter der Justiz, der Schutz- und Kriminalpolizei zu bilden waren, besichtigen zu lassen. Es sind alle Strafvollzugsangestellten auf politische und sachliche Eignung zu prüfen." Außerdem sollte festgestellt werden, „ob und welche Mängel in den Vollzugsanstalten bestehen, insbesondere solche, die ein Entweichen der Gefangenen ermöglichen."[207] Entlassungen aus politischen Gründen waren zumindest offiziell allerdings relativ selten. Laut einer telefonischen Auskunft des Ministeriums an die SMA vom 7. Juli 1949 gab es (bei einem derzeitigen Personalbestand von 389) zwischen 1945 und 1948 nur 19 Entlassungen „aus parteilichen und politischen" Gründen, aus „sonstigen" Gründen dagegen 251. Rechtskräftig verurteilt wurden 25 Angestellte, daneben gäbe es 3 „schwebende Verfahren." Die (partei)politische Steuerung funktionierte offensichtlich dennoch: 233 Beschäftigte gehörten der SED an, 7 der CDU, nur 4 der LDP, als parteilos wurden 145 geführt.[208]

---

207 Fundort: BLHA, Rep.212, Nr. 1274
208 Fundort: BLHA, Rep.212, Nr. 1311

3. Der Trägerwechsel vom Brandenburger Justizministerium zum DDR-Innenministerium

3.1. Die Übergabe an die Volkspolizei

Trotz aller beklagten Mängel und Schwierigkeiten hielt die DDR-Justiz den von ihr verantworteten Strafvollzug noch Anfang 1950 für durchaus präsentabel, wie ein Schreiben des DDR-Justizministeriums an das Brandenburger Justizressort verdeutlicht, das nur wenige Jahre später völlig undenkbar gewesen wäre: „Auf Einladung des FDGB werde im Laufe der kommenden Monate eine Delegation von Kollegen des Hamburger Strafvollzugs mit Einverständnis des DDR-Justizministers eine Reihe von DDR-Justizvollzugsanstalten besichtigen. In Brandenburg sei dafür das Strafgefangenen-Arbeitslager Rüdersdorf in Aussicht genommen worden."[209]

Die seit 1949 verstärkten Versuche der Innenverwaltung der SBZ, den Einfluss der Polizei auf den Strafvollzug weiter auszubauen, stießen naturgemäß auf Widerstand aus der Justiz.[210] Nachdem die SED-Führung den Sowjets im Vorfeld der DDR-Gründung u.a. vorgeschlagen hatte, die Speziallager in der SBZ aufzulösen, kam es zu einschneidenden Veränderungen. Moskau übertrug zunächst der ostdeutschen Innenverwaltung die Aufsicht über diejenigen Lagerinsassen, die weiterhin in Haft bleiben sollten. Anfang 1950 wurden deshalb 6 große Haftanstalten der Deutschen Volkspolizei unterstellt.[211] SED-Zentralsekretariat und – Politbüro beschlossen am 16. bzw. 22. August 1950 die generelle Übertragung des Strafvollzugs auf das DDR-Innenministerium, der Ministerrat erließ dann am 16.November ohne Änderungen eine entsprechende (verfassungswidrige) Verordnung.[212] Einzelheiten wurden erst in zwei Durchführungsbestimmungen vom 23. Dezember 1950 bzw. 5. Mai 1952 festgelegt. Zunächst wurde der Großteil der

---

209 11.1.1950 Schreiben des Hauptabteilungsleiters Strafvollzug und Anstaltsverwaltung des DDR-Justizministeriums an Justizministerium Brandenburg. Fundort: BLHA, Rep.212, Nr. 1208

210 Vgl. Wentker 2001, S.374ff.

211 Vgl. ebd., S.380ff.

212 Artikel 115 der DDR-Verfassung sah für die Errichtung zentralstaatlicher Einrichtungen ausdrücklich ein Gesetz vor. Man wollte aber eventuelle Diskussionen in der Volkskammer oder ihren Ausschüssen vermeiden. Vgl. ebd., S.385

Strafgefangenen Anfang 1951 der Obhut des DDR-Innenministeriums übergeben, ab Juli 1952 betraf das auch die Insassen der Untersuchungshaftanstalten.[213]

Sowohl die Vollzugsanstalt Cottbus als auch das angeschlossene Haftkrankenhaus waren für die Übergabe im Januar 1951 vorgesehen. Am 30. November 1950 teilte die Abteilung Personal der Brandenburger Volkspolizei dem Justizministerium mit, 37 der 117 überprüften Justizangestellten des Zentralgefängnisses würden vom Innenministerium übernommen. Es handele sich um 11 Verwaltungsmitarbeiter und 26 Angehörige des Wachpersonals.[214] Einige leitende Mitarbeiter wollten allerdings ohnehin lieber im Justizbereich bleiben. Ein Schreiben des Potsdamer Strafvollzugsamts vom 28. November 1950 nennt hier den kommissarischen Leiter Alfred Hirsch, den Arbeitsinspektor Wilhelm von der Burg sowie den Leiter des Haftkrankenhauses Werner Lange. Über die Zukunft des nicht übernommenen Personals gab es zu diesem Zeitpunkt im Strafvollzugsamt noch keine Vorstellungen.[215]

Generell war der personelle Umbruch in den zu übergebenden Vollzugsanstalten mit erheblichen Schwierigkeiten verbunden. Werner Gentz beklagte bei einer am 5. Dezember stattfindenden Besprechung zum Thema, an der Angehörige der DDR-Ministerien für Justiz und Inneres sowie der Justizverwaltungen der Länder teilnahmen, dass sich die Strafvollzugsmitarbeiter sämtlich noch in ungekündigter Stellung befänden; Kündigungen seien erst am 15. Februar 1951 zum 31. März möglich. Die Dienstwohnungen müssten so bald wie möglich geräumt werden. Intensive Bemühungen zur Unterbringung des neuen, von der Volkspolizei gestellten Wachpersonals seien notwendig. Für Cottbus wären bereits Verhandlungen mit dem Besitzer eines in der Nähe befindlichen Gasthofs im Gange.[216]

Sehr unterschiedlich waren die Sichtweisen von Polizei und Justiz auf den baulichen Zustand der zu übergebenden Vollzugsanstalt Cottbus. So behauptete VP-Kommissar Richardt in einem Prüfbericht vom 21. Dezember 1950, die Strafanstalt befände sich „bis auf den 1949 neuerbauten Kulturraum und das Arbeitshaus

---

213 Verordnung und Durchführungsbestimmungen sind u.a. überliefert in BLHA, Rep.212, Nr. 1178

214 Schreiben Landesbehörde Deutsche Volkspolizei Brandenburg, Abt. Personal an Justizministerium Potsdam vom 30.11.1950. Fundort: BLHA, Rep.212, Nr.1177

215 Fundort: BLHA, Rep.212, Nr.1177

216 Fundort: BLHA, Rep.212, Nr.1177

in einem höchst unsauberen und wilden Zustand." Kritisiert werden vor allem Sicherheitsmängel, so fehlten Wachtürme.[217] Der letzte von der Justiz (der „Abwicklungsstelle der Vollzugsanstalt") am 10. Februar 1951 erstellte Halbjahresbericht listete dagegen durchaus auch Baufortschritte auf.[218]

Am 25. Januar 1951 wurde die Vollzugsanstalt Cottbus offiziell an die Volkspolizei, vertreten durch VP-Rat Alfred Hellriegel, übergeben.[219] Der neue Leiter, ein der VP vom ZK der SED zugewiesener Kader, war bereits zwei Monate vorher für diese Tätigkeit ausgewählt worden (zu dieser Zeit war er Volontär in Waldheim, davor Leiter der Polizeihaftanstalt Leipzig).[220]

Der kommissarische Anstaltsleiter Alfred Hirsch beendete mit der Übergabe seine Tätigkeit, als letzte Amtshandlung setzte er ein zweiköpfiges Abwicklungskommando ein. Ungeklärt blieb nach seinen Angaben zuletzt noch die Übernahme der Außenstände sowie der bestehenden Zahlungsverpflichtungen der Haftanstalt.[221]

Offensichtlich konnte – wenn überhaupt - nur ein Teil des „ausgesonderten" Bewachungspersonals im Bereich des Justizministeriums weiterarbeiten. Die soziale Lage der übrigen war sicherlich alles andere als einfach. Einige ehemalige Cottbuser Justizoberwachtmeister baten am 3. April 1951 das Potsdamer Justizministerium darum, „ihre während der Dienstzeit getragenen Uniformen als Eigentum behalten zu dürfen. [...] Wir haben alle während unserer bis zu drei Jahre währenden Dienstzeit eigene Kleidung getragen. Einige der Kollegen sind aus Kriegsgefangenschaft zurückgekehrt, während andere als Umsiedler ihr Hab und Gut einbüßten. [...]" Die 8 Unterzeichner beriefen sich auf die Praxis in Luckau und Brandenburg, wo den abgewickelten Kollegen ihre Uniform belassen worden sei. Die Abwicklungsstelle der Vollzugsanstalt lehnte den Wunsch mit Schreiben vom 20. April ab, da „es leider im Land Brandenburg noch sehr viele Kollegen" gäbe, die keine Uniform hätten.[222]

217 Bericht zur Übernahme der Strafanstalt Cottbus. Fundort: BArch, DO 1/28573
218 Fundort: BArch, DP 1/30003
219 Übergabeprotokoll vom 25.1.1951. Fundort: BLHA, Rep.212, Nr.1179
220 Schreiben der Hauptverwaltung Deutsche Volkspolizei vom 24.11.1950. Fundort: BArch, DO1/ 28479
221 Schreiben Hirsch an Strafvollzugsamt Potsdam vom 25.1.1951. Fundort: BLHA, Rep.212, Nr.1177
222 Fundort: BLHA, Rep.212, Nr.1198

3.2. Die Etablierung eines „fortschrittlichen demokratischen Strafvollzugs"

Am 17. März 1951 trat ein neuer Strafvollstreckungsplan für das Land Brandenburg in Kraft. Darin heißt es: „Nach den nunmehr geltenden Bestimmungen verbleiben in den Vollzugsanstalten der Justizverwaltungen nur noch die Untersuchungsgefangenen (einschließlich der Berufungs- und Revisionsverfahren), sowie diejenigen Strafgefangenen, deren noch zu verbüßende Strafe nach Eintritt des Urteils bis zu 9 Monaten Haft, Gefängnis oder Zuchthaus beträgt. [...] Nach den derzeitigen Vereinbarungen mit der Hauptverwaltung der DVP sind sämtliche männlichen Strafgefangenen, die der DVP zu übergeben sind, in die Strafanstalt Cottbus zu überführen." Auch die U-Häftlinge des Amts- und Landgerichts Cottbus sollten zunächst „nach ausdrücklicher Vereinbarung mit der Hauptverwaltung der DVP" in die dortige Vollzugsanstalt eingeliefert werden, weil bisher die Gerichtsgefängnisse in Cottbus, Luckenwalde, Eberswalde und Potsdam. der Justizverwaltung (von den Sowjets – St.A.) noch nicht wieder übergeben wurden." Dagegen sollten die nach Artikel 6 der Verfassung beschuldigten U-Häftlinge (also die „Politischen") in die Polizeihaft nach Luckau gebracht werden.[223]

Wie beschrieben, mussten die Gefangenen in den DDR-Haftanstalten ab 1950 mit noch weniger Platz auskommen, weil mehr als 10.000 Häftlinge aus den aufgelösten sowjetischen Speziallagern in die ostdeutschen Gefängnisse überstellt wurden, während mit dem ehemaligen Speziallager Bautzen nur ein Haftkomplex für den DDR-Vollzug weiterverwendet wurde. Das Innenministerium hatte deshalb schon Anfang 1950 die neue Kategorie „höchstmögliche Belegungsfähigkeit" für Gefängnisse eingeführt, nach diesen Kriterien kam es zu einer Verdoppelung der theoretisch möglichen Aufnahmefähigkeit.[224]

Dies wirkte sich auch auf das Cottbuser Zentralgefängnis aus. Wurde dort – wie oben beschrieben – noch im Jahre 1950 die theoretische Belegungsfähigkeit durchgängig mit 582 (incl. 100 Patienten des Haftkrankenhauses) angegeben und bereits die tatsächliche Belegung mit 650-700 Gefangenen (ohne Krankenhaus) als gesundheitsgefährdende Überfüllung angesehen, so gab der zuständige Staatsanwalt Sieg im Oktober 1952 die Belegungsfähigkeit der Vollzugsanstalt nunmehr mit 1300 an (1150 Männer, 150 Frauen), wobei das Haftkrankenhaus wahrscheinlich nicht einmal mit einbezogen wurde. Tatsächlich waren lt. Siegs Angaben zu dieser Zeit sogar 1362 Personen inhaftiert (1178 Männer und 184

---

223 Fundort: BLHA, Rep. 240 Landgericht Potsdam 249
224 Vgl. Buddrus 1996, S.14

Frauen).[225] Die theoretische Belegungsfähigkeit des Stammhauses stieg innerhalb von 2 Jahren von 482 auf 1300, also das mehr als Zweieinhalbfache an, die tatsächliche Belegung verdoppelte sich. Mit den knapp 1400 Insassen im Oktober 1952 war aber das „Ende der Fahnenstange" noch lange nicht erreicht. Im Juni/Juli 1953 war die Vollzugsanstalt Cottbus laut einem Bericht desselben Staatsanwalts zeitweise sogar mit 3100 Häftlingen belegt[226], was bis zur Schließung des Gefängnisses den absoluten Rekord bilden sollte.

Auch wenn 1951/52 einige Bauarbeiten stattfanden, die eventuell auch zu einer gewissen Vergrößerung der zur Verfügung stehenden Zellenfläche führten, muss doch von einer rapiden Verschlechterung der Haftbedingungen ausgegangen werden. Im Sommer 1951 kam es zu einem Typhusausbruch in der Vollzugsanstalt, was ebenfalls auf schlechte hygienische Verhältnisse schließen lässt. Das Gefängnis wurde am 13. August für Zu- und Abgänge gesperrt. [227] Laut einer internen Stellungnahme der Hauptabteilung Strafvollzug im Innenministerium erhielt diese bereits am 1. August Kenntnis davon, dass in Cottbus bei 5 weiblichen Strafgefangenen Verdacht auf Paratyphus bestehe. Nach einer weiteren Ausbreitung von Verdachtsfällen unter Häftlingen und Personal empfahl der Leiter der Abteilung Gesundheitswesen der Brandenburger Volkspolizei eine vorläufige Sperre. Diesem Vorschlag folgte die Hauptabteilung Strafvollzug jedoch nicht. Erst als am 13. August die Zahl der Fälle auf knapp 30 gestiegen war, wurde gehandelt, ohne jedoch den tatsächlichen Grund zu kommunizieren: „Gegenüber anderen Polizeidienststellen wurde die Schließung der SV Cottbus mit einer Überfüllung begründet, denn die Hauptabteilung SV war sich darüber im Klaren, dass während der Zeit der Weltfestspiele jegliche störenden Erscheinungen zu unnötigen Diskussionen hätten führen können. Demzufolge wurde auch gegenüber der Justizverwaltung die Schließung der SV Cottbus mit der tatsächlich auch vorhandenen Überfüllung begründet."[228]

---

225 Der Staatsanwalt des Bezirks Cottbus, 6. Oktober 1952: Bericht über die Kontrolle der Vollzugsanstalt Cottbus am 1. und 2. Oktober 1952, durchgeführt von Staatsanwalt Sieg. Fundort: BLHA, Rep.871/17, Nr.93

226 Bericht über die Vollzugsanstalt Cottbus in Bezug auf den am 20. und 25.7. zustandegekommenen Hungerstreik, 28. Juli 1953. Fundort: SAPMO-BArch, DY 30 IV/2/13/409

227 Vermerk HV DVP, Hauptabteilung SV vom 13.8.1951. Fundort: BArch, DO 1/28478. Hier wird mitgeteilt, „dass im Augenblick noch nicht überblickt werden kann, wieviel Strafgefangene typhusverdächtig sind." Nach Ansicht der Ärzte müsse noch mit einem Anstieg der Zahlen gerechnet werden.

228 Hauptverwaltung Deutsche Volkspolizei, Hauptabteilung Strafvollzug: Stellungnahme der Hauptabteilung SV zum Schreiben des Herrn Justizminister Fechner vom 17.8.1951 (31.8.). Fundort: BArch, DO 1/28588

Diese vorläufige Schließung betraf selbstverständlich nicht nur die Strafgefangenen, sondern auch die Untersuchungshäftlinge, für die weiterhin die Justiz zuständig war. Zunächst beschwerte sich Gentz bei der Volkspolizei über diese selbstherrliche, ohne Absprache getroffene Entscheidung, später schaltete sich Justizminister Max Fechner persönlich ein, da der Ausfall von Cottbus die Justiz auch bezüglich der Nichtaufnahme verurteilter Straftäter vor erhebliche Probleme stellte. Doch die Hauptabteilung Strafvollzug reagierte ausweichend bzw. abweisend.[229] Schließlich belog der Chef der Deutschen Volkspolizei Karl Maron seinen Parteifreund Fechner in einem Schreiben vom 31. August ganz offen, indem er behauptete, „dass sich auf Grund der außerordentlich starken Überbelegung eine Situation ergeben hat, die die sofortige Schließung der Strafvollzugsanstalt erforderlich machte, wenn sie nicht katastrophale Auswirkungen annehmen sollte." Maron bedauerte die Aussagen des Leiters der Hauptabteilung Strafvollzug, der angeblich die die Strafvollzugsanstalt Cottbus betreffenden Vorgänge „in entstellter Form geschildert" hätte, erwähnte jedoch selbst den Typhusausbruch überhaupt nicht. Er sei sich „gewiss, dass eine objektive Schilderung der Angelegenheit Sie ohne weiteres von der Notwendigkeit der seitens der Hauptabteilung SV getroffenen Maßnahmen überzeugt hätte." Seine dreiste Lüge verband Maron mit Vorwürfen gegenüber den Mitarbeitern der Hauptabteilung Justizhaftanstalten, die sich in „Ausfällen und Vorwürfen" verloren hätten.[230]

Der weitere Verlauf der Angelegenheit liegt im Dunkeln. Jedoch dürfte nun insbesondere im Innenministerium die „Entflechtung" zwischen Strafgefangenen und Untersuchungshäftlingen in Cottbus stärker in den Blick genommen worden sein. Schon am 5. April 1951 hatte Maron die Sowjetische Kontrollkommission gebeten, die nach Angaben des Justizministeriums in Erwägung gezogene Rückgabe des noch von sowjetischen Dienststellen belegten früheren Gerichtsgefängnisses zu prüfen, um die Situation im Zentralgefängnis zu entspannen - zu diesem Zeitpunkt saßen dort 200 U-Häftlinge ein. „Das Verbleiben einer so hohen Anzahl von Untersuchungsgefangenen in einer Strafvollzugsanstalt der Deutschen Volkspolizei wirkt sich auf den Dienstablauf äußerst nachteilig aus und ist auch im Betreff auf Sicherung der Strafgefangenen ein großer Unsicherheitsfaktor."[231] Die

---

229 Vgl. ebenda, in derselben Akte findet sich auch ein Vermerk über die Kommunikation mit Gentz vom 14.8. und das Beschwerdeschreiben Fechners vom 17.8.

230 Antwort Marons auf den Brief Fechners vom 17.8., Fundort: BArch, DO 1/28588

231 Schreiben betr. Unterbringung von Untersuchungsgefangenen im Lande Brandenburg. Fundort: BArch, DO1/28478

Übergabe des Gerichtsgefängnisses an das Justizministerium fand dann wahrscheinlich im Oktober/November 1951 statt, dieses richtete dann dort eine U-Haftanstalt ein.[232]

Schon kurz nach der Übergabe aller noch der Justiz unterstellten Untersuchungsgefängnisse im Juli 1952 an das Innenministerium, wurde die neue U-Haftanstalt im August/September weitgehend ungeordnet an das Ministerium für Staatssicherheit übergeben. Der Leiter der Abteilung Strafvollzug der Landesbehörde der Volkspolizei Brandenburg, VP-Oberrat Loll, warf seinen Stasi-Kollegen vor, fälschlicherweise zu behaupten, bauliche Veränderungen durch das MfS noch während der Oberhoheit des MdI seien mit ihm abgesprochen worden.[233] Die Staatssicherheit nutzte das Gelände bis zum Ende der SED-Herrschaft ebenfalls als Untersuchungshaftanstalt, während die U-Häftlinge des Innenministeriums Hals über Kopf in das eigentlich geschlossene frühere Cottbuser Polizeigefängnis in der Mauerstraße verlegt werden mussten.[234]

Im Oktober 1952 gab es dementsprechend im Zentralgefängnis nur noch verhältnismäßig wenige Untersuchungsgefangene (56 Männer, 16 Frauen). Dagegen sind nach der Übernahme des Gefängnisses durch die VP wohl erstmals in nennenswertem Ausmaß politische Gefangene hierher verlegt worden. Laut Staatsanwalt Sieg saßen „für die Abteilung I nach Art. 6 der Verfassung in Verbindung mit KG (Kontrollratsdirektive- St.A.) 38 […] 216 Männer und 143 Frauen ein." Bei diesen Angaben differenzierte Sieg nicht zwischen Strafgefangenen und Untersuchungshäftlingen.[235]

Wieviel Personal für die Bewachung der erheblich gestiegenen Gefangenenzahl zur Verfügung stand, geht weder aus dem Bericht des Staatsanwalts noch aus anderen Quellen hervor. Laut Sieg enthielt ein Rundschreiben des DDR-Generalstaatsanwalts vom 5. September 1952 die Anweisung, keine Angaben mehr über die Stärke des Bewachungspersonals zu machen.[236]

---

232 Vgl. Arbeitsplan Justizministerium November 1951, Fundort: BLHA, Rep.212, Nr.1274
233 Vgl. Bericht Lolls an die Hauptabteilung Strafvollzug der Hauptverwaltung Deutsche Volkspolizei vom 6.8.1952. Fundort: BArch, DO 1/28451
234 Kontrollbericht VP-Oberkommissar Gerasch vom 12.9.1952. Fundort: BArch, DO 1/28451
235 Der Staatsanwalt des Bezirks Cottbus, 6. Oktober 1952: Bericht über die Kontrolle der Vollzugsanstalt Cottbus am 1. und 2. Oktober 1952, durchgeführt von Staatsanwalt Sieg. Fundort: BLHA, Rep.871/17, Nr.93
236 Der Staatsanwalt des Bezirks Cottbus, 6. Oktober 1952: Bericht über die Kontrolle der Vollzugsanstalt Cottbus am 1. und 2. Oktober 1952, durchgeführt von Staatsanwalt Sieg. Fundort: BLHA, Rep.871/17, Nr.93

Dagegen sind die Klagen über die mangelnde Qualität der zu Verfügung stehenden Polizeiangehörigen Legion. So sei laut dem Jahresbericht der Personalabteilung der Vollzugsanstalt Cottbus für 1951 im Berichtsjahr „eine hohe Zahl von Disziplinarvorgängen zu verzeichnen. Es wurden bis einschließlich 31.12.1951 insgesamt 54 Disziplinarstrafen ausgesprochen. Der Grund hierfür ist wohl vor allem [...] darin zu suchen, dass bei der Übernahme der VA Cottbus von den abgebenden Dienststellen nicht die besten, sondern in den meisten Fällen die Kameraden, welche die Dienststellen los sein wollten, abgesandt worden sind."[237] Mental waren viele der oft Hals über Kopf aus ihren weit entfernten Heimatorten nach Cottbus versetzten Polizisten nicht auf ihre neue Aufgabe eingestellt. Sie wollten „nach einer gewissen Zeit wieder in die Nähe ihrer Familie oder Eltern zurückkehren. [...] Ihre abgebende Dienststelle" habe „seinerzeit den Kameraden versprochen, dass die Versetzung nur acht Wochen bzw. ein halbes Jahr dauern wird und sie dann wieder zu ihrer alten Dienststelle zurückkehren könnten." Solche Rückversetzungen seien aber nur teilweise möglich.[238]

Auf der Leitungsebene gab es ebenfalls geringe personelle Kontinuität. Nachdem VP-Rat Alfred Hellriegel, wie erwähnt, das Gefängnis im Januar 1951 für das Innenministerium übernommen hatte, wurde er bereits am 1. September 1951 durch VP-Rat Fritz Ackermann ersetzt, der wiederum im Dezember 1952 durch Wilhelm Zachow abgelöst und nach Bützow-Dreibergen versetzt wurde.

Sowohl Ackermanns schneller Aufstieg als auch seine Tätigkeit in Cottbus verdienen aber besondere Aufmerksamkeit – da sie den Geist des neuen kommunistischen Strafvollzugs sehr gut widerspiegeln. Ackermann, Jahrgang 1921, war kurz vor Kriegsende in sowjetische Gefangenschaft geraten, wo er eine Antifaschule besuchte. Kurz nach seiner Entlassung im August 1948 trat er in die SED, im Januar 1949 dann in die Volkspolizei ein. Hier war er in den Haftanstalten Torgau und Waldheim als Stellvertreter Politkultur (Pk) tätig, ehe er als Dreißigjähriger die Leitung der Vollzugsanstalt Cottbus übernahm.[239]

In einem anonymen Schreiben eines ausgeschiedenen Mitarbeiters an den Chef der Deutschen Volkspolizei wurde Ackermann im Mai 1952 beschuldigt, durch seinen Leitungsstil eine überdurchschnittliche Zahl sogenannter „Entpflichtun-

---

237 Schreiben Strafvollzugsanstalt Cottbus, Abteilung Personal an HV Deutsche Volkspolizei. Berlin, Abteilung Personal, 15.1.1952. Fundort: BLHA, Rep.871/17, Nr.94
238 Ebenda
239 Vgl. Wunschik 2006, S.138

gen" bei VP-Angehörigen ausgelöst, sich persönliche Vorteile verschafft zu haben und auch für Gewalt gegen Häftlinge verantwortlich zu sein.[240] Dieser Brief löste eine Untersuchung aus.

Eine Stellungnahme Ackermanns vom 28. Mai 1952 geht u.a. auf einen speziellen „Entpflichtungsfall" ein – das Zitat wurde ebenso wie die folgenden Auszüge aus dem Schreiben des „Anstaltsleiters" orthographisch und grammatikalisch unverändert übernommen: „Die Entpflichtung der Kameradin J. wurde von meiner Seite aus restlos unterstützt, da von ihr ein Onkel ein gewisser Herr B. von den Organen der Staatssicherheit als Agent des Ostbüros festgenommen werden musste und sie des Öfteren negativ zu dieser Maßnahme Stellung nahm und nicht verstehen wollte die Maßnahmen unserer Staatsorgane. Ich sah in der ehemaligen Kameradin J. bei ihrer Tätigkeit in der Vollzugsstelle eine Gefahr der Sicherheit der Anstalt und war so und für sich sehr zufrieden als die Kameradin J. aus dem Dienst der Volkspolizei ausschied." Den „Zustand der Dienststelle bei meiner Übernahme" beschreibt er u.a. folgendermaßen: „Kameraden, die früh morgens um 6:00 Uhr ihren Dienst beginnen sollten, kamen um 1/2 8 Uhr, um 18:00 Uhr sollte der Dienst beendet werden, um 16.50 Uhr verließen sie schon die Anstalt. Eine Übernahme der Schicht der Häftlinge von einer Schicht in die andere Schicht erfolgte überhaupt nicht."

Er selbst habe sich nach seiner Entlassung aus der Kriegsgefangenschaft „sofort der Partei zur Verfügung gestellt" und sei infolge guter Leistungen schnell befördert worden. „Also ist zu jeder Zeit ersichtlich und zu überprüfen, dass ich kein Karrierist oder ein schädliches Subjekt bin, sondern dass ich mir meine Anerkennung durch die übergeordnete Dienststelle erarbeitet habe."

Einen seiner Mitarbeiter diffamiert er u.a. mit folgenden Worten: „Meine weiteren Feststellungen ergaben, dass er mit dem früheren Anstaltsleiter des Öfteren saufen gewesen ist, denn ich werde heute noch von Leuten angehalten, wo der frühere Anstaltsleiter Häftlinge beschäftigen ließ und die Leute dann gemeinsam mit ihm gesoffen haben."

Besonders hart geht er mit dem mutmaßlichen Briefeschreiber ins Gericht: „Wenn sie meine Maßnahmen nicht verstehen können, so muss ich feststellen, dass eben etwas grundsätzliches vorhanden ist, dass sie […] von Kautsky oder von den Theorien von Kautsky erzogen worden sind und dass ich - der Anstaltsleiter von Cottbus - durch Stalin und die Stalinschen Theorien erzogen worden ist

---

240 Schreiben vom 15.5.1952; .Anlage zum Abschlußbericht der HA-SV der DVP über die Überprüfung der Strafvollzugsanstalt Cottbus vom 24.6.1952. Fundort: BArch, DO 1/28481

und das ist der Unterschied."[241] Ob der Kritisierte tatsächlich - wie von Ackermann suggeriert - ein früherer Sozialdemokrat war oder dieser Vorwurf nur der Diffamierung dient, ist nicht bekannt.

Die Stellungnahme insgesamt wirft nicht nur ein Schlaglicht auf die gravierenden Schwächen Ackermanns beim Umgang mit der deutschen Sprache, sondern zeigt auch die primitive Denkweise eines wahrscheinlich nicht untypischen „Antifa-Kaders", der keine auch nur annähernd seiner Funktion angemessene Ausbildung genossen hatte. Verglichen mit den schriftlichen Hinterlassenschaften Ackermanns wirkt das von Max Reeck gepflegte manchmal recht dröge Beamtendeutsch fast wie literarische Hochsprache. Andere Dokumente sowohl aus dem Cottbuser Zentralgefängnis als auch generell aus dem Strafvollzug der fünfziger Jahre verdeutlichen ebenso den teilweise geradezu erschreckenden intellektuellen „Einbruch", der insbesondere auf der Leitungsebene mit der Übergabe der Haftanstalten an das DDR-Innenministerium einherging.

Dies zeigt sich auch im Berichtswesen, das bis 1950 immer weiter ausdifferenziert wurde, ab 1951 dagegen faktisch kaum noch vorhanden war. Für die Zeit nach der Übergabe des Gefängnisses an das Innenministerium sind nur noch einzelne detailliertere Kontrollberichte der Staatsanwaltschaft überliefert, hinzu kommen Stellungnahmen zu Einzelthemen wie der Personalsituation[242] und einige Berichte von VP-Instrukteuren, die sich vor allem mit der ideologischen Aufrüstung der Angestellten befassen. Bei letzteren wird sogar der äußere Rahmen der in späteren Jahren als „Rotlichtbestrahlung" verspotteten Veranstaltungen thematisiert. So heißt es in einem Instrukteursbericht vom 1. November 1952: „Als Schulungsraum ist für alle Schulungsgruppen der Kulturraum in der Unterkunft bestimmt worden. Dieser Kulturraum dient gleichzeitig als Versammlungsraum und ist mit feststehenden Losungen ausgestattet. ‚Der Marxismus ist allmächtig, weil er wahr ist.' Unter dieser Losung findet sich ‚3 Jahre Deutsche Demokratische Republik', flankiert wird die Stirnwand von Fahnen der Arbeiterbewegung und der DDR."[243]

---

241 Stellungnahme vom 28.5.1952. Anlage zum Abschlußbericht der HA-SV der DVP über die Überprüfung der Strafvollzugsanstalt Cottbus vom 24.6.1952. Fundort: BArch, DO 1/28481

242 Schreiben Strafvollzugsanstalt Cottbus, Abteilung Personal an HV Deutsche Volkspolizei. Berlin, Abteilung Personal, 15.1.1952. Fundort: BLHA, Rep.871/17, Nr.94

243 Instruktionsbericht über den am 30. Oktober 1952 durchgeführten Instrukteurseinsatz in der Strafvollzugsanstalt Cottbus. Fundort: BLHA, Rep.871/17, Nr.96

Nach der Übernahme des Gefängnisses durch das Innenministerium kamen Vorwürfe massiver Gewaltanwendung des Personals gegen Häftlinge auf - möglicherweise zeigte sich hier auch der Frust mancher „Schließer" über die eigene persönliche Lage.

In einer im Frühjahr 1952 angestrengten Untersuchung machte ein früherer Gefangener folgende Zeugenaussage: Nach einem Fluchtversuch seien die bereits entdeckten Häftlinge auf dem Hof von der Wachmannschaft eingeholt worden. Auf sie sei dann mit Koppel und Gummiknüppeln eingeschlagen worden. „Ich sah, wie sie in Richtung des Zellenhauses gebracht worden und hörte dann, dass sie in die Kellerräume des Zellenhauses geführt wurden. Solange ich dieses Vorkommnis beobachten konnte, wurden die Häftlinge geschlagen. Da ich selbst in dem Zellenhaus untergebracht war, konnte ich die Geräusche aus dem Kellerbau hören. Man konnte hören, dass auf die Häftlinge eingeschlagen wurde. Von dort aus wurden sie dann in das Untersucherhaus gebracht. Ich war Kalfaktor des Zellenhauses und kam dadurch beim Essenholen mit dem Kalfaktor des Untersucherhauses zusammen. [...] Der Kalfaktor und der Hausarbeiter haben mir erzählt, dass die Häftlinge schwer misshandelt und blutig geschlagen wurden. [...] Mir ist auch noch mitgeteilt worden, dass der Kalfaktor, der durch den Spion sah, die Häftlinge bewusstlos in der Ecke der Arrestzelle liegen sah."

Der Zeuge berichtete noch von einem weiteren Vorfall: „Ein Häftling des Zellenhauses bekam nachts einen Nervenzusammenbruch. Da er sehr unruhig war, wurde er aus der aus Zelle geholt und in die Arrestzelle des Kellerhauses gebracht. Auf dem Weg nach unten versuchte der Wachtmeister, ihn zu beruhigen. Wir hörten dann, dass der Häftling in der Arrestzelle schrie und an die Kellertür schlug. Daraufhin wurde er wiederholt aufgefordert, ruhig zu sein. Da dieses nicht half, wurde er mit Gewalt ausgezogen, geschlagen und mit kaltem Wasser aus einem C-Rohr so lange bearbeitet, bis er ruhig wurde. Da es nachts im Zellenhaus sehr ruhig ist, konnten wir es deutlich hören. Mir ist vom Hörensagen bekannt, dass vor meiner Einlieferung schon ähnliche Sachen dort passiert sein sollen."[244]

Während eine Stellungnahme des Gerichts nicht vorliegt, wurden beide Fälle in einem von VP-Generalinspekteur Mayer unterzeichneten Untersuchungsbericht heruntergespielt: „Zur Behandlung der Strafgefangenen wurde festgestellt, dass es sich in diesem Fall um einen Fluchtversuch handelte (zwei Strafgefangene, verurteilt zu 7 und 15 Jahren Zuchthaus), bei denen zur Brechung von Widerstand

---

244 Zeugenaussage vom 19.5.1952, aufgenommen durch die Präsidentin des Landgerichts Eberswalde Magiera als Richterin. Anlage zum Abschlußbericht der HA-SV der DVP über die Überprüfung der Strafvollzugsanstalt Cottbus vom 24.6.1952. Fundort: BArch, DO 1/28481

Polizeiknüppel angewendet wurden und die VP-Angehörigen in begreiflicher Erregung von diesem mehr Gebrauch machten als notwendig war." Außerdem seien „Anfang des Jahres 1951 verschiedene tobsüchtige Strafgefangene einer sogenannten Wasserbehandlung unterzogen wurden. Diese Art der Beruhigung wurde schon bei der Justiz in dieser Strafvollzugsanstalt angewendet. Ähnliche Fälle sind im letzten Jahr nicht mehr zu verzeichnen."[245] Ob tatsächlich unter der Ägide der Justiz im Cottbuser Zentralgefängnis derart brutale „Beruhigungsmethoden" praktiziert wurden, ist nicht bekannt. Wahrscheinlich handelt es sich aber eher um eine Schutzbehauptung der Polizeiführung, um von gravierenden Missständen im eigenen Bereich abzulenken. Schließlich hätte ein solches Vorgehen der Justiz keineswegs in die eigene „Philosophie" eines „humanen Strafvollzugs" gepasst.

VP-Generalinspekteur Mayer beklagte zwei Jahre später auf einer Offiziersversammlung in Cottbus, „dass es in der letzten Zeit häufig vorkam, dass weibliche Strafgefangene von VP-Angehörigen geschlechtlich missbraucht wurden, obwohl eine Anweisung besteht, dass weibliche Strafgefangene durch männliche VP-Angehörige nicht bewacht werden dürfen."[246]

Die sich drastisch verschlechternde Quellenlage erschwert genauere Vergleiche der Arbeits- und Lebensbedingungen vor und nach der Übernahme des Gefängnisses durch das Innenministerium beträchtlich. Relativ ausführliche Informationen stehen zumindest für den Bereich Haftarbeit zur Verfügung. Staatsanwalt Sieg schrieb dazu in seinem Bericht vom Oktober 1952: „Die Vollzugsanstalt bietet Gelegenheit, die dort vorhandene Arbeitskraft der Häftlinge für die Interessen unseres wirtschaftlichen Aufstiegs nutzbar einzusetzen. Betrachtet man die hier gegebenen Möglichkeiten der Rentabilität der Anstalt selbst, so ist festzustellen, dass die Anstaltsleitung bemüht war, alle Voraussetzungen dafür zu schaffen."[247] Interessanterweise wird hier nur noch ökonomisch argumentiert, von der „Erziehungsfunktion" der Arbeit ist keine Rede mehr. Berichtet wird von einer Vielzahl von Einrichtungen bzw. Gewerken (Schweinemast, Bäckerei, Tischlerei, Schlosserei, Elektrowerkstatt, Nopperei, Seidenraupenzucht)[248], die allerdings zumeist schon 1950 vorhanden waren. Insgesamt kann davon ausgegangen werden, das

---

245 Abschlußbericht der HA-SV der DVP über die Überprüfung der Strafvollzugsanstalt Cottbus vom 24.6.1952. Fundort: BArch, DO 1/28481
246 StVA Cottbus: Protokoll über die am 14.Oktober 1954 stattgefundene Offiziersversammlung in der StVA Cottbus. Fundort: BLHA, Rep.871/17, Nr.95.
247 Der Staatsanwalt des Bezirks Cottbus, 6. Oktober 1952: Bericht über die Kontrolle der Vollzugsanstalt Cottbus am 1. und 2. Oktober 1952, durchgeführt von Staatsanwalt Sieg. Fundort: BLHA, Rep.871/17, Nr.93
248 Ebenda

die Beschäftigungsquote im Herbst 1952 deutlich unter der von 1949/50 lag.[249] Sieg notierte dazu: „Lange noch nicht ist die Kapazität der gesamten arbeitsfähigen Insassen der Anstalt erfasst. Es wird weiter auf die Initiative der Anstaltsleitung vertraut, der die Anleitung und Hilfe der übergeordneten Stellen nicht versagt werden darf."[250] Dem Gefängnisleiter Fritz Ackermann gelang diesbezüglich zumindest der Abschluss eines Vertrages mit dem VEB Eisenhüttenkombinat Ost, Fürstenberg. Danach sollten bis zu 350 Strafgefangene beim Be- und Entladen von Waggons zum Einsatz kommen, für die Unterbringung der Häftlinge und Wachmannschaften in einem Haftarbeitslager war der Betrieb zuständig.[251]

Einige Monate später hatte sich an der Gesamtsituation nichts Wesentliches geändert. In einem neuen Bericht Siegs vom 17. Februar 1953 heißt es dazu: „In der Vollzugsanstalt sind ca. 650 Gefangene teils mit produktiver Arbeit und zum anderen mit notwendiger Hausarbeit beschäftigt. Die Werkstätten bzw. Arbeitsräume wurden besichtigt, wobei nach den z. Zt. gegebenen Verhältnissen keine wesentlichen Mängel vorgefunden wurden. Für die Durchführung des Arbeitsprozesses sowie für deren Einrichtungen ist eine Arbeitsschutzkommission geschaffen, die für den gesamten Arbeitsablauf in Bezug auf den Arbeitsschutz verantwortlich ist."[252]

Doch klingt auch schon deutliche Kritik am Umgang mit dem Beschäftigungspotential an: Es müsse „gesagt werden, dass die dort vorhandenen Arbeitskräfte bei weitem nicht produktiv ausgenutzt werden. Es liegt daran, dass nicht genügend Produktionsstätten vorhanden sind. Zwar gilt die Vollzugsanstalt Cottbus als sogenannte Zubringeranstalt für Schwerpunktbetriebe oder Arbeitslager, so sind dort doch eine ganze Anzahl junger Kräfte vorhanden, die ebenfalls in den Arbeitsprozess eingereiht werden könnten. Es liegen jedoch gewisse Bedingungen im Wege, die eine Beschäftigung nicht zulassen, so zum Beispiel die Nichtbeschäftigung ehemaliger VP-Angehöriger und der nach Art. 6 der Verfassung und Kontrollrats-Direktive Nummer 38 verurteilten Häftlinge. Es sind ca. 200 solcher Häftlinge in der Anstalt. Es wäre ratsam, eine entsprechende Änderung der Arbeitsbedingungen zuzulassen, um deren Arbeitskraft entsprechend einzusetzen."[253]

---

249   Siehe dazu die Darstellung in Kap. 2.5.
250   Der Staatsanwalt des Bezirks Cottbus, 6. Oktober 1952: Bericht über die Kontrolle der Vollzugsanstalt Cottbus am 1. und 2. Oktober 1952, durchgeführt von Staatsanwalt Sieg. Fundort: BLHA, Rep.871/17, Nr.93
251   Vertrag vom 28. Oktober 1952. Fundort: BArch, DO 1/28582
252   17. Februar 1953: Bericht über die am 12. und 13. Februar 1953 durchgeführte Kontrolle der Vollzugsanstalt Cottbus. Fundort: BLHA, Rep.871/17, Nr.93
253   Ebenda

Nicht einmal aus Sicht der Verwaltung – geschweige denn aus der der Häftlinge – kann also verglichen mit der „Justizzeit" von Verbesserungen im Arbeitsprozess gesprochen werden. Auch auf anderen Gebieten sind keinerlei Fortschritte zu verzeichnen, so gab es noch immer keinen hauptamtlichen Arzt, stattdessen praktizierten drei praktische Ärzte sowie ein Zahnarzt, die selbst Strafgefangene waren.[254] Diese hatten bei allem Einsatz für ihre Leidensgenossen natürlich keinerlei Durchsetzungsmacht gegenüber der Verwaltung, etwa wenn es um aus medizinischen Gründen notwendige Hafterleichterungen ging.

Trotzdem zog Staatsanwalt Sieg in seinem Bericht vom 6. Oktober 1952 ein sehr positives Fazit: „Die Organisation des gesamten Anstaltskomplexes lässt erkennen, dass der fortschrittliche, demokratische Strafvollzug seinen Einzug gehalten hat und zweckentsprechend in die Tat umgesetzt wird. Noch lange ist nicht alles so, wie es den Anforderungen unserer Errungenschaften entsprechend sein müsste, so sieht man doch hier, dass nach der Übernahme des Strafvollzugs in die Hände der Volkspolizei eine wesentliche Umwandlung vor sich gegangen ist. Spuren früherer Einrichtungen geben Anlass zu begründeter Bewunderung des heutigen Zustandes in der Anstalt."[255]

Tatsächlich besteht keinerlei Anlass zu solcher „Bewunderung". Vielmehr war die Übernahme des Cottbuser Zentralgefängnisses durch das DDR-Innenministerium mit drastisch verschlechterten Lebensbedingungen der Häftlinge verbunden, die vor allem aus der katastrophalen Überbelegung resultierten. Das weitgehend ausgetauschte Personal, das in der Regel keinerlei spezifische Ausbildung hatte, zeigte sich – inklusive der Leitung – von seinen Aufgaben häufig völlig überfordert. Physische und auch sexuelle Gewalt gegen Häftlinge war an der Tagesordnung.

Aufgrund des Rückgangs der Beschäftigungsquote verschlechterte sich selbst die materielle Bilanz des Gefängnisses. Insgesamt kann also von einem „fortschrittlichen, demokratischen Strafvollzug" in Cottbus im Jahre 1952 keine Rede sein - entsprechende Zuschreibungen dienten allein dazu, die himmelschreienden Mängel ideologisch zu verschleiern.

---

254 Der Staatsanwalt des Bezirks Cottbus, 6. Oktober 1952: Bericht über die Kontrolle der Vollzugsanstalt Cottbus am 1. und 2. Oktober 1952, durchgeführt von Staatsanwalt Sieg. Fundort: BLHA, Rep.871/17, Nr.93 sowie Bericht über die am 12. und 13. Februar 1953 durchgeführte Kontrolle der Vollzugsanstalt Cottbus. Fundort: ebenda

255 Der Staatsanwalt des Bezirks Cottbus, 6. Oktober 1952: Bericht über die Kontrolle der Vollzugsanstalt Cottbus am 1. und 2. Oktober 1952, durchgeführt von Staatsanwalt Sieg. Fundort: BLHA, Rep.871/17, Nr.93

3.3. Der 17. Juni 1953 – Vorgeschichte, Verlauf und Folgen in Cottbus

Im Frühjahr 1953 wurden in Drewitz und Preschen zwei Haftaußenlager zum Bau von Militärflugplätzen eingerichtet und der Vollzugsanstalt Cottbus angegliedert. Stellenplanvorschläge der Hauptabteilung Strafvollzug des Innenministeriums vom 28. März 1953 sahen für Drewitz 73 und für Preschen sogar 135 Mitarbeiter vor.[256] Diese Mitarbeiter wurden kurzfristig und unvorbereitet u.a. von Dienststellen aus Löbau oder Torgau abkommandiert, wobei offensichtlich keinerlei Rücksicht auf familiäre Probleme genommen wurde, was große Unzufriedenheit unter den Beschäftigten auslöste.[257] Anfang Juni waren insgesamt 1100 Häftlinge in diesen beiden Lagern untergebracht.[258]

DDR-weit entlud sich im Verlauf des Volksaufstands am 17. Juni 1953 die Wut der Demonstranten auch vor 50 bis 60 Haftanstalten, 21 Gefängnisse wurden gestürmt und etwa 1.440 vorwiegend politische Gefangene befreit. Insgesamt saßen zu dieser Zeit etwa 58.000 Häftlinge ein. Zu den befürchteten Gefangenenrevolten kam es dennoch nicht, lediglich in 6 Gefängnissen gab es tatsächlich „Meutereien bzw. Kundgebungen" der Insassen. Die Proteste nahmen aber zu, als bis Mitte Juli viel weniger Häftlinge entlassen wurden, als versprochen worden war.[259]

Auch im jetzt häufig offiziell als Strafvollzugsanstalt (StVA) bezeichneten Cottbuser Zentralgefängnis kam es im Juni und Juli zu gravierenden Protesten, über die sich sowohl Innenminister Willi Stoph als auch die sowjetischen „Freunde" eingehend informieren ließen.[260]

Der Generalinspekteur der Deutschen Volkspolizei August Mayer versuchte am 8. Oktober 1953 die Entstehung der Proteste folgendermaßen zu erklären: „Am

---

256 Fundort: BArch DO1/28453

257 Vgl. Situationsbericht eines Instrukteurs an die Hauptabteilung Strafvollzug der BDVP Cottbus vom 20.4.1953. Fundort: Fundort: BLHA, Rep.871/17, Nr.96

258 Bericht des Stellvertretenden Chefs der Deutschen Volkspolizei und Generalinspekteurs Mayer an den Leiter der Abteilung für staatliche und administrative Organe, Petrow, Berlin Karlshorst vom 8.10.1953.Betrifft Zustände in der Strafvollzugsanstalt Cottbus. Fundort: BArch DO 1/28512

259 Vgl. Wunschik 2004a, S. 209ff.

260 Bericht des Chefs der Deutschen Volkspolizei Maron an Innenminister Stoph zu „Zuständen in der VA Cottbus" vom 7.9.1953, Fundort: BArch DO 1/28510 und Bericht des Stellvertretenden Chefs der Deutschen Volkspolizei und Generalinspekteurs Mayer an den Leiter der Abteilung für staatliche und administrative Organe, Petrow, Berlin Karlshorst vom 8.10.1953. betrifft Zustände in der Strafvollzugsanstalt Cottbus. Fundort: BArch DO 1/28512

17. Juni 1953 griff der Streik der Bergarbeiter, die mit den aus der Strafvollzugsanstalt Cottbus in den Haftarbeitslagern Preschen und Drewitz eingesetzten Strafgefangenen während des Arbeitseinsatzes in Berührung kamen, auf größere Teile
der Strafgefangenen über. Es bestand die akute Gefahr, dass ca. 1.100 Strafgefangene, die in diesen beiden Haftarbeitslagern untergebracht waren, gewaltsam befreit würden. In Absprache mit dem sowjetischen Bezirkskommandanten und dem
Chef der BDVP Cottbus wurden noch in der Nacht vom 17. zum 18.6.1953 das
Haftarbeitslager Preschen gänzlich und das Haftarbeitslager Drewitz zur Hälfte
geräumt und die Häftlinge in die Strafvollzugsanstalt Cottbus transportiert. In der
Nacht vom 18. zum 19. Juni 1953 wurde der restliche Teil der Häftlinge aus dem
Haftarbeitslager Drewitz ebenfalls nach der Strafvollzugsanstalt Cottbus gebracht. So kam es, dass am 19.6.1953 die Strafvollzugsanstalt, die für eine nor-
male Belegung von 1300 vorgesehen war, ca. 2500 Strafgefangene registrierte."
Aus Sicht Mayers war „es erklärlich, dass durch die unnormale Überbelegung
einige Schwächen in Bezug auf hygienische Einrichtungen bestanden. [...] Es war
während der Zeit der Überbelegung nicht zu vermeiden, dass für eine Nacht 80
Strafgefangene in einer Werkstatt auf dem Zementfußboden schlafen mussten. Da
das Heranschaffen von Stroh in diesem Umfang nicht möglich war, sind den Strafgefangenen je drei Schlafdecken zur Verfügung gestellt worden."[261]
Haftstaatsanwalt Sieg hatte schon am 28. Juli 1953 einen Bericht über die Ereignisse erstellt, der von der Generalstaatsanwaltschaft an die ZK-Verwaltung
weitergeleitet wurde.[262] Er sprach ebenfalls von einer außergewöhnlichen Über-
lastung des Gefängnisses, vom 17. Juni bis 20. Juli 1953 sei die Vollzugsanstalt
„zeitweise mit 3100 Gefangenen belegt" gewesen. „Da die Voraussetzungen [...]
für eine solch hohe Belegung nicht gegeben" seien und „das Bewachungspersonal
der VP auf die Dauer den sich daraus ergebenden Anforderungen nicht standhal-
ten" könne, traten Schwierigkeiten bei der „Überwachung, Aufsicht und Betreuung der Gefangenen" auf. Auch das Nachlassen der Disziplin der Gefangenen
hätte „zeitweise sehr bedrohliche Formen" angenommen: „Die von den Außenstellen eingebrachten Häftlinge hatten Kenntnis von den Auswirkungen der Ereignisse am 17.6.1953, die sie wie nicht anders zu erwarten als günstig für sich
auslegten. Der Klassengegner nutzte auch hier die Gelegenheit und begann mit
der Wühlarbeit in der Anstalt." Ein Schwerpunkt hätte im Zellenhaus des Kommandos II bei den langjährigen Gefangenen gelegen. Am 17. Juli 1953 habe es

---

261 Bericht des Stellvertretenden Chefs der Deutschen Volkspolizei und Generalinspekteurs
    Mayer an den Leiter der Abteilung für staatliche und administrative Organe, Petrow, Ber-
    lin Karlshorst vom 8.10.1953. betrifft Zustände in der Strafvollzugsanstalt Cottbus. Fund-
    ort: BArch DO 1/28512
262 Weitergeleitet am 11.8. 1953 an die ZK-Abteilung für Staatliche Verwaltung. Fundort:
    SAPMO-BArch, DY 30, IV/2/13/409

erste Gerüchte über einen bevorstehenden Hungerstreik gegeben. Bei einem Gottesdienst am Sonntag, dem 19. Juli sei „in der Vollzugsanstalt evangelischer Gottesdienst abgehalten" worden, an dem „von jeder Zelle ein bis zwei Mann teilnehmen" durften. Bei dieser Gelegenheit sei vereinbart worden, den Hungerstreik am nächsten Tag zu beginnen. Lt. Sieg verweigerten am 20. Juli 318 und einen Tag später 196 Gefangene die Nahrung. Nunmehr seien die Ereignisse der HDVP gemeldet worden, woraufhin „eine Delegation unter der Leitung des Kommandeurs Jauche in Cottbus eingetroffen" sei. Am 22. Juli sei der Hungerstreik dann abgeklungen. „Im Allgemeinen ist es zu ernsteren Ausschreitungen nicht gekommen. Jedoch drohte diese Gefahr, wenn nicht sofort das Wachkommando verstärkt worden wäre. Es war ursprünglich im weiteren Verlauf eine Selbstbefreiung vom Inneren der Anstalt geplant."[263]

Ein zeitgenössischer Bericht aus dem SPD-Ostbüro beschreibt die Geschehnisse etwa anders: „Alle Unterbringungsmöglichkeiten waren restlos erschöpft, so dass sich die Anstaltsleitung gezwungen sah, die Gefangenen in 3 Zelten auf dem Hofe, hinter dem Komm. IV, unterzubringen. Die Stimmung unter den Gefangenen war nach dem missglückten Befreiungsversuch im Haftarbeitslager Preschen äußerst kritisch. Die Gefangenen forderten offen ihre Freilassung. Die natürliche Folge war, dass es dauernd zu schweren Reibereien mit dem Wachpersonal kam. Eine Reaktion löste die andere aus. Der im Zellenhaus eingesetzte Leiter, Unter-Komm. W., ging gegen die Gefangenen mit Gummiknüppeln vor. Die Häftlinge reagierten damit, dass sie mit Schemeln und Holzschuhen gegen die Türen trommelten, die Fenster aufrissen und laut Hilfe schrien. Am 13. Juli 1953 schlug W. wieder einen Gefangenen nieder. Auf dessen Hilfeschreie hin, zertrümmerten die Insassen von 3 Zellen mit Eisenbetten ihre Türen und versuchten, dem Kameraden zu Hilfe zu kommen. Als Gegenantwort setzte die Wachmannschaft sofort Hunde ein, und die fraglichen 18 Häftlinge wurden in Arrestzellen gebracht. Am darauffolgenden Tage wurde beim Rundgang die Parole ausgegeben, dass für Montag, den 20. Juli, Hungerstreik angesetzt sei mit dem Ziele, die Kameraden aus dem Arrest zu befreien. Durch Flüsterpropaganda ging diese Nachricht von Kommando zu Kommando. Unter den Häftlingen herrschte eine Einigkeit, wie sie nie vorher und auch nicht mehr nachher erlebt wurde. Tatsächlich verweigerten am 20. Juli etwa 1700 Häftlinge das Mittagessen. Die Anstaltsleitung versuchte mit allen Mitteln, die Gefangenen zum Essen zu zwingen, aber nicht einer gab nach. Am Nachmittag stellte der Kommando-Leiter W. in jeder Zelle die Zahl der Häftlinge fest, die das Essen verweigerten. Nach dem Grunde der Verweigerung fragte er dabei nicht. Nach Einschluss, gegen 19 Uhr, riefen die Gefangenen in Sprechchören aus den Fenstern:

---

263 Ebenda

‚Cottbuser, befreit uns! Wir fordern unsere Freiheit! Spitzbart, Bauch und Brille sind nicht des Volkes Wille! Es geht nicht um des Volkes Wohl, es geht um Pieck und Grotewohl! Wir fordern Revision der Schandurteile! Gebt uns besseres Essen, die Graupen kann die VP alleine fressen!'

Dazwischen ertönten immer wieder Freiheitsrufe und gleichzeitig wurde das Deutschland-Lied abgesungen. Trotz der weitgehenden Sicherheitsmaßnahmen [...] waren die Wachmannschaften außerstande, die Gefangenen zum Schweigen zu bringen oder die herbeigelaufene Bevölkerung von den Straßen zu vertreiben. Am Morgen wurde der neue Tag wieder mit Sprechchören begonnen."[264]

Es fällt auf, dass in dieser Schilderung Gewaltakte gegen Häftlinge und die daraus erwachsenen Folgen eine zentrale Rolle als Auslöser des Hungerstreiks spielen, was Staatsanwalt Sieg vollkommen verschwieg. Es wird von 1700 Essensverweigerern berichtet, während Sieg nur von 318 „Nicht-Essern" sprach. Von einer geplanten Selbstbefreiung der Häftlinge ist im Bericht aus dem SPD-Ostbüro keine Rede.

Der staatsanwaltschaftliche Bericht nannte 9 Forderungen, mit denen die Häftlinge ihre Aktionen begründet hätten:

„1.) Sofortige Überprüfung ihre Urteile

2.) Bessere Unterkunft und bessere Verpflegung

3.) Bessere Behandlung durch das Wachpersonal

4.) Bessere ärztliche und hygienische Behandlung

5.) Arbeit für alle Gefangenen

6.) Aufhebung des Rauchverbots bei den Nicht-Beschäftigten

7.) Sport- und Filmveranstaltungen

8.) Einführung von politischer und fachlicher Weiterbildung

9.) mehr Literatur."[265]

Es folgt eine seltsam gespaltene Reaktion des Staatsanwalts auf diese Forderungen. Nach deren Überprüfung müsse „zugestanden werden, dass zur Verwirklichung des humanen, demokratischen Strafvollzuges diese aufgeführten Punkte zum großen Teil ihre Berechtigung haben." An diese verquast positive Einschätzung schließt sich eine „politisch-korrekte" Denunziation der Anliegen der Häftlinge an: „Es hat allerdings den Anschein, dass diese Forderungen nur zum Vorwand des wirklichen Vorhabens der Gefangenen gemacht wurden, da sich hinter diesen Forderungen die gegnerisch-reaktionären Elemente sehr gut verstecken

---

264 AsD, SPD-PV-Ostbüro, 0418 (11), 03248, Quelle: 6. 921/03 Hm., Betrifft: Hungerrevolte am 20. Juli 1953 in Cottbus; StVA, zit. nach Peter 1994, S. 590

265 Staatsanwalt Sieg: Bericht über die Vollzugsanstalt Cottbus in Bezug auf den am 29. und 25.7. zustande gekommenen Hungerstreik, 28.7.1953. Fundort: SAPMO-BArch, DY 30, IV/2/13/409

konnten, um somit Unruhen in Bewegung zu setzen und nach außen hin der Sache einen politischen Charakter geben zu können. Die einzelnen Ausschreitungen und die Art und Weise des Vorbringens dieser Forderungen bestätigen diese Annahme."

Nach dieser ideologischen Rückversicherung geht der Staatsanwalt erneut – wiederum in höchst eigenwilligen Formulierungen - auf die tatsächlichen Ursachen der Ereignisse ein: Es dürfe „nicht unerwähnt bleiben, dass tatsächlich zu einem großen Teil das Wachpersonal die Ursachen zu dem Zustandekommen des Hungerstreiks gegeben hat. Überschreitungen ihrer Befugnisse, Unterdrückung der Anliegen und Beschwerden der Gefangenen, mangelnde Wachsamkeit, sind festgestellt worden. Ebenso sind verschiedene Vorkommnisse zwischen Gefangenen und Wachpersonal der Anstaltsleitung verschwiegen wurden, so dass das Vertrauen zwischen Anstaltsleitung und Wachpersonal, als auch der Gefangenen zu der Anstaltsleitung und darüber hinaus stark gefährdet wurde. Weitere Untersuchungen über bisher verschwiegene Vorkommnisse von Seiten der Gefangenen als auch des Wachpersonals werden zur Zeit noch geführt."[266] Diese Sätze sind ohne weiteres als Eingeständnis interpretierbar, dass die zunächst verschwiegenen Gewalttätigkeiten zumindest einiger Bediensteter gegen Häftlinge doch stattfanden.

Die gewaltige Überfüllung des Gefängnisses sei durch Verlegung einer großen Zahl von Häftlingen bereits beseitigt, man hätte mit ca. 1300 Gefangenen wieder einen „Normalzustand" erreicht – wie oben beschrieben handelte es sich allerdings um eine höchst problematische „Normalität". Als weitere Maßnahmen kündigte Sieg u.a. die Einleitung von Gerichtsverfahren „gegen die Provokateure und Rädelsführer" an. „Gegen diejenigen VP-Angehörigen, die sich eines Dienstvergehens schuldig gemacht haben", werde ein Disziplinarverfahren eingeleitet. Mit der „Abteilung Strafvollzug" bei der BDVP seien außerdem Verbesserungen für die Häftlinge im Sinne ihrer oben dargelegten Forderungen abgesprochen worden.[267]

Doch das Innenministerium ließ auch an der Gefängnisspitze Köpfe rollen. Innenminister Willi Stoph beschwerte sich bei VP-Chef Karl Maron insbesondere über den Gefängnisdirektor Wilhelm Zachow. Dieser gewährleiste nicht die Führung der ihm unterstellten Mitarbeiter, zeige keine Initiative und stelle keine Anforderungen, Auch reagiere er nicht auf Beschwerden der Aufseher und achte ungenügend auf die Einhaltung des Gefängnisregimes.[268] Kurz darauf meldete Maron

---

266 Ebenda
267 Vgl. ebenda
268 Schreiben Stophs an Maron vom 19.8.1953, betr. Zustände im Gefängnis der Stadt Cottbus. Fundort: BArch DO 1/28510

Vollzug: Zachow sei abgelöst und einen Dienstgrad herabgestuft worden. Auch der Polit-Stellvertreter Reinhard verlor seinen Posten und wurde in seinen Heimatbezirk Karl-Marx-Stadt zurückgeschickt. Die neue Leitung bildeten der ehemalige Amtsleiter des VPKA Brandenburg/Havel, VP-Oberrat Ernst Dohnau, als Gefängnisdirektor, VP-Oberkommissar Bronder als Stellvertreter Polit, sowie VP-Oberkommissar Jungen als Stellvertreter Operativ.

Die Organisatoren des Hungerstreiks seien lt. Maron zum Teil bereits ermittelt und würden bestraft. Einer der Haupträdelsführer stamme aus West-Berlin, und befände sich erneut im Hungerstreik. [269]

Letztlich stellten die Ereignisse im Juni/Juli 1953 nur eine Episode in der Cottbuser Gefängnisgeschichte dar. Weiterreichende Folgen hatten sie - jenseits des erneuten Wechsels an der Gefängnisspitze - nicht. Von den versprochenen Verbesserungen der Haftbedingungen blieb nichts übrig, wie zu zeigen sein wird. Wie nicht anders zu erwarten, wurde jedoch fortan noch größerer Wert auf Sicherheit gelegt. Ein entsprechender Instrukteursbericht vom 7. August 1953 zeigt, wohin die Reise gehen sollte. Das Misstrauen des Personals gegenüber den Gefangenen war diesem Kontrolleur noch nicht genügend ausgeprägt. So bemängelte er das Verhalten eines Mitarbeiters des Strafvollzugs in folgender Situation. „Ein Genosse Meister setzte sich bei der Scheune, außerhalb der Umfassungsmauer auf einen Bretterstapel. Der Gefangene stand und beide führten lebhafte Diskussionen. Der Genosse Meister hat nicht daran gedacht, dass er dem Rechtsbrecher gegenübersteht, der ihn in jedem Moment ein Brett über den Kopf schlagen kann, um im Gestrüpp zu entkommen." Problematisch sei auch, dass den Häftlingen die Namen der VP-Angehörigen bekannt seien. Als weitere Defizite wurden u.a. das „Fehlen einer Alarmanlage in den Verwahrräumen" sowie von Fensterblenden genannt.[270]

In den folgenden Wochen wurde der Abriss sämtlicher Gebäude, die die Gefängnismauer berührten, erwogen. Außerdem sollten die Wachtürme auf die Ecken der Umfassungsmauern aufgesetzt werden, „um gleichzeitig eine Sicht nach innen und einen besseren Schutz vor Angriffen von außen zu gewährleisten."[271]

---

269 Bericht des Chefs der Deutschen Volkspolizei Maron an Innenminister Stoph zu „Zuständen in der VA Cottbus" vom 7.9.1953, Fundort: BArch DO 1/28510

270 BDVP Cottbus, Abteilung SV.: Fundort: BLHA, Rep.871/17, Nr.96

271 BDVP Cottbus, Abteilung SV, Schreiben an den stellvertretenden Chef der DVP, Generalinspekteur Mayer, vom 16.9. 1953, betr. Sicherheit der Dienststellen. Fundort: BArch DO 1/28460

Im August 1954 gab der Leiter der Abteilung Strafvollzug der BDVP Cottbus, VP-Oberrat Schiller, die „Linie" vor, dass die Angehörigen des Wachdienstes in bestimmten Situationen nicht nur das Recht, sondern die Pflicht zum Gebrauch der Schusswaffe ohne Vorwarnung hätten, ansonsten leisteten sie „schlechte Arbeit". Schiller brachte dafür auf einer Tagung mit den Leitern der SV-Dienststellen in der StVA Cottbus folgendes Beispiel: „Ein Strafgefangener betritt den inneren Schutzstreifen. Die Pflicht des Volkspolizisten ist, zu schießen. Er schießt aber nicht, sondern ruft den Strafgefangenen an, aus dem Schutzstreifen herauszugehen. Eine ganze Gruppe von Gefangenen wiederholt dasselbe. Aufgrund dessen, dass eine Belehrung vorgenommen wurde, schießen die VP-Angehörigen und die Strafgefangenen haben reagiert. Als man den VP-Angehörigen fragte, warum er nicht geschossen hat, gab er zur Antwort: ‚Über die 7 Meter hohe Mauer kommt er sowieso nicht so schnell weg, da kann ich immer noch schießen.' Dieser Genosse sah aber nicht, dass sein Verhalten Anlass gab, einer ganzen Gruppe Gelegenheit zu geben, in den inneren Schutzstreifen einzudringen."[272]

Die Forderungen Schillers stehen in deutlichem Widerspruch zur gerade in Kraft gesetzten Schusswaffengebrauchsvorschrift der Volkspolizei vom 26. Oktober1953. Hier heißt es: „1. Die Schusswaffe ist anzuwenden […] 4) bei der Verfolgung entwichener Häftlinge, wenn diese auf Anruf der VP-Angehörigen nicht stehen bleiben und sich durch Flucht der Wiederergreifung entziehen wollen. […] Grundsatz: Anwendung darf nur erfolgen, wenn andere Abwehr- bzw. polizeiliche Maßnahmen nicht ausreichen, um den polizeilichen Erfolg herbeizuführen. Außer in Fällen höchster Gefahr ist ein Warnschuss abzugeben, dem erst nach kurzer Pause Zielschüsse folgen dürfen. Ein flüchtiger Täter ist in jedem Falle durch Anruf und Warnschuss auf die Anwendung der Waffe aufmerksam zu machen, möglichst Beinschuss."[273] Es kann als höchst unwahrscheinlich gelten, dass Schiller die neu erlassene Vorschrift nicht kannte. Insoweit handelt es sich um ein spezielles Beispiel, welchen Stellenwert die „sozialistische Gesetzlichkeit" in der Praxis hatte.

---

272 BDVP Cottbus, Abteilung SV. Protokoll über die am 6.8.1954 stattgefundene Tagung mit den Leitern der SV-Dienststellen in der StVA Cottbus: Fundort: BLHA, Rep.871/17, Nr.95. Speziell zu den Cottbuser Verhältnissen bemerkte Schiller, es gäbe dort „Genossen, die glauben, dass man im Verlauf der Dienstzeit das nachholen muss an Schlaf, was man während der Freizeit versäumt hat."

273 Fundort: BArch, DP 3/998

4. Konsolidierung und Niedergang

4.1. Die zweite Hälfte der fünfziger Jahre

Ab Mitte der fünfziger Jahre kam es auch in den DDR-Gefängnissen zu einem „instabilen Tauwetter" (Tobias Wunschik), das aber im Wesentlichen mit atmosphärischen Veränderungen verbunden war. An den grundsätzlichen Bedingungen im Strafvollzug änderte sich wenig. Die Gewalt gegen Häftlinge ging allerdings spürbar zurück und erreichte das alte Niveau nie wieder.[274]

Ab Herbst 1953 schwankten die Gefangenzahlen sehr stark, die Fluktuation in den Gefängnissen war groß, was auch aus Amnestien und anderen vorfristigen Massenentlassungen resultierte.[275]

In Cottbus ging die Zahl der Häftlinge nach dem erwähnten Höhepunkt 1953 stark zurück - zwischenzeitlich bis auf knapp 600 im Dezember 1957,[276] ein halbes Jahr später waren es wieder 780.[277] Auch die offizielle Belegungskapazität wurde reduziert, von 1040 im Juni 1957[278] auf nur noch 850 ein Jahr später. Dabei wurde 1958 davon ausgegangen, dass jedem Gefangenen ein „Luftraum" von 9 Kubikmeter pro Gefangenen zustünde[279], ein wesentlich geringerer Wert als in der Weimarer Republik und selbst in der Nachkriegszeit.[280] Ein überlieferter Entwurf zur Vorbereitung einer genaueren Erhebung über die Kapazität der Strafvollzugs- und Untersuchungshaftanstalten wies darauf hin, dass höchstens zweistöckige Betten als Berechnungsgrundlage zu verwenden seien, dreistöckige Betten oder zusätzlich in den Räumen untergebrachte Strohsäcke oder Matratzen dürften nicht einbezogen werden, da sie nur eine Notlösung darstellen würden.[281] In Cottbus wurden

---

274 Vgl. Wunschik 2008, S. 297ff.
275 Vgl. Werkentin 1995, S. 359ff.
276 Fundort: BLHA, Rep.871/17, Nr.93
277 Verwaltung Strafvollzug: Belegungskapazität der Strafvollzugsanstalten, 13.6.1958. Fundort: BArch, DO1/28567
278 Verwaltung Strafvollzug: Belegungskapazität der Strafvollzugsanstalten, 28.6.1957. Fundort: BArch, DO1/28569.
279 Verwaltung Strafvollzug: Belegungskapazität der Strafvollzugsanstalten, 13.6.1958. Fundort: BArch, DO1/28567
280 Vgl. Kap. 2.6
281 Entwurf des Referats Statistik und Berichtswesen der Verwaltung Strafvollzug vom 2.12.1958. Fundort: BArch, DO1/28569

allerdings mindestens bis in die siebziger Jahre auch drei- oder sogar vierstöckige Betten verwendet.[282]

Wie setzte sich nun die Häftlingsgesellschaft zusammen? Im Bericht der Hauptabteilung Strafvollzug zum 1. Quartal 1954 wird postuliert, „die Erfahrungen der Vergangenheit" hätten „bewiesen, dass es nicht zweckmäßig ist, Strafgefangene, die wegen antidemokratischer Handlungen verurteilt wurden, auch mit verhältnismäßig kurzen Reststrafen in den wenig gesicherten Haftarbeitslagern zum Einsatz zu bringen [...]. In den StVA wird festgestellt, dass die Zahl der wegen antidemokratischer Handlungen verurteilten Personen ansteigt, während andere Deliktgruppen zurückgehen."[283] Diese Vorgehensweise – politische Gefangene vorwiegend in traditionellen Gefängnissen zu inhaftieren- geht sicherlich auf die Ereignisse im Gefolge des 17. Juni in Cottbus und anderswo zurück.

Der Anteil der politischen Gefangenen an allen Inhaftierten lässt sich auch für die fünfziger Jahre nur grob bestimmen. Falco Werkentin bezieht neben den eigentlichen „Staatsverbrechern" mit Recht auch „Wirtschaftsverbrecher" in seine Schätzung der Zahl der aus politischen Gründen in Haft Sitzenden ein. Schließlich seien viele unter ihnen nur mit „konstruierten Strafverfahren ausschließlich zum Zwecke ihrer Enteignung überzogen" worden. Für Mai 1953 geht Werkentin von insgesamt bis zu 50% aus politischen Gründen Inhaftierter aus.[284]

Für Cottbus liegen keine entsprechenden Angaben aus dieser Zeit vor, doch muss wohl mindestens von einer ähnlichen Größenordnung ausgegangen werden. Am 14. September 1956 meldete der Gefängnisleiter, VP-Oberrat Ernst Dohnau, dem Innenministerium auf Anfrage nach Strafgefangenen mit Haftstrafen von mehr als 20 Jahren zehn Häftlinge, die allesamt wegen politischer Delikte zu lebenslangen Freiheitsentzug verurteilt worden waren. Neun von ihnen waren von den Bezirksgerichten Cottbus oder Frankfurt/O. nach Artikel 6 der DDR-Verfassung verurteilt worden, einer nach dem „Gesetz zum Schutz des Friedens."[285] Bei einem der Zehn handelte es sich um den als 19-Jährigen zu lebenslanger Haft verurteilten Arno Drefke.[286]

Im Rahmen einer 2008 im Auftrag des Forschungsverbunds SED-Staat durchgeführten Befragung von 172 ehemaligen politischen Häftlingen in Cottbus wurde u. a. um eine eigene Schätzung des Anteils politischer Gefangener gebeten.

---

282   Vgl. Pieper 1997, S. 118
283   Fundort: BArch, DO1/3737
284   Vgl. Werkentin 1998, S.140ff.
285   Fundort: BArch, DO1/3360
286   Vgl. Porträt Kap.6.7.

Dabei gingen die 7 interviewten Häftlinge, die in den 50er Jahren einsaßen, durchschnittlich von 74 % aus politischen Gründen Inhaftierten aus.[287] Selbstverständlich muss hier allerdings quellenkritisch auf die Grenzen der individuellen Bestimmung solcher Werte verwiesen werden.

Wie hoch ihre Zahl auch war, die politischen Gefangenen wurden in jedem Fall von den leitenden Funktionären als besondere Herausforderung, gerade für das eigene Personal wahrgenommen. So führte VP-Generalinspekteur August Mayer auf einer am 14. Oktober 1954 stattfindenden Offiziersversammlung in der StVA Cottbus u.a. aus: „Der Anteil der Gefangenen, die von den Agentenorganisationen in Westdeutschland und Berlin beauftragt werden, mit allen Raffinessen den Friedenskampf in der DDR zu stören, stellen in den Dienststellen des Strafvollzugs eine gewisse Gefahr dar. Deshalb, weil sie zum größten Teil auch politisch nicht die dümmsten sind und der politisch-moralische Zustand bei den Wachtmeistern und Offizieren nicht auf der Höhe ihrer Aufgaben steht, werden sie stets versuchen, VP-Angehörige für ihr schändliches Treiben zu gewinnen."[288] Ob die grammatikalisch fehlerhaften Formulierungen auf den Generalinspekteur selbst zurückgehen oder vom Protokollanten verschuldet wurden, ist nicht bekannt. Die typischen Anwürfe gegen westliche Agentenorganisationen, die angeblich für den politischen Protest in der DDR verantwortlich seien, sind dagegen sicherlich authentisch.

Schon im August 1954 hatte der Leiter der Abteilung Strafvollzug der BDVP Cottbus, VP-Oberrat Schiller, auf einer bereits erwähnten Tagung mit den Leitern der SV-Dienststellen in der StVA Cottbus über einen dort versuchten Ausbruch gesprochen. Dieser sei von ehemaligen Volkspolizisten, die hohe Freiheitsstrafen nach Artikel 6 der DDR-Verfassung erhalten hatten, sowie einem ehemaligen Leutnant der Kasernierten Volkspolizei, der wegen Spionage verurteilt worden war, organisiert worden. Solche Gefangenen seien „eine Neuerscheinung in unseren Objekten" und stünden im Zusammenhang mit der „Verschärfung des Klassenkampfes beim Aufbau des Sozialismus".[289]

VP-Generalsinspekteur Mayer führte im Oktober 1954 weiter aus, „bei uns" bestehe die Aufgabe des Strafvollzugs (anders als in „Westdeutschland") „nicht darin, Strafgefangene zu quälen, sondern darin, sie so zu erziehen, dass sie sich daran gewöhnen, die Partei- und Staatsdisziplin einzuhalten."[290]

---

287 Eigene Berechnungen

288 Protokoll StVA Cottbus. Fundort: BLHA, Rep.871/17/95

289 BDVP Cottbus, Abteilung SV. Protokoll über die am 6.8.1954 stattgefundene Tagung mit den Leitern der SV-Dienststellen in der StVA Cottbus: Fundort: BLHA, Rep.871/17/95.

290 Protokoll Dienstversammlung StVA Cottbus14.10.1954. Fundort: BLHA, Rep.871/17/95

Zu diesen „Erziehungsbedürftigen" gehörten 1951-1956 auch die „Werdauer Oberschüler", die mit vielfältigen Aktionen (u.a. Flugblätterverteilung, Beschädigung von Stalinbildern, „Stinkbombenanschläge" auf Propagandaveranstaltungen) gegen die SED-Diktatur und insbesondere die „Scheinwahlen" 1950 protestiert hatten.[291] Achim Beyer, der als letzter Angehöriger dieser Gruppe entlassen wurde, nachdem er kurz vor Ende seiner Haft im Oktober 1956 nach Cottbus verlegt worden war, beschrieb sehr eindrücklich die eigene Situation am Entlassungstag: „Als ich das Gefängnistor der Strafvollzugsanstalt Cottbus verließ, hatte ich wieder den Anzug an, den ich bei meiner Verhaftung getragen hatte, einen Karton mit einigen privaten Gegenständen unter dem Arm, meine Rücklage in Höhe von 271,17 DDR Mark erhalten, wovon ich mir die Fahrkarte nach Werdau kaufen musste. Man hatte mir den Weg zum Bahnhof gezeigt, aber es dauerte lange, bis ich es wagte, die Straße zu überqueren - trotz geringen Verkehrs. […] Ich konnte lange nicht in einem Federbett mit Matratze schlafen, ich musste den Umgang mit Messer und Gabel wieder erlernen, verschiedene Speisen habe ich zunächst nicht vertragen, fünfeinhalb Jahre hatte ich keine Türklinke und keinen Schlüssel in der Hand gehabt, das Tragen der Zivilkleidung war gewöhnungsbedürftig. Ich begegnete nach so vielen Jahren erstmals wieder Mädchen. Mir waren Freunde behilflich - ich bin Ihnen noch heute dankbar dafür."[292]

Auch nach der Haftentlassung gingen die Schikanen gegen die Entlassenen weiter, an eine echte Wiedereingliederung der Betroffenen war offensichtlich nicht gedacht, sie wurden geradezu zur Flucht in den Westen genötigt.[293]

Eine nach Zeitzeugenangaben gerade in den fünfziger Jahren unter den Cottbuser Häftlingen stark vertretene Gruppe bildeten Anhänger der seit 1950 wie schon im Nationalsozialismus verbotenen Religionsgemeinschaft der Zeugen Jehovas. Viele von ihnen waren wegen „staatsgefährdender Propaganda", Hetze o.ä. zu mehrjährigen Haftstrafen verurteilt wurden, die sie vor allem der Verteilung aus West-Berlin geschmuggelter Exemplare des „Wachturms" und anderer illegaler Gemeinschaftsliteratur „verdankten."

Im Sommer 1956 teilte ein inhaftierter „Zeuge" seinen Angehörigen mit, dass im Zuge der laufenden „Entlassungsaktion" auch Gefangene, die nach Artikel 6 der Verfassung bestraft wurden, in Freiheit gelangten; „Brüder" (Zeugen Jehovas) kämen jedoch nicht zur Entlassung. Der „Stellvertreter Allgemein" der Bezirksverwaltung Strafvollzug wertete die Möglichkeit des Gefangenen, dies zu kommunizieren, als „Verstoß gegen die sozialistische Gesetzlichkeit". Erst als der Häftling gegenüber seiner Ehefrau beklagte, „dass die Strafgefangenen auf Grund

291 Vgl. Beyer 2003
292 Ebenda, S.84
293 Vgl. ebenda, S. 83f.

von Vitaminmangel in der Anstalt langsam aber sicher eingehen müssen, wurde vom aufsichtsführenden Wachtmeister die Sprecherlaubnis beendet."[294]

In den ersten Monaten des Jahres 1954 wurden wahrscheinlich die letzten in Cottbus verbliebenen Frauen verlegt, weibliche Neuzugänge sollte es laut einem Bericht vom 6. Juli 1954 nicht mehr geben, weshalb auch die Mitarbeiterinnen des Aufsichtsdienstes u.a. nach Hoheneck versetzt werden sollten.[295]

Schwierigkeiten für das Aufsichtspersonal waren mit der Verlegung von Gefangenen aus Haftarbeitslagern u.ä. verbunden. Diese wegen „Widerstand, Arbeitsverweigerung und dergleichen" aus den „HAL Schwarze Pumpe und Schacksdorf, Rüdersdorf, Stalinstadt" sowie dem „Außenkommando Koschenberg und der StVA Naumburg" nach Cottbus gekommenen Häftlinge, die einen Anteil von ca. 15% am Gesamtbestand hätten, seien ein „gewisser Unruheherd", wie 1957 in einem Quartalsbericht der Bezirksverwaltung Strafvollzug vermerkt wurde.[296] Die Verfügung, dass diese Gefangenen längere Zeit nicht arbeiten dürften, verschärfte die Lage sicherlich noch.[297]

Darüber hinaus sind Arbeitsbereiche im Gefängnis nachweisbar, in denen politische Häftlinge in der Mehrheit waren. So handelte es sich im Oktober 1957 bei 94 von 128 in der Polstermöbelfabrik „Mapo" Beschäftigten um Politische, die nach Artikel 6 der Verfassung verurteilt worden waren.[298]

Der 1953 zum Gefängnisleiter berufene Oberrat Ernst Dohnau wurde 1957 von Oberstleutnant Fritz Hagge abgelöst.[299] Dohnau war nach heftigen Auseinandersetzungen innerhalb der Leitung fristlos entlassen worden. Der Hintergrund dieser Auseinandersetzung ist nicht bekannt, vordergründig ging es zumindest zeitweise um Parteiarbeit.[300] Die Entlassung Dohnaus stieß in der Belegschaft nicht auf ungeteilte Zustimmung, wie sich aus dem ersten Halbjahresbericht der Verwaltung Strafvollzug des Innenministeriums 1958 ablesen lässt. Danach wurde der Politstellvertreter der StVA, Oberleutnant Ballon, nicht in die Parteileitung gewählt.

---

294 Quartalsbericht des Ref. Vollzug der BVSV für das II. Quartal 1956, 4.7.1956. Fundort: BLHA, Rep.871/17/94

295 Quartalsbericht der Abt. SV der BDVP Cottbus für das II. Quartal 1954, 6.7.1954. Fundort: BLHA, Rep.871/17/94

296 Quartalsbericht der Abt. SV der BDVP Cottbus für das III. Quartal 1957, 8.10.1957. Fundort: BLHA, Rep.871/17/94

297 Bezirksverwaltung Strafvollzug: Kontrollbericht über StVA Cottbus, 28.11.1957. Fundort: BLHA, Rep.871/17/96

298 Ebenda

299 Vgl. Kittan 2012, S.53

300 Bezirksverwaltung Strafvollzug: Analysierung des politisch-moralischen Zustandes der StVA Cottbus, 22.3.1956, Fundort: BArch, DO1/28488

Die Ursache dafür läge laut dem Berichterstatter „z.T. auch in seinem persönlichen Verhalten, in der Hauptsache jedoch darin, dass verschiedene Genossen, die mit dem vor einiger Zeit fristlos entlassenen Leiter der StVA Cottbus noch sympathisierten, gegen ihn integrierten."[301]

In den einschlägigen Akten stößt der Leser auch nach der Konsolidierung des Strafvollzugs immer wieder auf eine massive Unzufriedenheit der Kontrollinstanzen mit den vorhandenen Mitarbeitern und auf die Auffassung, zum Strafvollzug würden meist anderweitig wenig taugliche Genossen „delegiert". Kritik an der politischen Entscheidung, das gewiss nicht schlechtere frühere Justizpersonal weitgehend zu ersetzen, sucht man aber weiterhin vergeblich.

Der kritische Blick auf die Mitarbeiter beschränkte sich dabei keineswegs auf die „unteren Chargen", auch das Führungspersonal genügte den Anforderungen häufig nicht. Generalinspekteur Mayer merkte auf der bereits erwähnten Offiziersversammlung vom 14. Oktober 1954 süffisant an: „Die meisten der Offiziere, die heute hier versammelt sind, werden bestimmt sehr viel arbeiten. Es kommt jedoch nicht darauf an, dass man viel arbeitet, sondern es kommt darauf an, dass man gut arbeitet!"[302] Auch der Leiter der StVA Cottbus stieß kurze Zeit später ins selbe Horn: Gerade seine Offiziere „seien in vielen fachlichen und politischen Fragen sehr wenig qualifiziert" und könnten sich „nur auf Grund der langjährigen Zugehörigkeit zum Strafvollzug behaupten."[303] Im November 1961 wurden diesbezüglich seitens des Innenministeriums immer noch „ernste Mängel" festgestellt: „In der StVA Cottbus bringen ältere Offiziere sowie auch Unteroffiziersdienstgrade, kritisiert wegen ihrer schwachen dienstlichen Leistungen und ungenügenden politischen Arbeit, sinngemäß zum Ausdruck, dass sie ihre ‚wohlverdiente Ruhe' haben wollen und auch der Achtstundentag in der VP eingehalten werden müsse." Außerdem wird die Leitung der Vollzugsanstalt als besonders negatives Beispiel für „unbewegliche Arbeitsweise" genannt, da diese keine Möglichkeit sehe, für 155 Untersuchungshäftlinge sowie die sogenannten Transportgefangenen, die über Wochen im Cottbuser Gefängnis blieben, eine Beschäftigungsmöglichkeit zu finden.[304]

---

301   Fundort: BArch, DO 1/3737

302   Protokoll StVA Cottbus. Fundort: BLHA, Rep.871/17/95

303   Hauptabteilung SV, Protokoll einer Besprechung mit SV-Angehörigen aus Cottbus und Magdeburg, 20.11.1954. Fundort: BArch, DO 1/28490

304   Bericht der Adjutantur des Innenministeriums über Kontrollen in Strafvollzugseinrichtungen, 28.11.1961. Fundort: BArch, DO 1/10306

Die Gefängnisleitung fühlte sich allerdings ihrerseits ebenfalls nicht angemessen unterstützt. Oberstleutnant Hagge kritisierte laut dem Protokoll einer Arbeitsberatung der SV-Dienststellen im Bezirk Cottbus vom Oktober 1959 die Bezirksverwaltung der Volkspolizei, die kein Verständnis für die Aufgaben des Strafvollzugs habe. Auch sprach er selbstkritisch über die große Zahl der bereits vorbestraften Gefangenen: „Der Erziehungszweck, der im Strafvollzug gegenüber den Menschen erreicht werden soll, wird nicht erfüllt, sonst könnte es nicht sein, dass sie immer wiederkommen und sich wohlfühlen."[305] Der mit der Klassifizierung des Befinden der In Cottbus Inhaftierten als „Wohlfühlen" verbundene Zynismus Hagges ist allerdings noch Jahrzehnte später schwer erträglich.

Im September 1957 hatte die Vollzugsanstalt Cottbus einen Personalbestand von 133 Mitarbeitern. Der aktualisierte Stellenplan sah zu dieser Zeit 142 Stellen vor. Zur Zeit laufe nur eine „Entpflichtung", jedoch müsse laut dem „Referat Kader" der Bezirksverwaltung Strafvollzug eine aktivere Werbung durchgeführt werden, um die vorhandenen Fehlstellen aufzufüllen. Wichtig wäre vor allem eine bessere Wohnungsversorgung der Mitarbeiter, diesbezüglich wird eine stärkere Unterstützung durch den Rat der Stadt angemahnt.[306]

In Kontrollberichten wird häufig ein schlechtes Betriebsklima unter dem Cottbuser Personal moniert. Im Abschlußbericht über einen Praktikanteneinsatz der „Zentralen Lehranstalt für Strafvollzug" in Radebeul vom 28. Januar 1960 wird u.a. darauf verwiesen, dass „zwischen Offizier und Wachtmeister und auch zwischen den Untergebenen zur Dienststellenleitung ein mangelndes Vertrauensverhältnis besteht." Die Offiziere gingen „zu diktatorisch" vor und würden „mitunter auch den Genossen das Wort verbieten, wenn sie ihre Meinung äußern wollten."[307]

In unzähligen Variationen wird in den einschlägigen Berichten, Stellungnahmen etc. das politisch-ideologische Bewusstsein der Mitarbeiter analysiert. Dazu heißt es im Quartalsbericht des Cottbuser Gefängnisses zum IV. Quartal 1955 u.a.: „Charakteristisch für den politisch-moralischen Zustand in der Vollzugsanstalt ist die Schwatzhaftigkeit der Genossen Volkspolizisten in den Verwahrräumen über dienstliche Fragen. Davon (sic!) zwei Beispiele: Als auf Anordnung der Hauptabteilung Strafvollzug vor den Weihnachtsfeiertagen die Strafgefangenen und die Verwahrräume einer gründlichen Durchsuchung unterzogen werden sollten,

---

BDVP Cottbus, Abteilung Strafvollzug, Protokoll vom 5.10.1959. Fundort: BLHA, Rep.871/17/95
306 Analyse über die Kaderlage im Bezirk Cottbus, 19.9.1957. Fundort: BLHA, Rep. 871/17/93
307 Fundort: BArch, DO1/28499

wurde von der Anstaltsleitung gemeinsam mit dem Kommandoleiter ein Plan ausgearbeitet, nach welchem diese Durchsuchung durchgeführt werden sollte. Bereits 3 Stunden später war es den Strafgefangenen eines Verwahrraumes bekannt,
dass am Abend eine Durchsuchung stattfinden sollte. Durch die Schwatzhaftigkeit
der VP-Angehörigen wurden die Strafgefangenen rechtzeitig gewarnt und konnten die verbotenen Gegenstände in Sicherheit bringen. Als am 19.12.1955 ein Ka-
meradschaftsabend im Jugendhaus stattfand, wo sich der Parteisekretär der Vollzugsanstalt Cottbus, der Genosse VP-Oberwachtmeister Kurt Müller, undiszipli-
niert aufführte und sich sinnlos betrank, waren diese Vorkommnisse am nächsten
Morgen bereits den Strafgefangenen bekannt."[308] Auch ein Parteifunktionär war
also nicht vor alkoholischen Eskapaden gefeit. Alkoholmissbrauch bildete ein
ständiges Problem der Cottbuser Belegschaft, dass sich bis zum Ende der DDR
als nicht wirklich lösbar erwies.[309]
Hinzu kamen die Neigung zur Gewalt – nicht nur gegen Gefangene - und ein
geringes Bildungsniveau. Alle diese Elemente kommen in einem charakteristi-
schen Auszug aus dem Bericht eines Instrukteurs der Politabteilung der Verwaltung Strafvollzug vom 25. März 1959 über die Verhältnisse im Cottbuser Gefängnis vor: „In diesem Jahr mussten bisher schon 11 VP-Angehörige bestraft werden, weil sie getrunken hatten und nicht zum Dienst kommen konnten. Die Genossen L. und S. wurden bestraft, weil sie betrunken waren und sich in der Öffentlichkeit geschlagen hatten. Bei einer Überprüfung ergab es sich, dass allein 4
Genossen von den Bestraften die 8. Klasse nicht verrichtet haben (sic!). Der Genosse S. hat zwar die 8. Klasse erreicht, in einer Beurteilung des Kaderleiters [...]
wurde sein Niveau jedoch mit dem eines Schülers aus der 3. Klasse eingeschätzt."[310] Auch mit den grammatikalischen Kenntnissen des Instrukteurs, immerhin Hauptmann der VP, stand es jedoch offensichtlich nicht zum Besten.
Im Frühjahr 1955 wurde ein StVA-Mitarbeiter fristlos entlassen und in U-Haft
genommen. Er hatte sich „als Kriminalist ausgegeben und versucht, eine weibliche Person zum Geschlechtsverkehr zu missbrauchen".[311] Im April 1960 gab es
einen ähnlichen Fall. Ein VP-Wachtmeister versuchte, eine Spaziergängerin in

---

308 Schreiben Politabteilung BDVP vom 8.1.1956 an die HV DVP – Politische Verwaltung-
     Berlin. Fundort: BLHA, Rep.871/17, Nr.17
309 Ähnliche Verhältnisse herrschten in anderen Gefängnissen, wie man den nicht nur in die-
     sem Punkt instruktiven Lebenserinnerungen eines langjährigen Mitarbeiters des Straf-
     vollzugs entnehmen kann. Vgl. Lenz 2003, S. 176f., 201f., 211f., 238. Allein schon die
     Vielzahl der Fundstellen zeigt die Wichtigkeit des Themas.
310 Fundort: BArch, DO 1/27235
311 BDVP Cottbus, Abt. SV, Quartalsbericht II.Quartal 1955. Fundort: BLHA, Rep.
     871/17/94

der Nähe der Schießstände zu vergewaltigen. Er wurde mit einer Woche Arrest bestraft und dann fristlos aus dem Dienst entlassen.[312] Immerhin gelang es den führenden Genossen des Strafvollzuges laut einem Bericht Anfang 1958, die „Klassenwachsamkeit" der Mitarbeiter zu erhöhen. Bei „Widerstand, Ausbruchsversuchen etc. durch Straf- und U-Gefangene" hätten diese „energisch" mit „körperlicher Gewalt und anderen Zwangsmitteln" dagegengehalten. „Die mehrfache Anwendung der Schusswaffen zur Verhinderung von Entweichungen zeugt ebenfalls von dem gewachsenen Klassenbewusstsein der SV-Angehörigen."[313]

In den Berichten finden sich zahllose, teils skurrile Beispiele für Disziplinschwierigkeiten. So monierte ein als „Oberaufsicht" in der StVA Cottbus fungierender Unterkommissar auf einer Dienstversammlung, ein Wachtmeister habe sich „von einem Strafgefangenen-Kalfaktoren Stullen machen (lassen), ein Genosse ließ sich von einem Strafgefangenen sein Koppel putzen, ein Genosse ließ sich Tomatensalat fertigen und ein Genosse hat sich aus der Gefangenenverpflegung und zwar aus der Marmelade Limonade fertigen lassen."[314] Ein anderer, vom Generalinspekteur Mayer persönlich angesprochener Missstand war geradezu anrüchig. Dieser rügte, bei seinem persönlichen Rundgang hätten in der Küche auf Lebensmittelsäcken „zwei gebrauchte Socken" gelegen.[315]

Zur Disziplinierung und Motivierung der Bediensteten wurde Unterschiedlichstes versucht, u.a. setzte man selbstverständlich die für realsozialistische Gesellschaften typische sogenannte Bestenbewegung ein. Auch diese Bemühungen endeten vor allem in einer Zunahme der Bürokratie, Betroffene beklagten, dass sie kaum zu ihrer eigentlichen Arbeit – der Kontrolle der Gefangenen – kämen. Wettbewerbskriterien waren im Cottbuser Gefängnis so bedeutsame Dinge wie „ein sauberer Dienstanzug" oder „pünktliches Erscheinen zum Dienst".[316] Bezüglich kultureller Aktivitäten zeigte sich laut dem Leiter der Abteilung Strafvollzug der Cottbuser Bezirksbehörde der Volkspolizei, VP-Oberrat Schiller, ein Generationenbruch: Es seien vorwiegend ältere Genossen" […] „die aktiv an der

---

312 Besondere Vorkommnisse im Strafvollzug, Fundort: BArch, DO1/3356.

313 BDVP Cottbus, Abt. SV: Jahresbericht 1957 an die Verwaltung Strafvollzug des DDR-Innenministeriums. Fundort: BLHA, Rep.871/17/94.

314 Strafvollzugsanstalt Cottbus: Protokoll über die am 5.Oktober 1955 durchgeführte Dienstversammlung in der StVA Cottbus. Fundort: BLHA, Rep.871/17/95.

315 BDVP Cottbus: Protokoll über die am 20.Oktober 1955 in der StVA Cottbus stattgefundene Tagung der Abt. SV der BDVP. Fundort: BLHA, Rep.871/17/95.

316 BDVP Cottbus, Abt. SV, Protokoll Dienstkonferenz der Abteilung, Ausführungen Oltn. Lehmann, Stellv. Allg, StVA Cottbus. Fundort: BLHA, Rep.871/17.1/171

Kulturarbeit teilnehmen", während die jüngeren „viel lieber eine Gaststätte auf-suchen und Frauenverkehr pflegen."[317]
Die materielle Situation vieler Bediensteter dürfte sehr bescheiden gewesen sein. Häufig ist die Rede von problematischen Nebentätigkeiten („Mist fahren in voller Uniform charakterisiert weiterhin den VP-Wachtmeister B.") und sogar von kleinkriminellem Verhalten. Beispielhaft dafür steht ein VP-Angehöriger, der die Genehmigung hatte, für ein geringes Entgelt die in der Cottbuser U-Haftanstalt anfallenden Kartoffelschalen an ein von ihm privat gehaltenes Schwein zu verfüt-tern. Bei einer Kontrolle enthielt ein entsprechender Sack mit einem Gesamtge-wicht von 15 Kilogramm 12,5 Kilogramm Kartoffeln.[318]

Im Gefolge des 17. Juni 1953 wurden für alle Strafvollzugsanstalten Verteidi-gungspläne erstellt und die Objekte militärisch ausgebaut, dies geschah selbstver-ständlich auch in Cottbus.[319] Dieser Ausbau ging in den Folgejahren systematisch weiter. Der Chef der Verwaltung Strafvollzug, Mayer, forderte in einem Bericht über die Arbeit des Strafvollzugs vom Sommer1957 eine allgemein stärkere Be-waffnung und sogar statisch gebundene Maschinenwaffen z.B. für die Türme der Gefängnisse. [320]
Parallel dazu wurde die militärische Ausbildung der Mitarbeiter forciert. In Cott-bus wurde dazu 1955 ein Schießstand gebaut und eine Sektion Sportschießen ge-gründet, der schnell 40 Bedienstete beitraten.[321] Im November 1957 empfahl ein Berichterstatter „zur Erhöhung der Verteidigungsbereitschaft [...], die Sportarbeit auf breiterer Basis zu gestalten und taktische Übungen (Geländespiele u.ä.) zu organisieren.[322]
Selbstverständlich wurde für diese Militarisierung immer wieder der „Klassen-gegner" verantwortlich gemacht: So hieß es am 19. August 1960 in einem Bericht über die Situation in der Abteilung Strafvollzug der Cottbuser Polizei: „Als Schlussfolgerung aus den Blitzkriegsplänen der Gegner wurde auf der Grundlage

---

317   Strafvollzugsanstalt Cottbus: Protokoll über die am 5.Oktober 1955 durchgeführte
       Dienstversammlung in der StVA Cottbus. Fundort: BLHA, Rep.871/17/95
318   BDVP Cottbus, Polit-Abteilung: Instrukteursbericht über den Einsatz in der UHA und
       HKH Cottbus, 29.6.1955. Fundort: BLHA, Rep.871/17/21
319   BDVP Cottbus, Abteilung SV, Schreiben an den stellvertretenden Chef der DVP, Gene-
       ralinspekteur Mayer, vom 16.9. 1953, betr. Sicherheit der Dienststellen. Fundort: BArch,
       DO 1/28460
320   Schreiben vom 20.9. 1957. Fundort: BArch, DO1/28473.
321   BDVP Cottbus, Abt. SV, Quartalsbericht II. Quartal 1955, 9.7.1955. Fundort: BLHA,
       Rep.871/17/94
322   Bezirksverwaltung Strafvollzug Cottbus: Kontrollbericht StVA Cottbus, 28.11.1957.
       Fundort: BLHA, Rep.871/17/96

von Parteibeschlüssen und dienstlichen Weisungen ein regelmäßiges Trainings-
schießen organisiert. Ebenso erfolgt eine gute und ständige Reinigung der takti-
schen und persönlichen Waffen."[323] Am 7. Januar 1961 wurde auf derselben
Ebene eine Modernisierung der militärischen Anlagen angemahnt: „Die Objekt-
verteidigungsanlagen entsprechen nicht mehr den realen Bedingungen. So müssen Stellungen, die bereits eingefallen sind, erneuert sowie neue ausgebaut und
befestigt werden."[324] Laut den Erinnerungen eines langjährigen Strafvollzugsmit-
arbeiters hätten Mitte der siebziger Jahre alle Gefängnisse über gemauerte Vertei-
digungsstellungen verfügt.[325]

Durch den Rückgang der Gefangenenzahlen besserten sich die materiellen Bedin-
gungen zumindest etwas. Nach der Entlassungsaktion Anfang 1956 konnte in
Cottbus „mit einer gründlichen Reinigung und Renovierung der SV-Dienststellen" begonnen werden.[326] Doch wie dramatisch die materielle Situation im DDR-
Strafvollzug auch 1960 noch war, zeigt ein internes Schreiben der Verwaltung
Strafvollzug. Danach seien „alle Maßnahmen zur Umerziehung der Gefangenen
illusorisch", wenn es nicht gelänge, „die materielle Lage in den Objekten des
Strafvollzugs gründlich und schnell zu verändern." Auf diesem Gebiet gehe es
nur „sehr, sehr langsam vorwärts [...] Die äußerst mangelhafte Versorgung er-
streckt sich auf alles: Bekleidung der Gefangenen, Essgeschirr, Ausrüstung der
Zellen usw."[327]

4.2. Nach dem Mauerbau

Einen Tag nach der Grenzschließung in Berlin wurde das Cottbuser Zentralgefängnis kurzzeitig für Zu- und Abgänge von Häftlingen gesperrt, hinzu kamen
weitere Isolationsmaßnahmen. Gründe nannte die entsprechende Anordnung der
Gefängnisleitung nicht. Zu vermuten ist aber eine gravierende Durchfallerkran-
kung o.ä., da mehrmals eindrücklich auf die Notwendigkeit der Händedesinfek-
tion verwiesen wurde. Kurios ist die Behauptung, die Sperrung der Strafvollzugsanstalt stelle „keinesfalls eine Quarantäne dar."[328]

---

323 BDVP Cottbus, Abteilung Strafvollzug an Politstellvertreter. Auswertung der Cheffa-
     gung in der HVDVP, 19.8.1960. Fundort: BLHA, Rep.871/17/6
324 BDVP Cottbus, Abteilung Strafvollzug: Bericht über das II. Halbjahr 1960 des Dienst-
     zweiges Strafvollzug, 7.1.1961. Fundort: BLHA, Rep.871/17/94
325 Vgl. Lenz 2003, S.177ff.
326 Quartalsbericht des Ref. Vollzug der BVSV für das II. Quartal 1956, 4.7.1956. Fundort:
     BLHA, Rep.871/17/94
327 Verwaltung Strafvollzug: Maßnahmen zur Veränderung der Arbeit im Strafvollzug,
     Fundort: BArch, DO 1/28515
328 Anordnung der Gefängnisleitung vom 14.8.1961. Fundort: BArch, DO 1/28573

Kurz nach der „Republikflucht" dreier 20 bis 25 Jahre alter und seit 1958 bzw. 1961 im Strafvollzug beschäftigter Cottbuser Ober- bzw. Wachtmeister, die sich im VP-Erholungsheim Benneckenstein befanden und am 6. Januar 1962 bei Sorge die Grenze durchbrachen,[329] fand in Cottbus ein großangelegter „Brigadeeinsatz" statt, der sich vor allem zum wiederholten Male mit dem „politisch-moralischen Zustand" des Personals befassen sollte.

Der anschließend erstellte umfangreiche Bericht konstatierte zunächst für das Jahr 1961 größere „Veränderungen im Charakter der StVA". So sei die Untersuchungshaftanstalt Cottbus in die Strafvollzugsanstalt verlegt worden, außerdem sei diese jetzt „Transportleitstelle für den gesamten Bezirk Cottbus, was zu einer hohen Fluktuation in der Gefangenenbewegung" führe. Wie „allgemein im Strafvollzug" hätte es besonders im zweiten Halbjahr 1961 auch hier eine hohe Überbelegung gegeben, „so dass für die Eingliederung der Strafgefangenen in die Produktion zusätzliche Außenkommandos eingerichtet werden mussten, wobei teilweise wichtige Prinzipien der Sicherheit und Erziehung außer Acht gelassen werden." Die neuen Aufgaben müssten „mehr oder weniger mit denselben Kräften wie bisher gelöst werden." Außerdem seien „in der StVA zur Zeit vorwiegend Strafgefangene der Kategorie III (dreimal und mehrmals vorbestraft) untergebracht", was eine Umstellung in der Erziehungsarbeit erfordere.[330] Politische Gefangene werden erstaunlicherweise mit keinem Wort erwähnt.

Zum Kernanliegen des Brigadeeinsatzes wird überwiegend kritisch berichtet: Noch hätte das Gefängnispersonal „keine klaren Vorstellungen über den politischen Inhalt des Strafvollzuges." Deshalb bestünden „zwei politisch schädliche Tendenzen im Verhalten der Genossen gegenüber Strafgefangenen. Einerseits zeigen sich stark ausgeprägte liberalistische Erscheinungen, andererseits gibt es Willkür." Die angeführten Beispiele für „Liberalismus" sind teilweise ausgesprochen skurril: Kritisiert wurde etwa ein Bediensteter, der einen Gefangenen von seiner Bockwurst abbeißen ließ und diese dann selbst weiter aß. „Derselbe Genosse umarmt am Arbeitsplatz in Gegenwart der Strafgefangenen eine Arbeiterin der Bau-Union- Süd." Ein anderer „erzählte den Strafgefangenen, dass er sich als Jongleur betätige und für die Ersatzbeschaffung zerschlagener Tassen Blut spendet. Nach jeder Blutspende sei ihm ganz weich in den Knien. Seitdem hat er bei den Strafgefangenen den Spitznamen ‚Zitteraal'. Spitznamen wie ‚Fahnenträger',

329   Besondere Vorkommnisse im Bereich Strafvollzug. Fundort: BArch, DO 1/3356
330   MdI, Abteilung Strafvollzug: Kontrollbericht StVA Cottbus, 13.3.1962. Fundort: BArch, DO1/28491

‚Immerblau' und ‚Lumpenmüller', die unter den Strafgefangenen kursieren, lassen Schlüsse zu, wie einzelne Genossen in ihrem Dienst auftreten, ohne sich über die politischen Auswirkungen ihres Verhaltens klar zu sein.“[331]

Hinter dem erwähnten Begriff „Willkür“ versteckt sich in Wirklichkeit eine gewalttätige Grundstimmung, für die der Bericht gravierende Beispiele nennt. So hätte die Reaktion des Personals auf eine „Schlägerei unter Strafgefangenen im Außenkommando Nochten“ die „Gefahr einer Gefangenenmeuterei“ heraufbeschworen. „Der Strafgefangene W. wurde gefesselt in ein abgestecktes Quadrat von einem Meter gestellt und sollte bis zu Schichtende dort stehen. Als er sich hinsetzte und der Aufforderung des Postens aufzustehen nicht Folge leistete, versuchten die Genossen den Strafgefangenen gewaltsam zum Stehen zu bringen. Dabei wurde der Strafgefangene im Beisein der anderen Strafgefangenen des Arbeitskommandos, die die Arbeit inzwischen niedergelegt hatten, geschlagen.“ Auch in anderen Fällen hätte Aufsichtspersonal den Strafgefangenen mit Gewalt gedroht.[332] Ferner monierte der Bericht, „entgegen der Disziplinarordnung“ würde gegen Gefangene „Absonderung als Disziplinstrafe angewandt. Z.B. wurde der Strafgefangene W. mit 21 Tagen strengem Arrest und gleichzeitig mit zwei Monaten Absonderung im Anschluss an den Arrest bestraft. Es gibt mehrere Fälle, wo Strafgefangene wochen- und teilweise monatelang in Absonderung gehalten werden. Diese erfolgt in den Arrestzellen des Kommandos III.“ In der Praxis bestünde zwischen Absonderung und einfachem Arrest kein Unterschied.[333] Personalintern herrsche „Versöhnlertum“. Gegen „Unehrlichkeit und unparteiliches (sic!) Verhalten“ werde „kein entschiedener Kampf geführt.“ So hätten in der Silvesternacht zwei Genossen ihre Arbeit erst zweieinhalb Stunden nach offiziellem Dienstbeginn angetreten und seien dabei noch angetrunken gewesen. Der Offizier vom Dienst habe sie dann als Hofstreife eingesetzt, „damit sie sich ausnüchtern sollen. Eine Meldung und ein Vorschlag zur disziplinarischen Bestrafung dieser Genossen erfolgte nicht.“ Mitarbeiter würden sich gegenseitig bedrohen „sofern ein Genosse eine Meldung über Verstöße in der Dienstdurchführung erstatten will.“ Erwähnenswert erschienen den Berichterstattern auch „Erscheinungen des Abhören von NATO-Sendern“ und der „Zersetzung von VP-Angehörigen“. Letzteres betraf zum Beispiel drei Mitarbeiter, „die mit den drei Deserteuren eng befreundet waren.“ Einer dieser drei sei inzwischen „entpflichtet“ worden, bei einem zweiten werde dies empfohlen.[334]

---

331 Ebenda
332 Vgl. auch Kap. 7.1.
333 MdI, Abteilung Strafvollzug: Kontrollbericht StVA Cottbus, 13.3.1962. Fundort: BArch, DO1/28491
334 Ebenda

Moniert wird ferner das Bildungsniveau der Mitarbeiter („ca. 28 % aller Angehörigen der Dienststelle haben das 8-klassige Schulziel nicht erreicht") sowie „107 Fälle von Westverwandtschaften, wobei in 32 Fällen die Republik illegal verlassen wurde." Außerdem gebe es Beschäftigte, „die neben ihrer volkspolizeilichen Tätigkeit als Schuhmacher, Maler bzw. in der Landwirtschaft tätig sind. Der Genosse K. z.b. bedauert, dass er nur 20 Paar Schuhe im Monat besohlen konnte und sein Kundenkreis nicht größer sei."

Schließlich wirft der Bericht auch einen scharfen Blick auf die Partnerschaften der Mitarbeiter. Bei „einem großen Teil der Genossen der Dienststelle" seien „ungesunde und zerrüttelte (sic!) Familienverhältnisse festzustellen." Die Gefängnisspitze wird dabei nicht ausgespart: „Erscheinungen der moralischen Versumpfung reichen bis in die Dienststellenleitung. So wurde während des Brigadeeinsatzes bekannt, dass der Stellvertreter Allgemein [...] am Tage seiner Entlassung aus dem Krankenhaus nicht nach Hause ging, sondern die Nacht bei einer anderen Frau verbrachte. Mit dieser hat er bereits seit längerer Zeit ein intimes Verhältnis." Da er sich weiterhin weigerte, die Regeln der „sozialistischen Moral" einzuhalten, wurde er sowohl auf dienstlicher als auch auf Parteiebene gemaßregelt: „Trotz einer Aussprache mit ihm über die Verwerflichkeit seiner Handlung, war er zwei Tage später erneut bei dieser Frau. Wegen derartiger moralischer Verfehlungen wurden gegen den Genossen L. in der Vergangenheit drei Parteiverfahren durchgeführt und disziplinarische Bestrafungen, darunter eine Degration vom Hauptmann der VP zum Oberleutnant der VP ausgesprochen." Nunmehr wurde er mit dem Ziel der „Entpflichtung" vom Dienst beurlaubt und sollte aus der SED ausgeschlossen werden.[335]

Auch die beiden wichtigsten Führungskräfte, StVA-Leiter Oberstleutnant Hagge und Politstellvertreter Hauptmann Ballon, wurden fundamental angegriffen. Ihre „politisch-ideologische Führungstätigkeit" entspreche nicht der „von der Partei geforderten Wissenschaftlichkeit." Beide würden deshalb ebensowenig wie der Parteisekretär des Gefängnisses, Oberleutnant Dubrau, „die künftigen erhöhten Anforderungen" erfüllen können. Deshalb sei ihre Ablösung zu „erwägen",[336] jedoch wurde davon zunächst noch abgesehen.

„Ideologische" Probleme standen ganz klar oben auf der Mängelliste. Zu kritisieren sei auch mangelnde „klassenmäßige Aufmerksamkeit", bei der Besetzung der Funktion der „Verwahrraumältesten", da die Gefangenen diese zum Teil selbst bestimmen könnten. „Hinweise" erhielt die Gefängnisleitung darüber hin-

---

335 Ebenda
336 MdI, Abteilung Strafvollzug: Kontrollbericht StVA Cottbus, 13.3.1962. Fundort: BArch,
      DO1/28491

aus zur „Durchführung einer ordentlichen militärischen Breitenausbildung." Zumindest am Rande wurde auch die Beseitigung gravierender hygienischer Mängel angemahnt.[337]

Lobenswertes gab es aus Sicht der Berichterstatter wenig: Als positiv wäre „allgemein einzuschätzen, dass sowohl von der Abteilung SV als auch von der StVA Cottbus große Anstrengungen unternommen werden, um alle arbeitsfähigen Strafgefangenen in den Arbeitsprozess einzugliedern. Durch die Außenkommandos, die ohne zusätzliche Kräfte von der StVA organisiert wurden, wird ein großer Beitrag zur Erfüllung wichtiger ökonomischer Aufgaben zum Beispiel beim Autobahnbau, Flugzeugbau und bei der Reichsbahn geleistet.[338]

Ein Bericht der Gefängnisleitung von Ende Juni 1962 bekräftigte im Wesentlichen die Einschätzungen der Berliner „Instrukteure". Auch hier ist über die Gefangenenstruktur, etwa den Anteil politischer Häftlinge, wenig zu erfahren. Hingewiesen wird erneut auf die Konzentration von Gefangenen der Kategorie III (mindestens dreimal vorbestraft), die allerdings noch nicht abgeschlossen sei. Der größte Teil der Häftlinge habe keinen Beruf erlernt. Ordnung und Sicherheit würden durch Gefangene gefährdet, die aus Sicherheitsgründen (nach Fluchtversuch o.ä.) aus Haftarbeitslagern nach Cottbus verlegt worden. Aus dem Zentralgefängnis selbst sei aber in den letzten beiden Jahren kein Häftling geflohen. Beschäftigt wurden 29 Offiziere und 148 Wachtmeister. Deren Bildungsniveau war nach wie vor dürftig: 26% der Wachtmeister und auch 12% der Offiziere hatten höchstens einen Abschluss der 7. Klasse vorzuweisen.

Im Gefolge des 13. August 1961 sollte dem internen „Informationsdienst" im Gefängnis größere Aufmerksamkeit geschenkt werden. Hierzu gehöre ein besserer Austausch der Partei- und FDJ-Leitung mit dem „militärischen Leiter".

Die äußere und innere Sicherheit der StVA sei gegeben. „Wenn in der Vergangenheit vielfach das Schlafen auf den Türmen durch die Genossen zu verzeichnen war, so ist dies überwunden. Aufgrund guter Wachsamkeit konnte z.B. über den Einsatz zum ersten Mal ein Bürger gestellt werden, der versuchte, in das Anstaltsgelände einzudringen. Des Weiteren wurden in mehreren Fällen Bürger der Wache zugeführt, die von außen versuchten, das Objekt zu fotografieren bzw. mit Strafgefangenen Verbindung aufzunehmen."[339] Als Sicherheitsrisiko wurde ein in Gefängnisnähe errichtetes Hochhaus ausgemacht, da „eine gute Einsicht in das

---

337   Ebenda. Vgl. zu letzterem ausführlich auch Kap.7.3.
338   Ebenda
339   StVA Cottbus: Bericht an den BDVP-Chef Cottbus, I. Halbjahr 1962. Fundort: Rep.871/17.1/172

Innere der Anstalt besteht" und sich deshalb „gute Möglichkeiten der Verbindungsaufnahme" böten. Entsprechende Zimmer sollten durch die „bewaffneten Organe des MdI" belegt werden.

Positiv erwähnt wurden verbesserte „Horchkontrollen" im Gefängnis. Diese seien hilfreich, „um die wahre Meinung und Stimmung der Strafgefangenen zu erfahren."

Im 1. Halbjahr 1962 seien 166 Bestrafungen gegen Häftlinge ausgesprochen worden, davon 35 mal strenger Arrest, 27 mal Freizeitarrest und 3 mal einfacher Arrest. Andere Strafen bestanden im „Entzug von Vergünstigungen", wie zusätzlichen Einkaufsmöglichkeiten oder Raucherlaubnis. Überraschenderweise standen diesen 166 Bestrafungen 263 Auszeichnungen gegenüber, die in der „Streichung von Hausstrafen, Sonderbriefen, Verlängerung der Sprechgenehmigung und Geldprämien" bestanden.[340]

Mitte der sechziger Jahre vom Innenministerium erstellte Übersichten über die Belegungskapazitäten der DDR-Gefängnisse verdeutlichen, dass die StVA Cottbus nicht nur der weniger wichtigen Kategorie II angehörte, sondern auch mit 445 (2. November 1964) bzw. 485 Haftplätzen (8. Juni 1966) über eine deutlich geringere Kapazität verfügte als Gefängnisse der Kategorie I wie Brandenburg (1885), Bautzen I (1800), Leipzig (1750), Waldheim (1580) oder Berlin I (1460).[341]

Am 10. März 1965 unternahmen drei Gefangene einen Fluchtversuch. Obwohl sie schon nach einer Stunde wieder gefasst wurden, untersuchte eine dreiköpfige Kontrollgruppe der Cottbuser Verwaltung Strafvollzug die Ursachen und begünstigenden Faktoren, die zu dem Ausbruchsversuch führten. Danach hätten die drei Häftlinge aus der Pentacon-Werkstatt eine Leiter entnommen, die Werkstatttür aufgebrochen und waren über die Gefängnismauer geklettert. Ein bewaffneter Turmposten, der sich nur 30 Meter von der Fluchtstelle entfernt befand, bemerkte nichts. Zwar hätte er bei diesem Vorfall nicht geschlafen, sollte aber dennoch wegen „grober Vernachlässigung der Wachsamkeit" entlassen („entpflichtet") werden, da er schon vorher Anlass zur Kritik geboten hatte: „Obwohl er eine abgeschlossene 8-Klassen-Schulbildung hat und demnach geistig rege sein müsste, zeigt er viel Interesselosigkeit." Als Hauptverantwortliche für die Flucht wurden aber der 1.Stellvertretende Leiter der StVA, Hauptmann Ballon und der Offizier für Sicherheit, Hauptmann Bresan genannt, die von ihren derzeitigen Funktionen abgelöst werden sollten, da sie die letzte „Entweichung" nicht zum Anlass für verbesserte Sicherheitsmaßnahmen genommen hätten. Gegen den neuen StVA-

---

340 Vgl. ebenda
341 Fundort: BArch, DO 1/3780

Leiter Major Günter Reinhold, der seinen Vorgänger Hagge erst kurz zuvor abgelöst hatte, wurden keine Vorwürfe erhoben. Generell rügte die Kontrollgruppe, die Genossen der StVA hätten „die Rolle des Strafvollzuges im Zusammenhang mit dem Klassenkampf in Deutschland noch nicht voll begriffen. Es wird noch nicht voll erkannt, dass die Lösung der nationalen Frage unter Bedingungen des härtesten Klassenkampfes erfolgt."[342]

Trotz aller Bemühungen des Strafvollzugs zur Einschränkung der Ausbruchsmöglichkeiten gelang es im Mai 1966 einem wegen „Staatsverleumdung" zu zwei Jahren Haft verurteilten Gefangenen, aus dem Cottbuser Gefängnis zu fliehen, allerdings konnte er nach kurzer Verfolgung wieder festgenommen werden. Als Grund für die zunächst erfolgreiche Flucht wurde „mangelnde Wachsamkeit" angegeben.[343] 1968 scheiterte der Ausbruchsversuch eines seit zwei Jahren wegen Republikflucht in Cottbus einsitzenden Häftlings.[344]

Eine weitere im Herbst 1965 in Marsch gesetzte VP-„Brigade" stellte gewisse Verbesserungen bezüglich der Sicherheitslage im Cottbuser Gefängnis fest. Zwar könne der Gesamtzustand noch nicht befriedigen, aber es gebe „vorbildliche Einzelmaßnahmen" wie den Einbau „einer Automatik in der Schleuse" und „einer Warnanlage entlang der gesamten Objektumwehrung" sowie die Verblendung der Fenster im U-Haft Bereich.[345]

Ein Bericht der Cottbuser Abteilung Strafvollzug vom Januar 1966 kritisiert „unberechtigtes Schlagen" von Strafgefangenen durch SV-Angehörige. Auch das Anbrüllen von Häftlingen käme „vereinzelt" vor. Andererseits gäbe es in den StVE des Bezirkes des Bezirkes Cottbus die „Tendenz eines renitenten Verhaltens bzw. einer Opposition gegenüber den Maßnahmen des Strafvollzugs, besonders bei jungen und jugendlichen Strafgefangenen. Einzelne und kleine Gruppen begingen Arbeitsverweigerungen, führten Anweisungen nicht durch, machten abfällige Bemerkungen und beleidigende Äußerungen gegenüber SV-Angehörigen und gegenüber der DDR insgesamt." Außerdem gäbe es „Repressalien der Strafgefangenen untereinander."[346]

Im Frühjahr 1965 war die StVA nur zu 65% der Normalkapazität ausgelastet, das Strafvollzugskommando Schacksdorf, das zu diesem Zeitpunkt wahrscheinlichzu

---

342 Bericht der Kontrollgruppe vom 19.3.1965. Fundort: Fundort: BLHA, Rep.871/17.1/21
343 Informationsbericht Verwaltung Strafvollzug an Innenminister, 20.5.1966. Fundort: BArch, DO1/3780
344 Besondere Vorkommnisse Strafvollzug. Fundort: BArch, DO1/3644
345 Abschlußbericht Brigadeeinsatz 5.10.1965. Fundort: BLHA, Rep.871/17.1./172.
346 Zuarbeit der Abteilung Strafvollzug zum Jahresbericht der BDVP Cottbus 1965. Fundort: BLHA, Rep.871/17.1./171

Cottbus gehörte, wurde auf Weisung des Innenministers zum 30. April geschlossen.[347]

Ein Jahr später hatte sich die Lage wieder völlig geändert. Das Gefängnis war mit 115 % seiner Kapazität erneut stark überbelegt. Neben Strafgefangenen aller Kategorien befanden sich auch zur Arbeitserziehung Verurteilte hier. Der Berichterstatter beklagte sich, dass Häftlinge, die nicht nach Cottbus gehörten, wegen Überbelegung anderer Objekte nicht „abverfügt" würden.

Als Innovation wurde in allen StVE des Bezirkes Cottbus „von einer starren Turmpostenbewachung der Objekte abgegangen und ein bewegliches Streifenpostensystem, kombiniert mit Turmbewachung, eingeführt." Damit hätten im Cottbuser Gefängnis 11 Genossen „für ständig oder zeitweilig aus dem Wachdienst zum Erziehungsdienst umgruppiert werden" können, ohne die Sicherheit zu gefährden.[348]

Eine weitere Ausarbeitung vom Juni 1966 führt darüber Klage, dass sowohl Mitarbeiter als auch Führungspersonal des Gefängnisses „aus der Situation in Deutschland nur unzureichende Schlussfolgerungen" zögen, die sich in konkreten Maßnahmen widerspiegeln müssten. So seien beispielsweise mehrere Diskussionen „mit leitenden Genossen" über den Einsatz von Diensthunden nötig gewesen. Bisher sei noch immer kein Hund angeschafft worden.[349]

Im für lange Zeit letzten überlieferten Bericht einer Kontrollbrigade kurz vor Weihnachten 1966 wurden einige Fortschritte im Sicherheitsbereich konstatiert, insgesamt aber auf den Rückstand zu den beiden anderen „SV-Objekten" des Bezirks (Schwarze Pumpe und Luckau) verwiesen. Der Leiter der StVA, Major Reinhold, werde disziplinarisch zur Verantwortung gezogen. Zur Begründung wurden genannt: „Verletzung der Führungs- und Leitungstätigkeit, besonders zur politisch-ideologischen Erziehung der Genossen. [...] Duldung von Verstößen gegen Befehle und Weisungen." Reinhold sollte in einer anderen Strafvollzugseinrichtung hospitieren.[350]

---

347 BDVP Cottbus, Abteilung Strafvollzug: Auskunftsbericht an den Chef der BDVP Cottbus über die Lage im Strafvollzug im I. Quartal 1965, 12.41965. Fundort: BLHA, Rep.871/17.1/171.

348 BDVP Cottbus, Abteilung Strafvollzug: Auskunftsbericht an den 1. Stellvertreter des Chefs der BDVP Cottbus über die Lage im Strafvollzug im I. Quartal 1966, 12.4.1966. Fundort: BLHA, Rep.871/17.1/171

349 BDVP Cottbus, Abteilung Strafvollzug: Einschätzung der Lage zur Gewährleistung der Sicherheit und der Stand der Vollzugsdurchführung in der Strafvollzugsanstalt Cottbus, 10.6.1966. Fundort: BLHA, Rep.871/17.1/172

350 BDVP Cottbus, Abteilung Strafvollzug: Bericht über den durchgeführten Kontrolleinsatz in der StVA Cottbus, 21.12.1966. Fundort: BLHA, Rep.871/17.1/172

4.3. Die siebziger und achtziger Jahre – ein kursorischer Überblick

Für die Folgezeit stehen bis etwa 1975 nur bruchstückhaft schriftliche Quellen zur Verfügung. Eine Rekonstruktion zentraler Ereignisse kann deshalb nur einge-schränkt erfolgen. Aus dem Sommer 1969 ist zumindest ein Stellenplan überlie-fert. Danach hatte die nun zur Kategorie III gehörende Strafvollzugsanstalt Cott-bus eine Kapazität von 539 Gefangenen, die Untersuchungshaftanstalt konnte 170 Personen aufnehmen. Für die „Betreuung" der Gefangenen waren 37 Offiziere und 143 Wachtmeister zuständig. Bis Herbst 1978 stiegen die „Sollzahlen" beim Personal auf 40 Offiziere und 154 Wachtmeister.[351] Laut einem von der Verwal-tung Strafvollzug formulierten „Dienststellenpass" betrug die Cottbuser Soll-stärke dann im April 1986 genau 200 Strafvollzugsangehörige, hinzu kamen 17 Zivilbeschäftigte. 170 Mitarbeiter sollten in der StVE Dienst verrichten (44 Offi-ziere, 110 Wachtmeister, 16 Zivilbeschäftigte), in der nachgeordneten Untersu-chungshaftanstalt arbeiteten 2 Offiziere, 44 Wachtmeister und 1 Zivilbeschäftig-ter.[352]

Ab 1972 sind exakte Belegungszahlen des Cottbuser Gefängnisses bekannt, die im Archiv der heutigen JVA Cottbus recherchiert werden konnten.[353] Danach war das Gefängnis im Sommer 1974 stark überlegt. Aus dem Jahr 1973 ist erstmals ein schriftlicher Nachweis der besonderen Zusammensetzung des Cottbuser Häft-lingsbestandes überliefert: In aus dem Innenministerium stammenden „Orientie-rungszahlen für die zu erwartende Belegung der Strafvollzugseinrichtungen des Bezirkes Cottbus" ist von „spezieller Einweisung" in Cottbus die Rede.[354]

Eine Ausarbeitung des DDR-Innenministeriums zu Problemen des Strafvollzugs vom 5. Oktober 1974 verdeutlicht die Schwierigkeiten, die mit der im Sommer 1974 republikweit bestehenden Überbelegung verbunden waren. Danach betrug der Strafgefangenenbestand am 31. August 1974 bei einer Kapazitätsauslastung von 133,8% insgesamt 43.500 Personen. Die Verwaltung Strafvollzug zeichnete ein düsteres Bild der Lage in den Gefängnissen. Diese sei „durch eine hohe Kon-zentration von Strafgefangenen in den Verwahrräumen, Erscheinungen der Reni-tenz und Ordnungsstörungen, gegenseitige Misshandlungen mit zunehmender

---

351   Stellenpläne der StVA/StVE Cottbus. Juni 1969/November 1978. Fundort: BArch, DO1/12006
352   Fundort: BArch, DO1/3679
353   Vgl. dazu ausführlich Kap. 6.1.
354   Fundort: BArch, DO1/12335

Brutalität, vor allem unter jugendlichen Strafgefangenen" gekennzeichnet. Außerdem würde eine Amnestie zum 25. Jahrestag der DDR erwartet, bliebe diese aus, seien „Aktionen gegen Sicherheit und Ordnung geplant." Das Personal der StVE sei um 700 Mitarbeiter verstärkt worden, in 7 Bezirken würden zusätzlich Kräfte der VP-Bereitschaften zur Außensicherung eingesetzt.[355]

Die ab 1976 wieder zumindest teilweise überlieferten Protokolle der regelmäßigen Überprüfungen des jetzt als Strafvollzugseinrichtung (StVE) Cottbus bezeichneten Gefängnisses listen vor allem regelmäßig vermeintliche oder tatsächliche Sicherheitsmängel auf: Im Juni 1976 war trotz vorhandener „Einrichtungen der Umwehrung einschließlich Sicherheitszaun" sowie bewaffneter Posten von Beeinträchtigungen der Sicherheit die Rede, da die „Mauerkronensicherung nicht funktionstüchtig" gewesen sei. Als weitere Sicherheitsrisiken wurden die Arbeitseinsätze identifiziert. Neben entsprechenden Mängeln bei Pentacon wird insbesondere das Außenarbeitskommando Wohnungsbaukombinat (WBK) Cottbus kritisiert - Bauweise und Standort des Postenturms seien unzweckmäßig. „Die geforderte ständige Bewachung der Strafgefangenen ist auch z.B. durch das Verrichten der Notdurft des Postens nicht gegeben. In solchen Fällen schließt der Posten seine Waffe in ein Behältnis auf dem Turm ein und begibt sich bei den Strafgefangenen hindurch zur anderen Seite der Halle"[356] - in der Tat eine nicht besonders durchdachte Form der Bewachung.

Im November 1976 gab es einen „Kontrollgruppeneinsatz" der Verwaltung Strafvollzug in Cottbus, der aus Sicht der Kontrolleure wiederum zahlreiche Mängel aufdeckte: Kritisiert wurden u.a. „teilweise ideologisch falsche Positionen gegenüber den Strafgefangenen." Diese drückten sich in Auffassungen wie „Das sind alles Staatsfeinde", „Die sind nicht zu erziehen" oder „Die werden sowieso in die BRD abgeschoben" aus[357] – ein Indiz für eine verbreitete Resignation vieler Beschäftigter gegenüber den ausreisewilligen Gefangenen, von denen in dieser Zeit bereits viele von der Bundesregierung freigekauft wurden.[358] Weiterhin erfolge „die Bearbeitung der Eingaben und Gesuche der Strafgefangenen [...] nicht entsprechend den bestehenden Weisungen." Außerdem werde willkürlich bestraft: „Die Anwendung von Sicherungs- und Disziplinarmaßnahmen zeigt subjektive Auffassungen und daraus resultierende Gesetzesverletzungen. Es werden

---

355   Fundort: BArch, DO1/3697

356   Bezirksbehörde Deutsche Volkspolizei Cottbus: Leiter AG/SV: Protokoll über die komplexe Sicherheitsinspektion in der StVE Cottbus. 25.5.-4.6.1976. 15.6.1976, Fundort: BLHA, Rep.871/17.2/372

357   Verwaltung Strafvollzug: Bericht vom 23.11.1976 über den Kontrollgruppeneinsatz der Verwaltung Strafvollzug in der StVE Cottbus vom 3.11. bis 12.11.1976. Fundort: BLHA. Rep. 871/17.2./372

358   Vgl. Kap. 6.3.

Disziplinarmaßnahmen ausgesprochen, die es laut Gesetz nicht gibt. Die Höchst-
dauer von Freizeitarrest wird überschritten, die Nachweisführung ist mangelhaft,
die angeführten Begründungen sind oft unzureichend und es werden falsche ge-
setzliche Grundlagen genannt."[359] Der Bericht kritisiert außerdem zahlreiche hygienische Probleme und Mängel der medizinischen Betreuung.[360]
Wenige Wochen nach der Kontrolle zeigte sich der stellvertretende Innenminister Generalmajor Giel so unzufrieden mit den seither eingeleiteten Veränderungen, dass er „empfahl", erneute Disziplinarmaßnahmen gegen den seit März 1974
amtierenden Leiter Oberstleutnant Horst Reichert[361] zu prüfen.[362]

Am 13. Januar 1975 gelang dem wegen versuchter Republikflucht zu 3 Jahren
und 8 Monaten Haft verurteilten Ingenieurökonomen Wolfgang Defort die Flucht
aus Cottbus, nachdem er sich auf einem LKW verstecken konnte, der die Haftanstalt verließ. Am Abend wurde er in einem evangelischen Pfarrhaus in Forst-Eulo
verhaftet – zwei Amtsbrüder des Gemeindepfarrers, die dieser zu Beratungen hin-
zuzog, hatten einige Stunden später nach intensiver Abwägung die Polizei ver-
ständigt. Als Bestrafung für seine Flucht erhielt Defort weitere zehn Monate
„Nachschlag". Nach einer Verlegung nach Brandenburg wurde er am 14. September 1977 von der Bundesrepublik freigekauft und in den Westen entlassen.[363]
Kurz nach seiner Freilassung protestierte Defort öffentlich gegen den angebli-
chen Verrat durch die Pfarrer und wurde dabei von der „Arbeitsgemeinschaft 13.
August" und Teilen der bundesdeutschen Presse unterstützt.[364] Die Stellungnahmen der Geistlichen und auch die Rekonstruktion der damaligen Ereignisse durch
Friedrich Winter legen jedoch nahe, dass der Volkspolizei der Aufenthaltsort des
Flüchtlings schon lange vor ihrer Verständigung durch den Pfarrer bekannt war.
Eine realistische Chance auf eine erfolgreiche Fortsetzung der Flucht bestand
nicht, da schwerbewaffnete Sicherheitskräfte die Gegend engmaschig überwach-
ten und auch die nahe polnische Grenze besonders gesichert wurde. Defort hätte

---

359 Verwaltung Strafvollzug: Bericht vom 23.11.1976 über den Kontrollgruppeneinsatz der
     Verwaltung Strafvollzug in der StVE Cottbus vom 3.11. bis 12.11.1976. Fundort: BLHA.
     Rep. 871/17.2./372
360 Vgl. Kap. 7.3.
361 Vgl. Kittan 2012, S. 53. Laut Kittan wurde Reinhold 1970 abgelöst, sein Nachfolger Gün-
     ter Raden erlitt im Mai 1973 einen tödlichen Unfall, kurzzeitig war daraufhin sein Stell-
     vertreter Major Erich Heldt amtierender Leiter.
362 Schreiben Giels an den Chef der Bezirksbehörde der Deutschen Volkspolizei Cottbus,
     8.12.1976. Fundort: BLHA, Rep. 871/17.2./372
363 Vgl. Winter 1996, S.10 ff.
364 Vgl. die Stellungnahmen Deforts in ebenda, S. 66ff., Faust 1983, S. 208, Besier 1995,
     S.226ff.

sich insoweit beim Verlassen des Pfarrhauses in erhebliche Lebensgefahr gebracht - die Kirchenvertreter schützten ihn letztlich vor seiner eigenen Uneinsich-
tigkeit in die Gefahr. Zu bedenken ist auch, dass zwei der Pfarrer bereits selbst
aus politischen Gründen inhaftiert waren, einer davon, Georg Herche, saß von
1956 bis 1958 in Cottbus ein. Ihnen zu unterstellen, sie hätten Defort leichtfertig
zurück in den „Knast" gebracht, geht wohl fehl.[365]

Erst 1982 gab es eine weitere (zunächst) erfolgreiche Flucht aus dem Cottbuser
Zentralgefängnis.[366] Am 16. Juni 1982 entwichen die Gefangenen E. und T., indem sie laut Polizeibericht einen Stab der Fenstervergitterung aus dem Mauer-
werk lösten und ihn soweit verbogen, dass sie durch diese Öffnung die Zelle verlassen konnten. Anschließend liefen sie über den Hof zur Umwehrungsmauer, wo
ein Produktionsgebäude stand. Sie bestiegen eine Absauganlage und sprangen
von dort auf eine alte Mauer. Von dort drangen sie in einen unbesetzten Posten-
turm ein und verließen durch ein Fenster die „Objektumwehrung." T. stellte sich
schließlich am 20. Juni, E. wurde einen Tag später festgenommen.[367] Die Flucht
hatte ein intensives „Nachspiel". Die „Entweichung" sei laut Gefängnisleitung
durch falsches Handeln von Strafvollzugsangehörigen begünstigt worden, auch
anschließend habe man teilweise falsch reagiert. Fünf Mitarbeiter wurden disziplinarisch belangt, einer sogar entlassen.[368]

Im Herbst 1978 erschütterte ein spektakulärer Selbstmordversuch die Cottbuser
Haftanstalt. Am 19. Oktober überschüttete sich der 26-jährige Werner Greiffendorf, der wegen mehrfacher Fluchtversuche aus der DDR inhaftiert war, im Ge-
fängnishof mit Nitroverdünnung und zündete diese an, um auf sein Schicksal aufmerksam zu machen. Trotz sofortiger Erster Hilfe durch Mithäftlinge starb der
Mann drei Wochen später im Krankenhaus. Das MfS versuchte den Vorfall wegen
dessen politischer Dimension soweit wie möglich zu vertuschen. Deshalb wurde
eine Nachrichtensperre für alle Angehörigen des Strafvollzugs verhängt, aus- und
eingehende Briefe der Gefangenen sowie sogenannte „Sprecher" (Besuche) verstärkt überwacht. Die wichtigste Maßnahme bestand jedoch in einem vorläufigen
Stopp des Freikaufs Cottbuser Häftlinge: „Nach Absprache mit dem Beauftragten

---

365 Vgl. die Stellungnahmen der Pfarrer in Winter 1996, S. 75ff., siehe auch die Überblicks-
     darstellung in ebenda, S. 10ff.
366 Innenministerium: Analyse der Entweichungen 1970-82. Fundort: BArch, DO1/3705
367 Fundort: BArch, DO1/3683
368 StVE Cottbus – Der Leiter: Ursachen und Bedingungen für das Gelingen des Ausbruchs
     und die Bereitschaft der Kräfte, insbesondere der Diensthabenden zu schnellen Handlun-
     gen, besonders zur Gewährleistung der unverzüglichen Einleitung operativer Sofortmaß-
     nahmen. Fundort: BLHA, Rep. 871/17.2/27

für Sonderaufgaben der HA IX, Oberstleutnant Enke, ist es für 1978 – vorbehaltlich zentraler Entscheidungen – nicht mehr vorgesehen, Strafgefangene aus der StVE Cottbus in die BRD zu entlassen. Am 18.10.1978 erfolgte der letzte entsprechende Transport."[369]

Die Stornierung eines bereits geplanten Freikaufs betraf bis Dezember zunächst 14 Häftlinge. Laut MfS hätten 100 Cottbuser Gefangene „direkte Kenntnis" des Vorfalls, von diesen wurden 1978 bereits 6 in die DDR entlassen. Grundsätzlich könne „nicht ausgeschlossen werden, dass das Vorkommnis unter dem gesamten Strafgefangenenbestand der Strafvollzugseinrichtung Cottbus bekannt ist." Letztlich sei „ein Bekanntwerden [...] in der Öffentlichkeit, auch in der BRD" nicht zu verhindern.[370]

Dies zeigte sich im Januar 1979, als in mehreren bundesdeutschen Zeitungen Berichte über den Suizidversuch des namentlich genannten Greiffendorf erschienen, der Tod G.s wurde erst später bekannt. Ein Augenzeuge berichtete der „Welt", das Gefängnispersonal habe G. als „geistesgestört" bezeichnet.[371]

Weitere Selbstmordversuche sind für die siebziger und achtziger Jahre vor allem für die Untersuchungshaftanstalt dokumentiert.[372]

Ein MfS-Mitarbeiter charakterisierte das Cottbuser Gefängnis 1980 folgendermaßen: „Die StVE Cottbus ist eine Einrichtung mit allgemeinem und erleichtertem Vollzug, in der gegenwärtig Ersttäter und auch mehrfach Vorbestrafte vorwiegend wegen Verbrechen gegen die Deutsche Demokratische Republik (landesverräterischer Agententätigkeit, staatsfeindliche Hetze), Straftaten gegen die staatliche Ordnung (ungesetzlicher Grenzübertritt), Beeinträchtigung staatlicher oder gesellschaftlicher Tätigkeit, Rowdytum und asoziales Verhalten), Militärstraftaten (Fahnenflucht) ihre Freiheitsstrafe verbüßen."[373] Auch 8 Jahre später handelte

---

369 MfS-HA VII, Leiter (Generalmajor Büchner): Schreiben an den 1.Stellvertreter des Ministers, Generalleutnant Beater: Bericht über eine versuchte Selbsttötung eines Strafgefangenen in der StVE Cottbus, 20.10.1978 sowie Ergänzung zu diesem Bericht vom 20.11.1978, Fundort: BStU, MfS, ZAIG 25035

370 MfS-HA VII, Leiter (Generalmajor Büchner): Entwurf eines nicht abgeschickten Schreibens („Information") an Minister Mielke, 22.12.1978. Fundort: ebenda

371 „Die Welt", 4.1.1979

372 Vgl. Kap. 9

373 MfS, Hauptabteilung VII, Abteilung 6, Bereich Planung/Kontrolle: Bericht über die Suche nach IM und IM-Kandidaten in der StVE Cottbus zur Bekämpfung der Feindorganisation „Arbeitsgruppe für Menschenrecht – Westberlin", 15.4.1980. Fundort: BStU, MfS, HA VII 1386

es sich aus Sicht der Stasi um einen „Konzentrationspunkt von Strafgefangenen, die in erster Linie politisch motivierte Straftaten begingen."[374]

1984 beschrieb die Verwaltung Strafvollzug das Profil der StVE Cottbus so: „Vollzug der Freiheitsstrafe an Strafgefangenen mit einem Strafmaß bis 5 Jahren, bei denen die Ermittlungen durch Organe des MfS geführt wurden." Hierher sollten Verurteilte aller Vollzugsarten und sowohl Erst- als auch Rückfalltäter eingewiesen werden.[375] Ein vergleichbares „Vollzugsprofil" hatte kein anderes DDR-Gefängnis aufzuweisen. Insbesondere die (angeblich) ausschließliche Aufnahme von Verurteilten, bei denen das MfS die Ermittlungen durchführte, ist ein Cottbuser Alleinstellungsmerkmal. Im Frauengefängnis Hoheneck etwa wurden zwar gleichfalls Verurteilte mit MfS-Ermittlungsakte eingewiesen, darüber hinaus aber auch „Kriminelle" mit mehr als 5 Jahren Freiheitsentzug sowie verurteilte Frauen aus dem „NSW".[376] In Bautzen II sollten ebenfalls Frauen aus dem NSW inhaftiert werden, Männer entsprechend „Sonderbestimmungen".[377]

Hinzuzufügen ist aber unbedingt, dass auch diese Form der Planwirtschaft nicht funktionierte. Recherchen in den im Archiv der neuen JVA Cottbus überlieferten Vollzugsakten der Cottbuser StVE verdeutlichen, dass sowohl in den siebziger als auch den achtziger Jahren immer eine beträchtliche Anzahl Häftlinge einsaß, gegen die die Kriminalpolizei (bzw. das Ministerium des Inneren) ermittelt hatte. So wurden 1987 ca. 540 Cottbuser Häftlinge in die DDR entlassen. Bei etwa der Hälfte von ihnen hatte das MfS die Ermittlungen geführt, bei der anderen Hälfte die Kriminalpolizei. Allerdings fehlen hier noch die jährlich mehreren hundert Freigekauften, bei denen fast ausschließlich das MfS Ermittlungsführer war – deren Akten liegen im Bundesarchiv und sind für statistische Auswertungen nicht zugänglich.[378]

Im Rahmen einer „Komplexkontrolle" der HA VII vom 27. Februar bis 3. März 1984 in der StVE Cottbus vermerkte der Berichterstatter, von 540 Inhaftierten seien 190 wegen „Staatsverbrechen" und 256 „wegen Straftaten gegen die staatliche Ordnung" verurteilt worden, 340 seien „Übersiedlungsersuchende"

---

374   Schreiben des Leiters der MfS-Hauptabteilung VII, Generalmajor Büchner, an den Stellvertreter des Ministers, Generalleutnant Neiber, vom 24.6.1988. „Information im Zusammenhang mit dem AIDS-Verdacht bei einem Verhafteten und einem Strafgefangenen in Cottbus". Fundort: BStU, MfS, HA VII 6053. Der Verdacht bestätigte sich nicht.

375   Anlage 1 zur 4. Durchführungs-Anweisung des Leiters der Verwaltung Strafvollzug zur Ordnung Nr. 0107/77 des MdI und Chefs der DVP. Teil A vom 15. März 1982 in der Fassung vom 20. November 1984. In diese Fassung wurde die 1. und 2. Änderung eingearbeitet. Die 2. Änderung trat am 1. Januar 1985 in Kraft. Fundort: BArch, DO 1/61183

376   NSW = Nichtsozialistisches Wirtschaftsgebiet

377   Vgl. ebenda

378   Vgl. ausführlich Kap. 6.4.

(63 %).[379] In einem weiteren MfS-Kontrollbericht vom Juli 1987 wird der Anteil der Ausreisewilligen deutlich niedriger angesetzt: 185 der 450 Strafgefangenen, die „zur Zeit ihre Freiheitsstrafe in der StVE Cottbus verwirklichen", hätten einen entsprechenden Antrag gestellt.[380] Von Häftlingen, die ihre „Freiheitsstrafe verwirklichen", ist in vielen Überlieferungen des DDR-Strafvollzugs die Rede – eine ausgesprochen absurde Formulierung.

Mit den augenscheinlich besonders widerspenstigen Cottbuser Häftlingen kam der Strafvollzug nur schwer zurecht. Dabei gab es des Öfteren sehr unterschiedliche Sichtweisen auf die „Binnendifferenzierung" des Häftlingsbestandes. So ordnete der Stellvertreter Vollzug der StVE Cottbus die Häftlinge in einem „Erziehungsplan" vom Januar 1981 in drei Gruppen ein: Ca. 20% von ihnen zeigten ein „progressives" Gesamtverhalten. Etwa 50 bis 65% träten „weder positiv noch negativ in Erscheinung". Diese seien „insgesamt bereit, die an sie gerichteten Forderungen aus verschiedenen Motiven heraus mit unterschiedlichen Ergebnissen zu erfüllen", verhielten sich „bei der staatbürgerlichen Schulung allgemein passiv" und lehnten eine Wiedereingliederung in die DDR nicht generell ab. Obwohl diese Gefangenen „unter den gegebenen Umständen sachlich" agierten, erklärten sie sich dennoch „bei provokatorischen Handlungen der 3. Gruppe mit unterschiedlicher Intensität teilweise solidarisch." Schließlich gäbe es noch die 15-30% der Strafgefangenen mit „negativem Gesamtverhalten." Diese hätten „kein persönliches Interesse an Bewährung und Wiedergutmachung und vertreten offen bzw. auch versteckt ihre verfestigte negative Einstellung zu den gesellschaftlichen Verhältnissen in der DDR. Sie treten durch Ordnungsverstöße hervor bzw. unterschreiten bewusst die vorgegebenen Normen im Arbeitsprozess. Diese Strafgefangenen lehnen eine Wiedereingliederung in die DDR ab." Schließlich wird noch auf das „gesonderte Kollektiv" eingegangen, hierbei handelt es sich um eine verschärfte Version der 3. Gruppe. Diese Gefangenen versuchten, „in erpresserischer Art und durch provokatorisches Verhalten ihre negative Einstellung zu bekräftigen." Die politisch-ideologische Einflussnahme auf die Gefangenen, aber auch

---

379   Bericht von Oberst Krüger, Stellvertretender Leiter HA VII an Oberstleutnant Schulz, Stellvertreter Operativ der MfS-Bezirksverwaltung Cottbus vom 5.4.1984. Fundort: BStU, MfS, HA VII 2077

380   Bericht von Hauptmann Eisenschink, MfS HA VII über eine durchgeführte Dienstreise in die BV Cottbus, Abteilugn VII, Verantwortungsbereich StVE Cottbus. 1.7.1987. Fundort: BStU, MfS, HA VII 2077

deren Teilnahmemöglichkeiten bei Sportveranstaltungen und anderen Freizeitbe-schäftigungen etc. sowie Besuche und andere Kontakte zur Außenwelt wurden je nach Gruppenzugehörigkeit differenziert.[381]

Der Abschlußbericht einer im April 1985 von der Verwaltung Strafvollzug durchgeführten Komplexkontrolle in Cottbus spricht dagegen von der „grundsätz-lich feindlichen Einstellung der Strafgefangenen in der StVE Cottbus und der ständigen Konfrontation der SV-Angehörigen, insbesondere der Erzieher, mit die-sen Problemen." Deshalb sei „die ständige politische Überzeugungsarbeit, das einheitliche Auftreten und Handeln der Strafvollzugsangehörigen von entschei-dender Bedeutung." Eine solche Arbeitsweise werde jedoch „im Vollzugsdienst nicht durchgesetzt. Oftmals werden die Erzieher mit ihren Problemen allein ge-lassen." Hier zeige sich eine falsche „vorherrschende Ideologie", dass „ausgehend von der Zusammensetzung des Strafgefangenenbestandes", eine Umsetzung be-stimmter Vorgaben in der StVE Cottbus nicht möglich sei. Lediglich im Bereich der Aufnahme werde „eine hohe Ordnung und Disziplin durchgesetzt".[382] Die Disziplin in der Aufnahme wurde nach Häftlingsberichten häufig mit Androhung bzw. Ausübung von Gewalt gegen die Neuankömmlinge erreicht. Einer der wich-tigsten Protagonisten war VP-Obermeister Hubert Schulze („Roter Terror"), der ab 1978 dort Dienst tat. Schulze wurde 1997 wegen vorsätzlicher Körperverlet-zung in 26 Fällen zu 2 Jahren und 8 Monaten Freiheitsstrafe verurteilt.[383]

Wie willkürlich auch mit dem Personal umgegangen wurde, verdeutlicht der Fall eines Cottbuser Obermeisters im Strafvollzug. Dieser wurde 1983 nach 20 Jahren Dienst entlassen, da sein Sohn zweimal straffällig wurde und nun eine Freiheits-strafe in Dessau verbüßte. Der Vater erhielt eine Sachprämie „in Anerkennung seiner Verdienste",[384] die er sicherlich in Ehren gehalten hat.

Die „Endzeitstimmung", die Ende der achtziger Jahre weite Teile der DDR-Be-völkerung erfasste, schwächte auch die Moral des Cottbuser Personals. Nach MfS-internen Angaben vom Januar 1988 hätten sich mehr als 10 StVE-Mitarbei-

---

381 Plan der Erziehung und Bildung der Strafgefangenen in der StVE Cottbus für das Jahr 1981, 26.1.1981. Fundort: BLHA, Rep.871/17.2/372

382 Verwaltung Strafvollzug: Abschlußbericht über die von der Verwaltung Strafvollzug durchgeführte Komplexkontrolle in den Strafvollzugseinrichtungen des Bezirkes Cott-bus,10.5.1985. Fundort: BStU, MfS, HA VII, 895

383 Angaben nach dem erstinstanzlichen Urteil des Landgerichts Cottbus gegen Schulze vom 14.5.1997, Az. 64 JS 175/93, abgedruckt in Marxen/Werle 2009, S.51ff., hier S.62ff, vgl. ausführlich Kap. 7.1.

384 Innenministerium: Besondere Vorkommnisse im Strafvollzug 1983. Fundort: BArch, DO 1/3647

ter, in der Regel Wachtmeister, mit „Entpflichtungsgedanken" getragen. Die Ursachen dafür lagen nach Einschätzung der Abteilung VII des MfS Cottbus selbstverständlich nicht in ihren Arbeitsbedingungen o.ä., sondern in der „verstärkten politisch-ideologischen Diversion des Gegners, insbesondere seiner massiven Angriffe auf den Strafvollzug", die „bei diesen Genossen ernsthafte Wirkungen hinterlassen haben." So äußerten sie, dass sie nicht mehr bereit seien, „Schränke von Strafgefangenen durchzuwühlen". Auch andere „Maßnahmen zur Gewährleistung von Sicherheit und Ordnung" würden „nur mit Vorbehalt realisiert." Die Leitung der StVE würde sich „diesen Problemen nicht stellen." So führe man „notwendige Auseinandersetzungen mit einzelnen Genossen nicht zielgerichtet zu Ende." Als Beispiel wurde ein Wachtmeister erwähnt, „dessen Ehefrau aus der SED ausgetreten und jetzt aktive Kirchengängerin ist." Außerdem unterhielt das Ehepaar „aktive NSW-Kontakte."[385] Zwar sei mit dem betreffenden Genossen eine Aussprache geführt worden, es habe sich jedoch nichts geändert. Nach Meinung der Abteilung 8 der Hauptabteilung VII des MfS müsste dieser Wachtmeister „aus dem Organ SV herausgelöst", sprich entlassen werden.[386]

Gelegentlich richtete sich der Frust einiger Mitarbeiter nicht nur gegen Häftlinge. So betrat im April 1989 ein vierzigjähriger Obermeister des Cottbuser Strafvollzugs unter Alkoholeinfluss die Wohnung seiner ehemaligen Lebensgefährtin und verprügelte diese und deren Schwester. Er erhielt eine Anzeige wegen Körperverletzung und wurde aus disziplinarischen Gründen aus dem Strafvollzug entlassen.[387]

Als Nachfolger für den damals 60-jährigen StVE-Leiter Reichert schlug die MfS-Zentrale im September 1989 perspektivisch den derzeitigen Stellvertreter Ökonomie der StVE Schwarze Pumpe, Wilfried Ster, vor.[388]

Die letzte in MfS-Unterlagen dokumentierte Begehung des Cottbuser Gefängnisses am 6. September 1989 ergab einen „z.T. mangelhaften baulichen Zustand", der „Gesamteindruck" werde darüber hinaus „durch einige Bereiche beeinträchtigt, die einer malermäßigen Instandsetzung bedürfen". Für „einen Besuch durch Delegationen aus dem NSA"[389] erscheine das Gefängnis „wenig geeignet."[390] Angesichts der Cottbuser Zustände wirkt schon der Gedanke, eine bundesdeutsche

---

385 NSW = Nichtsozialistisches Wirtschaftsgebiet

386 Dienstreisebericht HA VII, Gespräch mit Cottbuser MfS-Angehörigen, 29.1.1988, Fundort: BStU, MfS HA VII 6053

387 Innenministerium: Besondere Vorkommnisse im Strafvollzug 1989. Fundort: BArch, DO 1/3687

388 Dienstreisebericht HA VII nach Cottbus, 12.9.1989. Fundort: BStU, MfS HA VII 4911

389 NSA = Nichtsozialistisches Ausland.

390 Dienstreisebericht HA VII nach Cottbus, 12.9.1989. Fundort: BStU, MfS HA VII 4911

„Delegation" könnte hier Positives erkennen reichlich absurd. Einige Monate später kam der „Westbesuch" nach Öffnung der Mauer dann allerdings ganz ohne Einladung.

Im Zuge des revolutionären Umbruchs in der DDR änderte sich auch die Situation im Strafvollzug schnell, innerhalb weniger Monate wurden grundlegende Reformen durchgeführt, die vorher jahrzehntelang verschleppt worden waren.[391]
Noch vor dem Jahreswechsel 1989/90 wurden die politischen Häftlinge in Cottbus in zwei Amnestiewellen entlassen. Am 2. Januar 1990 befanden sich insgesamt nur noch 34 verurteilte Männer in Cottbus.[392]
Im Frühjahr 1990 gab es bereits publizistische Auseinandersetzungen über die gerade überwundenen Zustände. Ein Reporter des „Neuen Deutschlands" besuchte im April das Cottbuser Gefängnis und wandte sich anschließend gegen „groß aufgemachte und bluttriefende Darstellungen der ‚Bild-Zeitung' über zwei angeblich besonders brutale Beamte" und „Horrormeldungen über angebliche ‚Folterungen'". Der Gefängnisleiter habe ihm zu bedenken gegeben, „dass die genannten Obermeister durch ihre bekannte Pingeligkeit zur Durchsetzung der ‚Ordnung nach Vorschrift' von Strafgefangenen provoziert worden sein könnten. Dadurch würden sich ‚manche Härten' erklären." Die zwei vom ND zitierten Gefangenen hielten die Verhältnisse in Cottbus für „normal" oder bezeichneten die berüchtigte Strafvollzugseinrichtung – verglichen mit Bautzen - gar als „Sanatorium".[393] Dem „investigativen" ND-Journalisten war offensichtlich nicht aufgefallen, dass die politischen Häftlinge, die unter den brutalen Attacken besonders zu leiden hatten, bereits entlassen worden waren.[394] Außerdem versprachen sich die wenigen verbliebenen „Kriminellen" unter den immer noch autoritär geprägten Verhältnissen im Gefängnis von der Gefängnisleitung genehmen Aussagen sicherlich Vorteile. Der Jurist Birger Dölling kommt in einer Untersuchung über die letzten Monate des DDR-Strafvollzugs zu dem Schluss, der Tenor des ND-Beitrags sei „offenbar" im Sinne der „Verwaltung Strafvollzug" des DDR-Innenministeriums gewesen. Diese stimmte einem ND-Besuch im Gefängnis Bautzen unter Hinweis auf den Cottbus-Artikel vorbehaltlos zu, nachdem man sich zuvor über „tendenziöse Berichterstattung" anderer Medien beklagt hatte.[395]

---

391 Vgl. ausführlich Dölling 2009
392 Vgl. die Häftlingsstatistik in Kap. 6.1.
393 „Cottbus: Gerüchte über ‚Folterungen' waren haltlos". In: Neues Deutschland vom 7.4.1990, S. 5.
394 Zu den Misshandlungen und ihrer juristischen Aufarbeitung vgl. Kap.7.1.
395 Vgl. Dölling 2009, S.235f.

5. Kontrolle und Überwachung des Strafvollzugs

5.1. Kontrollstrukturen

Der Strafvollzug in der DDR war eine tragende Säule der Parteidiktatur, da er die Inhaftierung und Isolierung vermeintlicher oder tatsächlicher Gegner der SED ermöglichte. Die entsprechenden Beschlüsse des Politbüros, die die direkte Einflussnahme der SED-Führung manifestierten, mussten seit 1953 durch Befehl des Innenministers unverändert in Kraft gesetzt werden. Die Partei legte die Strafvollzugspolitik und die Haftbedingungen bis ins Detail fest, insbesondere gegenüber „Staatsfeinden" mahnte sie zur Unnachgiebigkeit. Der Leiter der Verwaltung Strafvollzug des Innenministeriums war ein Nomenklaturkader des Politbüros, die Leiter der Strafvollzugsanstalten und andere führende Funktionäre wurden durch die Abteilung für Sicherheitsfragen oder das Sekretariat des ZK der SED festgelegt. Sie waren der Parteidisziplin unterworfen und agierten in der Regel in vorauseilendem Gehorsam gegenüber der SED.[396]

Auf der Arbeitsebene des zentralen Parteiapparates der SED waren die Abteilungen Sicherheit sowie Justiz/Staats- und Rechtsfragen für den Strafvollzug zuständig.[397] Ihre erhebliche Bedeutung für Justiz und Strafvollzug (trotz personell schwacher Besetzung) resultierte daraus, dass die von den zuständigen staatlichen Stellen eingebrachten Vorlagen für die zentralen SED-Entscheidungsgremien über ihre Schreibtische liefen und dort verändert oder zur Überarbeitung zurückgewiesen werden konnten.[398] So kritisierten 1975 beide Abteilungen Vorschläge der Verwaltung Strafvollzug des Innenministeriums zur Anerkennung positiven Verhaltens von Häftlingen (u. a. Besuch von Sportveranstaltungen und in Ausnahmefällen für Jugendliche sogar Hafturlaub) als zu großzügig, die Pläne wurden daraufhin ersatzlos gestrichen.[399]

ZK-Sekretär Erich Honecker kontrollierte beide Abteilungen ab 1956, auch nach seinem Amtsantritt als 1. Sekretär 1971 galt beiden Feldern seine besondere Aufmerksamkeit.[400] 1957 monierte er in einer Rede vor Angehörigen des Innenministeriums, in sämtlichen Haftanstalten seien „durch übertriebene Betonung" der er-

---

396 Vgl. Wunschik 2004b, S. 500

397 Für einen Überblick über Struktur und Methoden des Parteiapparates vgl. Schroeder 1998, S. 402ff.

398 Vgl. Raschka 2000, S. 26f.

399 Vgl. Wunschik 2004, S. 275

400 Vgl. Raschka 2000, S. 26f.

zieherischen Funktion die eigentlichen Aufgaben des Strafvollzugs „entstellt worden." Deshalb seien Maßnahmen zur Erhöhung der allgemeinen Sicherheit erforderlich – die Verwaltung handelte prompt in diesem Sinne.[401]

Erich Honecker griff bis zu seinem Sturz 1989 immer wieder persönlich selbst in Detailfragen des Strafvollzugs ein. So ging die Initiative zum neuen Strafvollzugsgesetz von 1977, das westliche Kritik an den Verhältnissen in den DDR-Gefängnissen entkräften sollte und sich deshalb an den von der UNO geforderten Mindeststandards für die Behandlung Strafgefangener orientierte, lt. Johannes Raschka vom SED-Generalsekretär aus. Nach der Ausarbeitung des Gesetzestextes nahm Honecker unter Umgehung des Politbüros maßgebliche Korrekturen vor, die den Text entschärften.[402] Im Vorfeld seines geplanten Bonn-Besuchs ließ Honecker im Sommer 1987 eine Arbeitsgruppe unter der Leitung des jetzt für Sicherheit zuständigen ZK-Sekretärs Egon Krenz einen Bericht über die Verhältnisse im Strafvollzug ausarbeiten, um Vorhaltungen der westdeutschen Gastgeber zu den Zuständen in DDR-Gefängnissen abwehren zu können, diese zog ein insgesamt positives Fazit.[403]

Eine parlamentarische Kontrolle des Strafvollzugs war selbstverständlich nicht erwünscht, auch wenn die DDR-Volkskammer ohnehin nur eine Alibifunktion hatte.[404] Eine Initiative des früheren SPD-Reichstagsabgeordneten Otto Buchwitz, der einen Volkskammerausschuss zur Aufsicht über die Haftanstalten gefordert hatte, wurde im April 1951 vom SED-Politbüro abgelehnt.[405]

Auf zentraler staatlicher Ebene war das sogenannte „Organ Strafvollzug" im Ministerium des Inneren für Strafvollzugseinrichtungen, Untersuchungshaftanstalten (außer die des MfS) und Jugendhäuser zuständig. In den Bezirken hatten die der Volkspolizei unterstellten Abteilungen Strafvollzug die verwaltungsmäßige Aufsicht über die Gefängnisse der jeweiligen Region.[406]

Welche Vorstellungen über das „Wesen des Strafvollzugs" in diesen Kreisen zumindest in den fünfziger Jahren herrschten, verdeutlichen von der Verwaltung Strafvollzug 1958 formulierte Thesen:

„Unter Humanismus im Strafvollzug ist nicht zu verstehen, den Rechtsbrechern während der Haftzeit möglichst viele Vergünstigungen zu gewähren und den Haftbedingungen ihre Härte zu nehmen. [...] Der humanitäre Gehalt liegt gerade

---

401 Vgl. Wunschik 2001b, S. 264f.
402 Vgl. Raschka 2000, S. 118f.
403 Vgl. ebenda, S. 254 und 258
404 Vgl. Schroeder 1998, S. 416
405 Vgl. Wunschik 2001b, S. 261
406 Vgl. Wunschik 1999

darin, dass der Strafvollzug als Klasseninstrument der Arbeiterklasse deren Willen vollstreckt, den Widerstand der Feinde des Volkes mit aller Konsequenz bricht, mit den Mitteln des staatlichen Zwangs die sich im Verbrechen widerspiegelnden Erscheinungen der Zersetzung, der Fäulnis und des Parasitentums als Ausdruck der kapitalistischen Unmoral bekämpft."[407]

Die Staatsanwälte für Strafvollzugsaufsicht hatten zumindest formal eine Aufsichtsfunktion über die Verhältnisse in den Gefängnissen, kamen dieser jedoch nur selten nach, sondern sahen über Missstände in den Haftanstalten in der Regel hinweg.[408]

Die Generalstaatsanwaltschaft versuchte ebenfalls Einfluss auf die Verhältnisse im Strafvollzug zu nehmen, was ihr allerdings nur punktuell gelang. Generalstaatsanwalt Dr. Josef Streit lieferte 1965 im Rahmen der Diskussion um eine Neugestaltung des Strafvollzugs eine pointierte Kritik der dortigen Verhältnisse, die er mit einer Vielzahl bemerkenswerter Reformvorschläge verband, die jedoch nicht berücksichtigt wurden: „Im Strafvollzug sind wir […] im Wesentlichen in den alten, überkommenen Formen steckengeblieben und liegen heute auch hinter einer Reihe europäischer kapitalistischer Staaten zurück, die völlig neue Wege im Strafvollzug beschritten haben."[409]

5.2. Die politisch-operative Kontrolle durch das MfS

Für die „politisch-operative" Kontrolle des Strafvollzugs war das Ministerium für Staatssicherheit, insbesondere dessen Linie VII, die das Innenministerium und dessen nachgeordnete Dienststellen überwachte, zuständig.[410] In der MfS-Zentrale bestand seit 1976 eine speziell mit der Verwaltung Strafvollzug befasste Hauptabteilung VII/8, die neben deren Kontrolle auch die Aufsicht über die nachgeordneten Referate der Bezirksverwaltungen führte. Die Zuständigkeiten für die einzelnen Gefängnisse wurden in Abstimmung mit der Zentrale auf Bezirksebene festgelegt. Das MfS sammelte in sogenannten Leitakten zu den einzelnen Gefäng-

---

407　Zit. nach Ansorg 2005, S. 133f.
408　Vgl. Wunschik 2001b, S. 279ff.
409　Der ZK-Abteilung Staat und Recht zugeleitete Konzeption der Generalstaatsanwaltschaft für die Ausarbeitung von Maßnahmen zur Erhöhung der Wirksamkeit des Strafvollzuges vom 11.11.1965, SAPMO-BArch, DY 30, IV 2A/13/152, zit. nach Oleschinski 1994, S.255
410　Zur offiziellen Aufgabenbeschreibung durch Minister für Staatssicherheit, Erich Mielke vgl. dessen Dienstanweisung vom 13.3.1975: „Die politisch-operativen Aufgaben des Ministeriums für Staatssicherheit im Strafvollzug der Deutschen Demokratischen Republik", bereits vor dem Ende des SED-Regimes zit. in Fricke 1988, S. 167ff.

nissen zentrale Informationen u.a. zu Personal, Inhaftierten, Zellenbelegung sowie örtlichen Sicherheitsvorkehrungen. In den größeren Haftanstalten war die Stasi durch eine mehrköpfige „Operativgruppe" direkt vor Ort.[411]

Tobias Wunschik schreibt zu Mitteln und Wegen der Einflussnahme des MfS auf den Strafvollzugsapparat: „Der Staatssicherheitsdienst verstand es, das Organ Strafvollzug wie auch die anderen Dienstzweige des Innenministeriums effektiv zu kontrollieren. Er erreichte dies durch eine Steuerung der Personalpolitik, regelrechte Kontrolleinsätze und das so genannte politisch-operative Zusammenwirken (POZW). Eine personalpolitische Einflussnahme war möglich, weil alle dienstlich im Strafvollzug tätigen Personen, wie Aufseher, Zivilbeschäftigte, Mitarbeiter der Arbeitsrichtung I/4 der Kriminalpolizei und Angehörige der Arbeitsbetriebe von der Linie VII auf (politische) Zuverlässigkeit überprüft werden mussten. Einstellungen, Beförderungen in leitende Positionen, Einsatz in (vermeintlich) geheimhaltungsbedürftigen Bereichen und sogar Delegierungen zum Fachschulstudium bedurften einer ‚Sicherheitsüberprüfung', mithin also der Zustimmung des MfS. Der Mielke-Apparat forschte dabei auch die Familienangehörigen und den engeren Freundeskreis der Betreffenden aus. Stellte sich heraus, dass der Kandidat ‚politische, charakterliche oder andere Unsicherheitsfaktoren' aufwies, er selbst oder einer seiner Verwandten bereits einmal aus einem ‚bewaffneten Organ' entlassen worden waren oder er zum Vorgang der Überprüfung falsche Angaben gemacht hatte, fiel der Bescheid negativ aus. Insbesondere die Kontakte der Aufseher in den Westen waren aus Sicht der Staatssicherheit immer wieder ein Stein des Anstoßes, denn hier witterte der Mielke-Apparat eine der Ursachen für weltanschauliche Aufweichung und die Gefahr von Informationsabflüssen über das Regime des ‚sozialistischen Strafvollzugs'. [...] Wenn Aufseher den maßgeblich vom MfS gesetzten Maßstäben an Linientreue, Verschwiegenheit, Zuverlässigkeit etc. nicht genügten, leitete der Staatssicherheitsdienst in extremen Fällen Operative Personenkontrollen (OPK) und Operative Vorgänge (OV) gegen Strafvollzugsangehörige ein."[412]

Selbst der Leiter der Verwaltung Strafvollzug, Oberst Tunnat, wurde im September 1973 Objekt einer OPK des MfS („Regent"), da laut der von der HA VII/5/A formulierten Begründung „Hinweise über mangelhafte Führungs- und Leitungstätigkeit" vorlägen; seine Entscheidungsfreudigkeit weise „größere Schwächen" auf. Außerdem seien „seine Verwandschaftsbeziehungen unklar. Sein Stiefsohn und seine Schwester wohnen in Westberlin bzw. in der BRD." Nach „Abschluss

---

411 Vgl. Wunschik 1999, S. 467f.
412 Ebenda, S. 473

der eingeleiteten Maßnahmen" solle „eine Entscheidung über den weiteren Verbleib als Leiter der Verwaltung Strafvollzug" getroffen werden. Auf Tunnat wurden 5 IM angesetzt. Der Abschlußbericht lag erst im April 1974 vor. Tunnat wurde als „zuverlässig" kategorisiert, eine „kaderpolitische Veränderung" sei nicht erforderlich. Doch auch in den Folgejahren kontrollierte ihn das MfS weiterhin. Selbst die persönlichen Kontakte Tunnats zu einem Mitarbeiter der Verwaltung Aufklärung der NVA, der ihm im April 1978 zur Beförderung zum Generalmajor gratuliert hatte, wurden akribisch überprüft.[413]

Neben der Personalpolitik wirkte das Mielke-Ministerium auch auf die fachliche Tätigkeit des Organ Strafvollzugs ein. Dazu gehörten Sicherheitsfragen, aber auch „Hinweise" der Stasi zur Steigerung der „Effizienz" der Haftanstalten. Der Einfluss des MfS wurde durch offizielle und inoffizielle Kanäle gesichert. 1979 dienten 19 der 59 Mitarbeiter der Verwaltung Strafvollzug als IM, in der Abteilung Vollzug und dem Referat Kader war deren Anteil besonders hoch.[414] Außerdem führte das MfS in den Gefängnissen eigene Kontrollen durch.[415]

Bei besonders drastischen Mängeln in den Haftanstalten übte das MfS in internen Berichten z.T. sehr offene Kritik, so z.B. nach einer gemeinsamen Begehung verschiedener Einrichtungen durch MfS- und MdI-Mitarbeiter im Herbst 1981. Nach Ansicht der Kontrolleure seien die hygienischen Verhältnisse in der Jugendstrafanstalt „Jugendhaus Wriezen katastrophal und menschenunwürdig", für 16 Jugendliche gebe es nur ein einziges Handtuch. Generell beklagt wurde der mangelnde Ausbildungsstand des Strafvollzugspersonals, Alkoholmissbrauch, „schlampiges und dreckiges Aussehen oder vulgäre Ausdrucksweise."[416]

Neben dem erwähnten offiziellen MfS-Personal in den Gefängnissen verfügte das Mielke-Ministerium auch dort über Inoffizielle Mitarbeiter. Tobias Wunschik schätzt den Anteil der IM des MfS bzw. der in den StVE aktiven Arbeitsrichtung I/4 der Kriminalpolizei unter den Aufsehern auf etwa 10 %, unter den Häftlingen im Strafvollzug auf ca. 5 %. In der U-Haft habe der Anteil der dort „Zelleninformatoren" genannten IM dagegen 10 bis 25 % betragen.[417]

Sogenannte „Erzieher" (die Offiziere unter dem Aufsichtspersonal) wurden häufig als Führungs-IM (FIM) verpflichtet und leiteten ihrerseits in der Regel mehrere Häftlinge als Zuträger an, die sie z.T. selbst als IM empfohlen hatten.

413 Übersichtsbogen zur operativen Personenkontrolle, 16.7.1974, Fundort: BStU, MfS, HA VII/910

414 Vgl. Wunschik 1999, S. 476 und 479

415 Ebenda, S. 477

416 Berichte der HA IX/4 vom 17.3.1982, zit. nach Oleschinski 1994, S. 259f.

417 Vgl. Wunschik 2003, S. 62f.

Die politischen Häftlinge standen besonders im Fokus des MfS, deshalb wurde insbesondere unter ihnen auch verstärkt nach IM gesucht, da ebenfalls aus politischen Gründen Inhaftierten von ihren Kameraden mehr Vertrauen entgegengebracht wurde als Kriminellen. Bevorzugt wurden dabei Gefangene ohne „verfestigte negative Einstellung zur DDR". Aber auch sogenannte Kalfaktoren – in der Regel Kriminelle – wurden wegen ihrer spezifischen Möglichkeiten zur Informationsgewinnung und -verbreitung häufig als IM verpflichtet.

Die Motivlagen derjenigen Kandidaten, die auf die IM-Werbung eingingen, waren vielfältig. Neben dem durch die Haftsituation verstärktem psychischen Druck gehörten dazu auch Interesse an Hafterleichterungen oder gar -verkürzung, materielle Vorteile oder der Wunsch, Mitgefangene zu denunzieren. Allerdings gab es auch zahlreiche Häftlinge, die trotz der damit verbundenen persönlichen Nachteile allen Anwerbungsversuchen widerstanden.

In den Haftanstalten war allerdings die Aufrechterhaltung der Konspiration sehr schwierig, da beispielsweise Treffen zwischen Führungsoffizieren und IM unter Gefängnisbedingungen schwer zu legendieren waren.

Auch Nicht-IM unter den Häftlingen versuchten mangels Alternativen, sich direkt beim MfS etwa über Schikanen des Personals oder die Haftbedingungen zu beschweren, was in aller Regel ohne Erfolg blieb. Die Stasi nutzte etwaige Gespräche mit Beschwerdeführern vor allem, um diese abzuschöpfen.[418]

Mielke beschrieb am 3. Juni 1985 in einer Dienstanweisung diejenigen Häftlingsgruppen, auf die sich das MfS bei der „vorbeugenden Verhinderung und Bekämpfung feindlich-negativer Handlungen" konzentrieren sollte.[419]

Hatte das MfS einen Häftling in Verdacht, weiterhin „feindlich-negativ" zu handeln oder dies auch nur zu planen, wurden gegen diesen häufig „Zersetzungsmaßnahmen" durchgeführt. Beliebt war u.a. der Versuch, auf den Betreffenden den Verdacht der Zusammenarbeit mit der Stasi zu lenken, um ihn bei seinen Leidensgenossen zu diskreditieren. Beispielhaft wird der im Juli 1977 vom Leiter der Abteilung 8 der HA VII, Oberstleutnant Feig, ausgearbeitete MfS-Masterplan „zur Verunsicherung des Strafgefangenen Defort[420] sowie zur Desorientierung des Gegners" vorgestellt.

Zwei Monate vor der Entlassung des Häftlings sollten folgende „Maßnahmen durchgeführt" werden:

---

418 Vgl. ebenda, S. 63ff.
419 Dienstanweisung 5/85 zur politisch-operativen Arbeit im Organ Strafvollzug des MdI, abgedruckt in Ansorg 2005, S. 344.
420 Der vorangegangene Fluchtversuch Deforts aus Cottbus wurde in Kapitel 4.3. beschrieben

„1. In den Verwahrraum des Strafgefangenen D. wird ein ausgewählter Strafgefangener verlegt, der noch vor D. in die BRD entlassen wird. Dieser Strafgefangene soll passiv die nachfolgenden Maßnahmen zur Kenntnis nehmen mit dem Ziel, darüber nach seiner Ankunft in der BRD interessierende Personen, Organisationen und Stellen zu informieren.

2. Der Strafgefangene D. wird vom zuständigen Erzieher bzw. Wachtmeister des operativen Dienstes zwei- bis dreimal offiziell (andere Strafgefangene müssen davon Kenntnis erhalten) scheinbar zum MfS vorgeführt. Tatsächlich wird D. ein bis zwei Stunden woanders eingeschlossen und ohne dass ein Gespräch mit ihm geführt wurde, wieder in seinen Verwahrraum zurückgebracht.

3. Nach diesen ‚Vorführungen zum MfS' wird D. weiter jede Woche ein- bis zweimal aus den Verwahrraum geholt, ohne jedoch offiziell eine Zuführung zum MfS zu verkünden. In diesen Fällen werden keine Gründe vor den anderen Strafgefangenen genannt und D. wird zum Beispiel zur Kontrolle seiner Effekten, zum medizinischen Dienst zur Behandlung bzw. Erziehungsgespräch geführt.

Bei diesen Vorführungen zum Med.-Dienst zum Beispiel durch den SV-Angehörigen sollte sich ein Mitarbeiter des MfS bzw. der Arbeitsrichtung I/4 soweit er als solcher bekannt ist, nur mit sehen lassen, um den ‚Anstrich' des D. bei den anderen Strafgefangenen zu verstärken.

4. Es ist zu prüfen, ob einem anderen in die BRD zu entlassenden geeigneten Strafgefangenen, er kann auch nach D. entlassen werden, durch einen ausgewählten IM unter den Strafgefangenen Informationen zugeleitet werden, dass D. nur Zweckverhalten in seinem negativem Auftreten gegenüber dem Strafvollzug zeigte, tatsächlich aber Kontakt zum MfS haben soll." In diese perfide Planung sollte nur ein begrenzter Personenkreis inklusive ausgewählter SV-Angehöriger eingeweiht werden.[421]

Letztlich entschied das MfS fast immer über die Entlassung insbesondere derjenigen politischen Gefangenen, gegen die seine Linie IX vor ihrer Verurteilung ermittelt hatte, erst recht galt das für „Freikaufkandidaten". Ehemalige Häftlinge konnten sich auch nach ihrer Freilassung selbst in der Bundesrepublik nicht vor Überwachung oder gar „Zersetzung" durch das MfS – zum Teil mittels von der Staatssicherheit geworbener früherer Haftkameraden - sicher fühlen.

Mit besonderem Argwohn verfolgte die Stasi westliche Publikationen über den DDR-Strafvollzug und versuchte deren Quellen aufzudecken. Nach einer detaillierten Prüfung der gemachten Angaben sollten im „politisch-operativen Zusammenwirken mit der Verwaltung Strafvollzug" insbesondere Schwachstellen der

---

eigenen „Spionageabwehr" und der „Kadersicherheit" beseitigt werden.[422] Auch galt es, die Glaubwürdigkeit der westlichen Berichterstattung zu erschüttern.[423]

5.3. Die Rolle des MfS in der StVE Cottbus

Tobias Wunschik von der Forschungsabteilung der BStU sprach am 6. November 2002 im Rahmen seines Vortrags über „Die Haftanstalt Cottbus und das Ministerium für Staatssicherheit" bezüglich der entsprechenden MfS-Überlieferungen von „einer Flut von Berichten, was heute eine noch viel genauere Rekonstruktion der Geschichte dieser Haftanstalt ermöglichen würde, als ich Ihnen wegen der Kürze der Zeit und der Recherche heute Abend vermitteln konnte. Weitere Nachforschungen könnten dazu beitragen, die Geschichte dieses Haftorts aufzuklären und des Schicksals der hier inhaftierten Häftlinge zu gedenken."[424]

Angescihts dieser Aussagen überraschend wurde mir allerdings von der BStU nur höchst fragmentarisches MfS-Material bezüglich der StVE Cottbus zur Verfügung gestellt. So konnte etwa die erwähnte Leitakte zur Haftanstalt bisher ebenso wenig gefunden werden wie die Überlieferung der Operativgruppe bzw. der in der StVE stationierten Kontaktoffiziere.[425] Zwar wurden sicherlich viele Archivalien zum Cottbuser Gefängnis vernichtet, gerade Wunschiks obige Bemerkungen lassen aber eher vermuten, dass vorhandene Unterlagen von den zuständigen Sachbearbeitern nur teilweise gefunden worden bzw. nicht zugänglich waren. Die BStU lässt leider nach wie vor – anders als in Archiven normalerweise üblich – keine eigenständige Recherche in Findhilfsmitteln zu.

Trotz der misslichen Archivlage sind zumindest Grundzüge des spezifischen Wirkens des MfS in Cottbus bekannt: Laut Tobias Wunschik hatte die Staatssicherheit spätestens seit 1952 Informanten unter dem Cottbuser Personal.[426] Wann erstmals Gefangene angeworben werden konnten, ist nicht bekannt.

Nach der Amnestie im Oktober 1979, die auch zur Entlassung der vorhandenen Häftlings-IM geführt hatte, musste das MfS ein neues Netzwerk aufbauen. Im

---

422 Vgl. etwa den von der Abt.8 der HA VII erstellten „Bericht zu Überprüfungen des Manuskriptes der BRD-Journalisten FINN/FRICKE unter dem Titel ‚Politischer Strafvollzug in der DDR'" vom 23.5.1981. Fundort: BStU, MfS, Sekr. Neiber 226
423 Beispiele bei Wunschik 1999, S. 492
424 Wunschik 2002, S. 4
425 Für die Haftanstalt Brandenburg ist die Arbeit der dortigen Operativgruppe zumindest für die 70er und 80er Jahre lt. Leonore Ansorg „relativ gut dokumentiert." Vgl. Ansorg 2005, S. 340. Laut Bernd Lippmann handelt es sich bei dem für die Sicherung des Cottbuser Gefängnisses verantwortlichen MfS-Offizier um Helmut Timm. Vgl. Lippmann 2013a, S. 84
426 Vgl. Wunschik 2002, S. 2

April 1980 gab es wieder 8 IM bzw. IM-Kandidaten unter den Gefangenen. Hinzu kamen 6 vom Arbeitsgebiet I/4 der BDVP Cottbus geführte „Inoffizielle kriminalpolizeiliche Mitarbeiter aus dem Kreis der Rechtsbrecher" (IKMR) und 3 entsprechende Perspektivkandidaten.

Nunmehr suchte das MfS Häftlinge, die zur Bekämpfung „feindlicher Aktivitäten" in West-Berlin eingesetzt werden sollten. Zur spezifischen Lage in Cottbus kam man zu folgender Einschätzung: „Die Anzahl der Personen, die aufgrund des Zutreffens objektiver Persönlichkeitsmerkmale (z. B. Bildung, Glaubensbekenntnis) als IM-Kandidaten zur Bekämpfung der Feindorganisation ‚AfM' in Betracht kommen, ist zwar höher als in anderen StVE, wird aber durch das Vorhandensein einer absolut feindlichen Einstellung gegenüber der DDR bei vielen Personen sehr beeinträchtigt."[427]

Von den bereits vorhandenen IM/IKMR bzw. Perspektivkadern kämen insgesamt nur drei für die neue Aufgabe in Betracht. Deshalb sollten alle ca. 450 Strafgefangenen noch einmal auf ihre Eignung geprüft werden: Die „Durchsicht der Strafgefangenenkartei [...] wurde entsprechend dem vorgegebenen Anforderungsbild, insbesondere nach den Gesichtspunkten Alter, Bildungsstand, Anzahl der Vorstrafen, Verfestigung der negativen Einstellung zur DDR, vorgenommen. Nach dieser Sichtung wurden von den zuständigen Erziehern 49 Erziehungsakten angefordert, diese einer gründlichen Prüfung unterzogen und eine weitere Auswahl getroffen. Von diesen 49 Strafgefangenen mussten 32 aufgrund fehlender objektiver und subjektiver Merkmale in der Folge unberücksichtigt bleiben. Die ausgewählten 17 Strafgefangenen verfügen entsprechend des Anforderungsbildes über solche Voraussetzungen wie Alter, Bildungsstand, gute Umgangsformen und Anpassungsfähigkeit." Im Ergebnis dieser „Rasterfahndung" wurden zunächst drei Gefangene ausgewählt, da sie mit einem führenden Mitglied der AfM in West-Berlin befreundet seien. Die operative Arbeit mit ihnen sollte baldmöglichst beginnen, da sie eventuell demnächst entlassen werden würden.

Auch bei anderen ausgewählten Gefangenen konnten „operativ bedeutsame Merkmale festgestellt werden, die sie in Bezug auf die Zielperson als besonders geeignet" erscheinen ließen. Bei diesen „Merkmalen" handelte es sich um: „Beruf: Historiker"/ „Mitglied der LDPD"/ „engagierter Christ"/ „soll vor Inhaftierung das sogenannte Bundesministerium für innerdeutsche Beziehungen wegen Unterstützung angeschrieben haben"/ „will angeblich nur wegen seines kranken Vaters in die BRD." Doch „auf der subjektiven Seite" würden bei diesen fünf

---

427 MfS, Hauptabteilung VII, Abteilung 6, Bereich Planung/Kontrolle: Bericht über die Suche nach IM und IM-Kandidaten in der StVE Cottbus zur Bekämpfung der Feindorganisation „Arbeitsgruppe für Menschenrechte – Westberlin", 15.4.1980. Fundort: BStU, MfS, HA VII 1386

Häftlingen aufgrund ihrer negativen Einstellung zur DDR „große Anstrengungen nötig sein, um Motive für eine dauerhafte inoffizielle Zusammenarbeit mit dem MfS herauszubilden und zu entwickeln."[428]

Über den weiteren Verlauf der Angelegenheit ist nichts bekannt, jedoch gelang es der Abteilung VII, zwischen Januar 1982 und Oktober 1983 vier inoffizielle Mitarbeiter „erfolgreich in das Operationsgebiet" einzusetzen.[429] Bernd Lippmann nennt als Beispiel Norbert Goretzki (IM „Nowak"), der 1983 von Oberleutnant Timm angeworben und in der Bundesrepublik sogar mit politischen Kommentaren im Fernsehen aufgetreten sei.[430]

Im Herbst 1983 blieben nur noch 4 IMS unter den Cottbuser Häftlingen übrig, hinzu kamen allerdings 9 IKMR, 8 IKMR-Kandidaten sowie 9 „auskunftsbereite Strafgefangene" (ASG), die von 2 Mitarbeitern der AR I/4 der Kriminalpolizei geführt wurden.

Deutlich größer war zum selben Zeitpunkt die Zahl der IM unter den Beschäftigten: Hier gab es 18 IM und 1 GMS unter den Strafvollzugsangehörigen (ohne IM in Schlüsselpositionen) und 3 IM unter den Betriebsangehörigen. Mit den vorhandenen IM könne ein großes Informationsaufkommen erarbeitet werden. Es sei „allerdings unverständlich, warum es nicht gelingt, durchgreifende Veränderungen zu Erhöhung von Ordnung und Sicherheit in den Einrichtungen des Strafvollzugs durchzusetzen. In einem größeren Zeitraum berichten die IM/GMS wiederholt zu gleichen Mängeln im Sicherungssystem, ohne dass etwas Sichtbares passiert."[431]

Auch ein Bericht über eine von der Hauptabteilung VII des MfS vom 22.Februar bis 3. März 1984 durchgeführte „Komplexkontrolle" in der StVE Cottbus gibt u. a. Auskunft über den IM-Bestand. Dieser könne – wie es dort heißt – „unter den SV-Angehörigen und Betriebsangehörigen (AEB Pentacon) quantitativ als ausreichend betrachtet werden, um den Personalbestand zu durchdringen und die Frage Wer ist wer zu klären. Der IM-Bestand unter Strafgefangenen ist bedingt durch eine geringe Verbleibdauer in der StVE durch eine hohe Fluktuation gekennzeichnet. Gegenwärtig sind lediglich 4 vorhanden, obwohl im Laufe des Jahres mit 19 IM zusammengearbeitet wurde. Die für 1984 geplante Zielstellung, 12 Werbungen vorzunehmen, ist als real und notwendig einzuschätzen."[432]

---

428   Ebenda
429   Bericht zum Komplexeinsatz der Abteilung 8 der HA VII in der BV Cottbus, Abteilung VII zum Verantwortungsbereich Strafvollzug. 12.10.1983, BStU, MfS, HA VII 8480.
430   Vgl. Lippmann 2013a, S. 81ff., hier S. 88
431   Ebenda
432   Oberstleutnant Siegel: „Bericht über die Ergebnisse der durchgeführten Kontrolle in der StVE Cottbus zur Überprüfung des Standes und der Wirksamkeit der Durchsetzung der

Die „Konspiration, Geheimhaltung und Sicherheit der IM" sei nicht immer gewährleistet. „Noch zu viele Treffs erfolgten außerhalb von IMK-KW bzw. Treffs mit IM unter SV-Angehörigen/Betriebsangehörigen im KO ‚Zentrum', welches eigentlich für die Treffdurchführung mit Strafgefangenen geschaffen wurde."[433] In einer Anlage dieses Dokuments wurden Hinweise des IMS „Auge" aus dem Jahre 1983 aufgelistet (u. a. zu labiler Dienstauffassung von Strafvollzugsangehörigen, Diebstählen und in Auftrag gegebener Schwarzarbeit von Häftlingen).[434] Laut einem anderen MfS-Dokument vom Januar 1988 waren sowohl IMS „Auge" als auch der ebenfalls erwähnte IMS „Fritz" „zuverlässige IM, die in den SV-Einrichtungen Leitungsfunktionen ausüben."[435] Bei „Fritz" handelt es sich nach Informationen des RBB um den bis 2011 als Pressesprecher der Cottbuser Polizei tätigen Berndt Fleischer, der zunächst als Wachmann in der StVE Cottbus beschäftigt war und später zum „Erzieher" aufstieg.[436] Fleischer gab seine Zuträgerdienst für das MfS nach jahrelangem Leugnen erst 2011 zu und wurde nach einigem juristischen Hin und Her schließlich fristgerecht gekündigt.[437]

Laut dem erwähnten Bericht über die Komplexkontrolle von Anfang 1984 wurden vom MfS in der StVE Cottbus zum Kontrollzeitpunkt fünf sogenannte „operative Personenkontrollen" (OPK) durchgeführt, zwei zu Strafvollzugsmitarbeitern, ,einer zu einem „Betriebsangehörigen" (also einem zivilem Mitarbeiter) sowie zwei zu Strafgefangenen. Letztere Zahl wurde als zu gering kritisiert: „Im Verhältnis zu der hohen Zahl von SG, die Antragsteller auf Übersiedlung in die BRD, WB sind, ist die Einleitung von zwei OPK zu wenig, um in allen Erziehungsbereichen der StVE vorbeugend wirksam zu werden."[438]

Befehle und Weisungen des Ministers für Staatssicherheit zur allseitigen Gewährleistung der staatlichen Sicherheit sowie Sicherheit und Ordnung" o. D. mit Anschreiben von Oberst Krüger, Stellvertretender Leiter HA VII an Oberstleutnant Schulz, Stellvertreter Operativ der MfS-Bezirksverwaltung Cottbus vom 5.4.1984. BStU, MfS, HA VII 2077

433 Ebenda.
434 Ebenda, Anlage 2.
435 Oberleutnant Enk, Hauptabteilung VII/8: Dienstreisebericht vom 28.1.1988, Fundort: BStU MfS HA VII 6053
436 Vgl. Probst 2009
437 Vgl. http://de.wikipedia.org/wiki/Berndt_Fleischer, letzter Zugriff am 18.7.2013
438 Oberstleutnant Siegel: „Bericht über die Ergebnisse der durchgeführten Kontrolle in der StVE Cottbus zur Überprüfung des Standes und der Wirksamkeit der Durchsetzung der Befehle und Weisungen des Ministers für Staatssicherheit zur allseitigen Gewährleistung der staatlichen Sicherheit sowie Sicherheit und Ordnung" o. D. mit Anschreiben von Oberst Krüger, Stellvertretender Leiter HA VII an Oberstleutnant Schulz, Stellvertreter Operativ der MfS-Bezirksverwaltung Cottbus vom 5.4.1984. BStU, MfS, HA VII 2077

Auf das Misstrauen gegen Strafvollzugspersonal und Zivilbeschäftigte deuten neben den OPK auch insgesamt 37 „operative Sicherheitsüberprüfungen" vor allem bei Mitarbeitern in Leitungsfunktionen hin. Neben allgemeinen menschlichen Schwächen (Redseligkeit, hohe Spieleinsätze) richtete sich die Aufmerksamkeit des MfS vor allem auf falschen Umgang mit den Gefangenen („Geschäftemacherei", Schwarzarbeit, sexuelle Kontakte, labile Dienstdurchführung).

Auch der Ablauf bei entdeckten Verfehlungen des Personals ist dem Dokument zu entnehmen: „Bei Notwendigkeit werden operativ bedeutsame Sachverhalte zu SV-Angehörigen und Betriebsangehörigen neutralisiert dem Leiter der StVE Cottbus zur Entscheidung zugeleitet. Von ihm werden die Hinweise des MfS beachtet und er klärt diese Sachverhalte entsprechend seinen Weisungen und Befugnissen."

Die Beachtung von Hinweisen des MfS bedeutete wohl in der Regel Entlassung, wie die folgenden Sätze verdeutlichen: „Bei Entlassungen von SV-Angehörigen und Betriebsangehörigen ist zu verzeichnen, dass eine größere Anzahl von Personen auf Drängen des MfS herausgelöst wurde. Im Zeitraum vom 1.1.1980 bis 29.2.1984 wurden aus der StVE Cottbus 14 SV-Angehörige wegen politischer, fachlicher oder moralischer Nichteignung bzw. disziplinarischen Gründen entlassen. Im gleichen Zeitraum wurde wegen Verbindungen ins NSW bzw. unerlaubten Verbindungen zu SG 7 Betriebsangehörigen die Zutrittsberechtigung zur StVE entzogen."[439]

In der Überlieferung der Auswertungs- und Kontrollgruppe des MfS findet sich das Beispiel eines Pentacon-Mitarbeiters, der einen Gefangenen und dessen Frau beim Einschmuggeln von Briefen, Informationen, Alkohol, Kaffee und Zigaretten unterstützte. Dafür erhielt er kleinere Geschenke und das Versprechen des Häftlings, nach der eigenen Ausreise in die Bundesrepublik dem Beschäftigen bei dessen Übersiedlung mittels „Schleusung" zu helfen. Dem Pentacon-Mitarbeiter wurde das Zutrittsrecht zur StVE entzogen, außerdem sollte ein Ordnungsstrafverfahren eingeleitet werden.[440]

Mit allen Mitteln versuchte das MfS, insbesondere den Abfluss von Informationen in die Bundesrepublik und andere westliche Staaten zu verhindern, was aber nie im gewünschten Ausmaß gelang. So musste das Mielke-Ministerium z.B. 1983 108 von Amnesty international veranlasste Schreiben „vorwiegend aus Frankreich, England, Italien und den USA" an die Leitung der StVE Cottbus registrieren, die die Haftbedingungen kritisierten und sich für Inhaftierte einsetzten.

---

439 Ebenda
440 MfS-Bezirksverwaltung Cottbus: Bericht über „unstatthafte Verbindungen zwischen einem Angehörigen des Arbeitseinsatzbetriebes VEB ‚Pentacon' Dresden und einem Strafgefangenen der StVE Cottbus vom 7.5.1985." BStU, MfS, AKG 4730, Dok Nr. 002270

Als „Mittel und Methoden zu operativ bedeutsamen Verbindungsaufnahmen von SG zu Personen außerhalb der StVE" seien erkannt worden:
- Versuch der Schleusung von Kassiber über SG, welche in die DDR entlassen werden
- Übergabe von Materialien/Gegenständen bei der Sprecherdurchführung von bzw. an Besucher
- Einschleusen von Kassibern, Bargeld und Valuta-Mittel über Paketsendungen an Strafgefangene durch Verstecken in den Nahrungs- und Genussmitteln
- Schleusung von Briefen über SV-Angehörige und Betriebsangehörige unter Ausnutzung deren dienstlicher Funktion."[441]

Die Informationen, die Amnesty international und andere Gefangenhilfsorganisationen erreichten, konnten kaum geprüft werden, was wiederum z.T. zur Verbreitung von Fehlinformationen führte. So berichtete die ai-Information 8/76 fälschlicherweise über den Tod des „von ai adoptierten Gefangenen Siegmar Faust [...] kurz nach seiner Entlassung aus einem DDR-Gefängnis Ende März."[442] Die Information beruhte auf Gerüchten, die unter den Häftlingen der Cottbuser StVE umliefen, da der in Absonderung befindliche Faust längere Zeit nicht gesehen würde.[443]

Die Stasi war ständig Thema unter den Gefangenen, häufig herrschte Misstrauen untereinander. Mithäftlinge wurden als Spitzel verdächtigt, das MfS streute z.T. selbst entsprechende Gerüchte.[444] Bekannt war, dass ein Wartezimmer vor der hauseigenen medizinischen Einrichtung („Med.-Punkt") auch dem verdeckten Zugang zum konspirativen Objekt des MfS diente[445] – dem oben erwähnten KO „Zentrum".

Einige Häftlinge versuchten auch in Cottbus, schriftlich an die Verbindungsoffiziere des MfS heranzutreten, weil man ihnen großen Einfluss unterstellte. So kritisierte Siegmar Faust am 24. Dezember 1975 in einem Schreiben an die Stasi, das er einige Jahre später in der Bundesrepublik veröffentlichte, die eigenen Haftbedingungen scharf.[446] Andere wandten sich direkt an die MfS-Zentrale in Berlin, so etwa Michael Holz, der am 7. Oktober 1974 (zum 25. Jahrestag der DDR) seine sofortige Freilassung forderte.[447]

---

441 Ebenda
442 Zit. nach Faust 1983, S. 225
443 Vgl. Pieper 1997, S.188
444 Vgl. Wunschik 2002
445 Vgl. Schmidt 1986, S.180 ff., Pieper 1997, S.164
446 Faust 1983, S. 145 ff.
447 Schreiben dokumentiert in ebenda, S.152 f.

In den Erinnerungen ehemaliger „Cottbuser" nimmt das Wirken des MfS häufig breiten Raum ein.[448] Der frühere politische Häftling Andreas Schmidt gibt offen die eigene IM-Tätigkeit zu – nach wie vor kein häufiger Fall. Als Gründe, die ihn veranlassten, auf die Werbung einzugehen, benennt er seine Ängste vor einer neuen Verurteilung.[449]

Im Ergebnis der erwähnten Komplexkontrolle aus dem Jahre 1984 wurde als einer der 3 Schwerpunkte der künftigen Tätigkeit der HA VII „die wirksame operative Durchdringung der Konzentration feindlich-negativer Strafgefangener in der StVE" genannt.[450]

Inwieweit das Mielke-Ministerium aus dieser Konstellation die Notwendigkeit besonderer, über den Durchschnitt hinausgehender, Kontrollen des Geschehens im Cottbuser Strafvollzug ableitete, ob beispielsweise die IM-Dichte unter dem Personal höher war als in anderen StVE, ist unklar. Die Journalistin Gaby Probst vom RBB, die sich umfänglich mit dieser Problematik beschäftigte, hat nach eigenen Angaben Anhaltspunkte für letztere Annahme.

Wie sich die jeweiligen Leiter der Cottbuser StVE gegenüber den Eingriffen des MfS behaupten konnten, hing wohl nicht zuletzt von ihrem persönlichen Stehvermögen ab. Ein gänzliches Ignorieren der „Hinweise" des Mielke- Ministeriums war aber wohl kaum möglich. Auch die Spielräume des Leitungspersonals gegenüber den Vorgesetzten im Organ Strafvollzug waren gering.

Von direkter Einflussnahme des SED-Parteiapparates auf die konkreten Verhältnisse im Cottbuser Strafvollzug ist auszugehen, archivalische Nachweise dafür konnten aber nicht gefunden werden. Zumindest bei der Freilassung des Schriftstellers Siegmar Fausts ist die Handschrift der SED-Führung aber unverkennbar. Robert Havemann, der während der NS-Zeit wie der SED-Generalsekretär im Zuchthaus Brandenburg inhaftiert war, schrieb am 16. März 1976 einen Brief an den „lieben Kameraden und Genossen" Honecker, um die Entlassung Fausts zu erreichen.[451] Sechs Tage später wurde dem Schriftsteller, der wegen seiner Renitenz schon mehr als ein Jahr in Einzelhaft verbringen musste, von einem aus Berlin angereisten Staatsanwalt eröffnet, dass er wegen angeblicher „guter Führung" sofort (in die DDR) entlassen werde, was mit einiger Sicherheit wohl auf direkte Anordnung Honeckers zurückging.[452]

---

448   Vgl. etwa Pieper 1997, S. 113ff.
449   Vgl. Schmidt 1986, S. 186ff.
450   Anschreiben von Oberst Krüger, Stellvertretender Leiter HA VII an Oberstleutnant Schulz, Stellvertreter Operativ der MfS-Bezirksverwaltung Cottbus vom 5.4.1984. BStU, MfS, HA VII 2077
451   Dokumentiert bei Faust 1983, S. 223
452   Vgl. ebenda, S. 217ff.

Faust, der kurze Zeit später die DDR gen Westen verließ, galt dem SED-Regime als besonders hartnäckiger Feind. Der Leiter der im Herbst 1989 in „Amt für nationale Sicherheit" umbenannten Stasi, Generalleutnant Wolfgang Schwanitz, empfahl noch am 23. November 1989 in einem Brief an den letzten SED-Generalsekretär, Egon Krenz, die Einreisesperre u. a. gegen Faust „aus Gründen der nationalen Sicherheit und wegen fortgesetzten subversiven Aktivitäten gegen die DDR" aufrecht zu erhalten, während etwa das Einreiseverbot gegen die Liedermacher Wolf Biermann oder Stephan Krawczyk „gegebenenfalls aufgehoben werden" könnte.[453]

---

453 Fundort: SAPMO-BArch, DY 30, IV 2/2039/349

6. Die Häftlinge

6.1. Gefangenenzahlen

Präzise Angaben zum Häftlingsbestand in Cottbus sind nur für die Zeit ab 1972 möglich. Im Archiv der neuen JVA Cottbus-Dissenchen konnten dazu die von der StVE Cottbus geführten Belegungsbücher eingesehen werden, die für vorangegangene Zeiträume nicht mehr vorhanden sind.

Vergleichsweise genaue Übersichten existieren auch für die „Justizzeit" bis 1950, als von der Gefängnisverwaltung noch detaillierte Monats-, Quartals- und Jahresberichte erstellt wurden, die in großen Teilen auch überliefert sind. Für die fünfziger Jahre gibt es noch punktuelle Angaben, für die sechziger Jahre nahezu keine mehr. Über die Gründe für die Lückenhaftigkeit der Überlieferung kann nur spekuliert werden. Bekannt ist lediglich, dass laut einer Anweisung des DDR-Generalstaatsanwalts vom 5.September 1952 keine Angaben mehr über die Stärke des Bewachungspersonals gemacht werden durften, ob dies auch auf die Häftlingszahlen zutraf, bleibt im Dunkeln.[454] Wie in der Einleitung bereits dargestellt, kann die archivalische Überlieferung zum Cottbuser Gefängnis ab den fünfziger Jahren generell nur als äußerst lückenhaft angesehen werden. Insoweit ist der Mangel an Bestandszahlen nicht ungewöhnlich.

---

454 Der Staatsanwalt des Bezirks Cottbus, 6. Oktober 1952: Bericht über die Kontrolle der Vollzugsanstalt Cottbus am 1. und 2. Oktober 1952, durchgeführt von Staatsanwalt Sieg. Fundort: BLHA, Rep.871/17, Nr.93

Tabelle 1: Belegung 1945-1966

Jahr	Datum	Gesamt	Männer	Frauen	U-Haft	Quelle
1945	31.08.	22	14	8		BLHA Rep. 212, Nr. 1251
	31.10.	35	25	10		BLHA Rep. 212, Nr. 1251
1946	01.03.	96	85	11		BArch, DP 1/30110
	01.04.	129	111	18		dito
	01.05.	150	127	23		dito
	01.06.	224	186	38		dito
	01.07.	255	214	41		dito
	01.08.	334	276	58		dito
	01.09.	269	207	62		dito
	01.10.	304	232	72		dito
	01.11.	253	178	75	111	dito, U-Haft: BLHA, Rep. 212/1253
	01.12.	286	203	83	144	dito, U-Haft: BLHA, Rep. 212/1253
1947	01.01.	257	168	89		BArch, DP 1/30111
	01.02.	301	201	100		dito
	01.03.	104	74	30		dito
	01.04.	159	110	49		dito
	01.05.	224	144	80		Dito
	01.06.	331	210	121		dito
	01.07.	332	216	116	148	BArch, DP 1/30112; U-Haft: BLHA, Rep. 212/1252
	01.08.	392	251	141		dito
	01.09.	440	261	179		dito
	01.10.	413	283	130		dito
	01.11.	397	278	119	200	BArch, DP 1/30112; U-Haft: BLHA, Rep. 212/1252
	01.12.	418	291	127		dito
1948	01.01.	376	270	106	207	BArch, DP 1/30112; U-Haft: BLHA, Rep. 212/1252
	01.02.	367	270	97		dito
	01.04.	338	261	77		dito
	01.05.	383	291	92	211	dito; U-Haft: BLHA, Rep. 212/1253
	01.06.	394	288	106	221	dito
	01.07.	395	283	112	213	dito
	01.08.	408	291	117	225	dito
	01.09.	423	309	114		dito
	01.10.	420	303	117		BArch, DP 1/30114
	01.11.	438	311	127	211	dito, U-Haft: BLHA, Rep. 212/1253
	01.12.	453	302	151		dito

Jahr	Datum	Gesamt	Männer	Frauen	U-Haft	Quelle
1949	01.02.	407	281	126		BLHA, Rep. 212/1322
	01.03	470	340	130		dito
	01.04.	515	381	134		dito
	01.05.	570	419	151		dito
	01.09.	570				dito
	01.10.	540	378	142		dito
	01.11.	502	316	186		dito
1950	01.02.	770	484	286		BArch, DP 1/30109
	01.03.	711	453	258		BArch, DP 1/30115
	01.04.	728	513	215		dito
	01.05.	782	569	213		dito
	01.06.	764				BLHA, Rep. 212/1225
	01.07.	780				dito
	01.08.	805				dito
	01.09.	820				dito
	01.10.	802				dito
	01.11.	841				dito
	01.12.	861				dito
1951	25.06.	1213	1092	121		BArch, DO 1/28578
	25.08.	1035	928	107		dito
	25.09.	1096				dito
1952	01.10.	1362	1178	184	72	BLHA, Rep. 871/17/93
1953	10.06.	3020				BArch, DO 1/28578
	01.07.	2610				BArch, DO 1/28579
	25.11.	1867			52	BArch, DO 1/28580
1957	01.06.	786				BArch, DO 1/28567
1959	1.Quartal	874				BLHA, Rep. 871/17/94
	2. Quartal	753				dito
	3. Quartal	655				dito
	4. Quartal	601				dito
1962	01.05.	621				BArch, DO 1/3780
1966	01.03.	598			126	BArch, DO 1/3780

Abbildung 1: Belegung 1945-1953

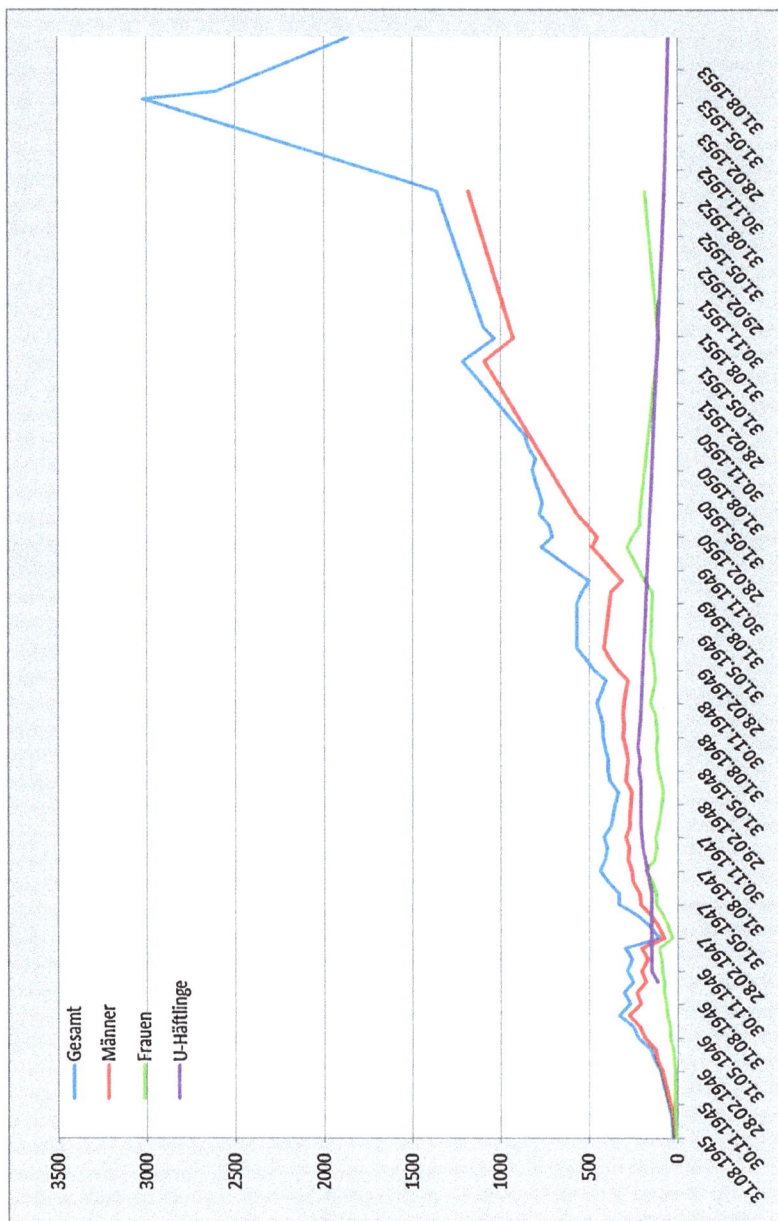

Wie bereits in Kapitel 2.6. beschrieben, sind schon unter der Ägide der Brandenburger Justizverwaltung unvollständige und z.t. widersprüchliche Belegungsangaben zu verzeichnen. Dennoch sind klare Tendenzen erkennbar: Mit ersten Fortschritten beim Wiederaufbau in der unmittelbaren Nachkriegszeit war bis Herbst 1946 eine sprunghafte Zunahme der Häftlingszahlen auf etwa 300 verbunden. Nach einem starken Rückgang im Zuge der Kältekrise 1946/47 auf teilweise unter 100 Gefangene stieg der Häftlingsbestand bis zum Herbst 1947 wieder auf etwa 400, bis 1950 verdoppelte sich die Gefangenenzahl nochmals und erreichte mit mehr als 850 Häftlingen im Dezember 1950 ihren Höchststand unter der Ägide der Justiz. Dies führte trotz baulicher Erweiterungen zu einer veritablen Überbelegung.

In der Nachkriegszeit waren in Cottbus durchgängig auch Untersuchungsgefangene inhaftiert; 1948 bestand z.t. mehr als die Hälfte der Gesamtbelegung aus noch nicht Verurteilten. Weibliche Häftlinge blieben gegenüber den Männern durchgängig in der Minderheit.

Nach der Übernahme durch das Innenministerium 1951 stiegen die Cottbuser Häftlingszahlen nochmals stark an und erreichten mit knapp 1400 Gefangenen im Oktober 1952 einen vorläufigen Höhepunkt. Dieser wurde aber im Sommer 1953 mit zeitweise mehr als 3000 Inhaftierten, die z.t. in Zelten übernachten mussten, noch einmal deutlich übertroffen. Danach gingen die Belegungszahlen stark zurück. In der schlecht dokumentierten zweiten Hälfte der fünfziger Jahre dürften sie ebenso wie in den sechziger Jahren, für die es kaum noch statistische Überlieferungen gibt, deutlich unter 1000 gelegen haben.

Die Zahl der Untersuchungshäftlinge nahm nach der Einrichtung einer separaten Cottbuser U-Haftanstalt ab 1951 ebenfalls stark ab. Allerdings wurde letztere 1961 wieder auf das Gelände des Zentralgefängnisses verlegt. Die zumindest vorläufig letzten weiblichen Häftlinge wurden 1954 nach Hoheneck gebracht. Anfang Januar 1972 waren 522 Strafgefangene und 264 U-Häftlinge in Cottbus inhaftiert. Diese Zahl stieg bis zum Sommer leicht und ging dann infolge einer Amnestie zum Jahreswechsel scharf zurück, am 1.Februar 1973 waren nur noch 30 Strafgefangene und 203 U-Häftlinge in Haft. Anschließend füllte sich das Gefängnis schnell wieder – am 1.Juli 1974 wurde mit 788 Strafgefangenen und 243 U-Häftlingen der Belegungshöchststand für die siebziger/achtziger Jahre erreicht - angesichts der erwähnten Kapazität 1969 von etwas mehr als 700 Gefangenen eine erhebliche Überbelegung. Diese wurde in der Folgezeit nur langsam abgebaut, erst ab 1976 überstieg die Gesamtzahl der Inhaftierten die Marke von 800 Personen nur noch selten.

Frauen waren unter den Cottbuser Gefangenen in den siebziger und achtziger Jahren nur sporadisch vertreten, meist befanden sie sich in Untersuchungshaft.

Tabelle 2: Belegung 1972-1990

Datum	Gesamtzahl (z.T inkl. Transportgef.)			Strafgefangene (SG)		U-Haft		Allgemeiner Vollzug (AV)	Erleichterter Vollzug (EV)
	Gesamt	m	w	m	w	m	w		
03.01.1972	794	770	24	511	11	251	13		
01.02.1972	822	796	26	546	7	240	15		
02.04.1972	852	828	24	609	7	209	15		
01.07.1972	894	869	25	608	7	246	17		
25.07.1972	960	932	28	663	7	210	21		
01.10.1972	932	900	30	610	12	255	18		
07.11.1972	660	643	17	538	13	75	3		
01.01.1973	382	361	21	218	2	138	18		
17.01.1973	297	274	23	84	1	165	20		
01.02.1973	233	211	22	30	0	181	22		
01.03.1973				79	2				
01.04.1973	489	460	29	161	2	299	27		
31.05.1973				237	4				
02.07.1973	687	647	40	316	4	331	36		
01.10.1973	779	749	30	420	6	329	24		
01.01.1974	860	834	26	608	79	226	19		
01.04.1974	1016	990	26	777	7	213	19		
01.07.1974	1031	1002	29	780	8	222	21		
01.10.1974	878	846	32	682	9	164	23		
02.01.1975	892	863	29	716	7	147	22		
01.04.1975	986	961	25	797	7	164	18		
01.07.1975	863	841	22	715	6	126	16		
01.10.1975	867	850	17	701	6	149	11		
01.01.1976	783	755	28	601	6	154	22		
01.04.1976				624	7				
12.04.1976						131	15		
01.07.1976	703	684	19	525	4	159	15		
01.10.1976	650	620	30	457	8	163	22		
01.01.1977	630	608	22	463	7	145	15		
01.04.1977	806	785	21	604	6	181	15		
02.05.1977				610	4			349	258
02.06.1977				660	6			379	264
01.07.1977	671	632	39	475	6	157	33	271	186
16.08.1977				434	9			259	155
01.09.1977				415	10			260	149
01.10.1977	611	586	25	417	10	169	15	258	158
01.01.1978	763	740	23	530	8	210	15	317	209
01.04.1978				550	8			282	262
01.07.1978				382	7			175	204
01.10.1978				404	7			198	200
01.01.1979	651	631	20	529	6	102	14	260	261

Datum	Gesamtzahl (z.T inkl. Transportgef.)			Strafgefangene (SG)		U-Haft		Allgemeiner Vollzug (AV)	Erleichterter Vollzug (EV)
	Gesamt	m	w	m	w	m	w		
01.04.1979				435	6			193	233
01.07.1979				459	8			192	246
30.08.1979						184	30		
01.10.1979				537	7			242	287
14.11.1979				442	5			233	203
30.11.1979				330	5			177	137
06.12.1979				237	3			129	104
01.01.1980	533	492	41	293	4	199	37	146	143
13.02.1980				429	4			194	216
01.04.1980				450	5			210	225
01.07.1980	645	617	28	475	6	142	22	261	205
01.10.1980				621	6			319	271
29.10.1980				680	6			335	310
20.11.1980				695	6			366	325
01.01.1981	750	734	16	619	5	125	11	327	287
01.04.1981				511	6			259	247
01.07.1981				549	5			285	247
01.10.1981				556	6			332	222
21.10.1981						225	33		
04.01.1982	810	784	26	612	6	172	20	354	254
01.04.1982								334	225
01.07.1982								338	199
01.10.1982								354	218
03.01.1983	800	767	33	546	6	221	27	358	184
01.04.1983				568	7			349	210
01.07.1983				495	7			316	175
01.10.1983				506	6			361	140
02.01.1984	772	754	18	560	6	194	12	410	147
01.04.1984				546	6			412	129
28.06.1984				566	6			237	298
01.10.1984				427	6			179	223
03.01.1985	777	746	31	543	3	203	25	177	360
01.04.1985				502	6			234	266
01.07.1985				459	8			232	222
01.10.1985				385	6			211	186
01.01.1986	500	478	22	296	5	182	17	197	95
01.04.1986				402	6			225	172
01.07.1986				428	7			307	117
01.10.1986				429	6			325	100
01.01.1987	665	639	26	403	6	236	20	322	77
01.04.1987				454	8			272	179
01.07.1987				375	6			432	124
01.10.1987				363	5			266	91
03.11.1987						100	4		

Datum	Gesamtzahl (z.T inkl. Transportgef.)			Strafgefangene (SG)		U-Haft		Allgemeiner Vollzug (AV)	Erleichterter Vollzug (EV)
	Gesamt	m	w	m	w	m	w		
04.11.1987				332	3			192	134
17.11.1987				166	2			97	67
10.12.1987				0	0				
31.12.1987						185	10		
20.01.1988				14	8				
12.02.1988						269	24		
31.03.1988				116	3			7	108
28.04.1988				193	3			15	177
10.05.1988						293	24		
01.06.1988				320	4			28	283
30.06.1988				421	5			47	353
04.08.1988				250	5			36	234
01.09.1988				289	6			54	203
01.11.1988				338	5			83	248
01.01.1989	646	623	23	431	4	192	19	115	297
01.04.1989				379	6			150	226
28.06.1989				395	5			176	217
30.08.1989						128	13		
28.09.1989				376	7			188	182
01.11.1989				393	7			198	189
13.11.1989				363	6			201	157
01.12.1989				262	6			166	94
02.01.1990	171	152	19	93	13	59	6		
02.10.1990				45	19				

Abbildung 2: Belegung 1972-1990

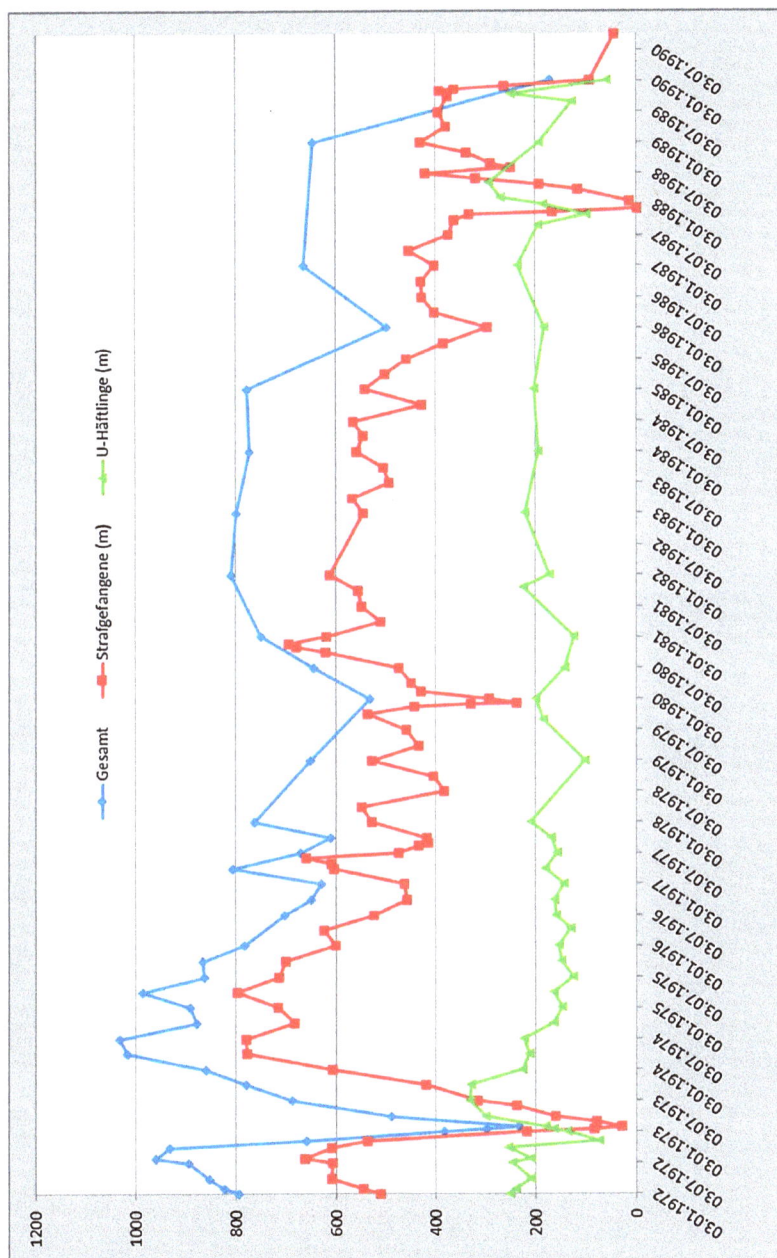

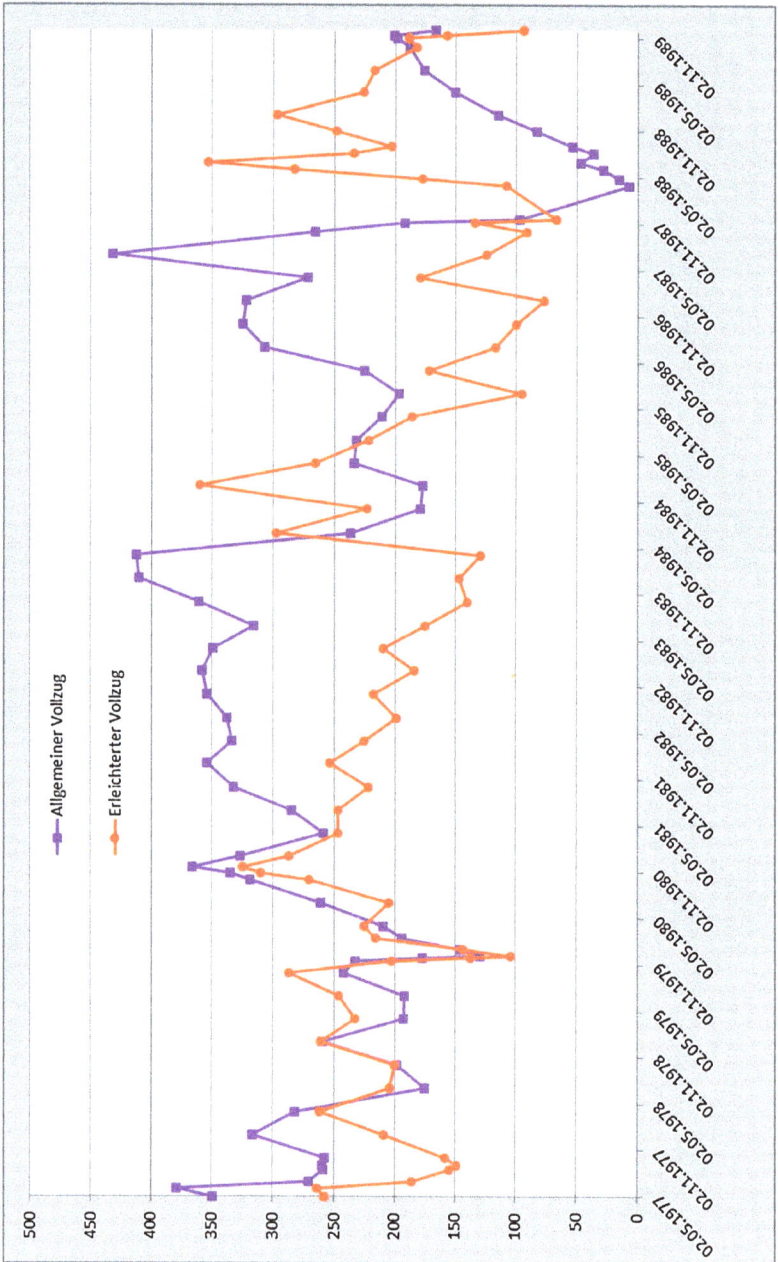

Abbildung 3: Allgemeiner/Erleichterter Vollzug 1977-1989

6.2. Politische Häftlinge

In den DDR-Haftanstalten saßen offiziell keine politischen, sondern nur kriminelle Gefangene ein. In einer Rundverfügung des Justizministeriums vom September 1951 wurde angeordnet, den Begriff „politischer Häftling" für die „Opfer des Faschismus" zu reservieren: „Heute wird niemand seiner Gesinnung wegen inhaftiert. Wer unsere antifaschistische Ordnung angreift, wer den Aufbau unserer Friedenswirtschaft stört, begeht eine strafbare Handlung und wird seiner verbrecherischen Taten wegen bestraft. Die Strafgefangenen dieser Art sind deshalb auch keine ‚politischen Gefangenen', sondern kriminelle Verbrecher, die Bezeichnung dieser Strafgefangenen als politische Häftlinge wird hiermit untersagt."[455]

Zwanzig Jahre später verkündete der DDR-Staatsrat am 6. Oktober 1972 dennoch eine „umfassende Amnestie für politische und kriminelle Straftäter". Staats- und Parteichef Erich Honecker persönlich reagierte 1981 in einem von Robert Maxwell geführten Interview auf einen von seinem britischen Gast vorgebrachten Vorwurf, es gebe in der DDR zwischen 5.000 und 7.000 politische Gefangene (diese sicherlich überhöhte Zahl beruhte auf Schätzungen von Amnesty international) nach einigen Präliminarien mit einer klaren Lüge: „Seit der letzten Amnestie im Jahre 1979 gibt es bei uns keinen einzigen politischen Gefangenen mehr."[456]

Partei und Staat versuchten über die gesamte Existenz der DDR hinweg zum einen das Ausmaß der politischen Justiz und der von ihr verhängten Freiheitsstrafen zu verschleiern, zum anderen sollten „Staatsfeinde" durch Kriminalisierung diskreditiert werden.[457] Johannes Raschka dokumentiert ausführlich die von den zuständigen Partei- und Staatsorganen geführten Diskussionen, wie die tatsächlich registrierte Zahl politischer Straftaten in entsprechenden offiziellen Veröffentlichungen am besten zu vertuschen sei, um dem „Gegner" möglichst wenig „Angriffspunkte" zu geben. Die Letztentscheidung lag bei Honecker, der immer wieder in die Auseinandersetzungen eingriff.[458] Ähnliche statistische Manipulationen fanden auch auf anderen Politikfeldern statt.[459]

Die Definition des Begriffs „politischer Gefangener" ist durchaus schwierig.[460] Nicht jeder aus politischen Gründen Verurteilte sah sich selbst als „Oppositionellen" an, dies galt z.B. für die sich generell als unpolitisch verstehenden „Zeugen

---

455 Zit. nach Werkentin 1995, S. 381
456 Vgl. Raschka 1997, S. 8
457 Vgl. Werkentin 1995, S. 382
458 Vgl. Raschka 1997, S. 14ff.
459 Vgl. Alisch 1999
460 Vgl. zur Auseinandersetzung um diese Begrifflichkeit Ansorg 2005, S. 12ff.

Jehovas", die u. a. wegen Wehrdienstverweigerung inhaftiert waren, aber auch für viele Ausreisewillige. Johannes Raschka erstellte eine Hochrechnung der Zahl der politischen Häftlinge, die auf dem prozentualen Anteil der nach politischen Paragraphen zu Freiheitsentzug Verurteilten beruht[461] – ein durchaus praktikables Verfahren, das sicherlich zu realistischen Angaben beitragen kann.[462] Danach ging die Zahl der aus politischen Gründen Inhaftierten nach einem Höhepunkt 1961 (9.296) stark zurück (im Jahre 1976 nur noch 1.942). Zwischen 1980 und 1988 schwankte sie kräftig zwischen 2756 (1986) und 3973 (1984). Nach diesen Berechnungen gingen sowohl der prozentuale Anteil als auch die absoluten Zahlen der nicht wegen Fluchtversuch u.ä. verurteilten politischen Häftlinge seit 1961 sehr stark zurück. Betrug ihre Zahl 1961 noch 5.046 (54,3 %), so waren es 1987 nur noch 72 (2,4 %). Der höchste (absolute und prozentuale) Wert in den achtziger Jahren betrug 390 (11,0 %).[463] Aus der bereits zitierten Strafgefangenstatistik des Innenministeriums[464] lässt sich in Kombination mit Raschkas Werten auch ein genereller Rückgang des Anteils der politischen Häftlinge (ohne wegen Grenzdelikten Verurteilten) ableiten: Betrug deren Anteil 1961 noch 40,7 %, so sank er 1969 schon auf 14,7 % und erreichte 1981 mit 8,9 % einen Tiefstand, in den achtziger Jahren schwankte er generell um 10 %.[465]

Falco Werkentin weist im Rahmen seiner Analyse der politischen Strafjustiz in der Ära Ulbricht nur die wegen Staatsverbrechen verurteilten Häftlinge extra aus, was zu niedrigeren Anteilen politischer Häftlinge am Gesamtbestand führt. Dabei räumt er ein, dass „die Zahl der Gefangenen, die aus Gründen der Machtsicherung und zum Zwecke des Durchsetzens der sozialistischen Wirtschafts- und Gesellschaftsordnung in Haft kamen, […] ohne Zweifel weitaus höher" gelegen habe, als in seiner tabellarischen Übersicht angegeben.[466] Die Zahlen Werkentins sind also nur bedingt mit denen Raschkas vergleichbar, dennoch wird deutlich, dass der Anteil der aus politischen Gründen Inhaftierten vor allem in der ersten Hälfte der fünfziger Jahre noch weitaus höher lag als in der Ära Honecker.[467]

Der Jurist Birger Dölling kritisiert die „von der zeitgeschichtlichen Forschung stillschweigend vorausgesetzte klare Zweiteilung in unberechtigte (wegen politi-

---

461 1. und 2. Kap. StGB gesamt sowie die gegen Ausreisewillige gerichteten Paragraphen.
462 Vgl. zur Diskussion um eine quantitative Analyse der politischen Gefangenen in der DDR Schröder/Wilke 1999, S. 1080ff.
463 Alle absoluten Zahlen nach Raschka 2000, S. 324f.
464 Abgedruckt in ebenda, S. 336f.
465 Eigene Berechnungen
466 Vgl. Werkentin 1995, S. 380ff.
467 Vgl. ebenda, S. 409

scher Handlungen) und berechtigte Inhaftierung (wegen krimineller Handlungen)" zutreffend als „Trugbild". Schließlich sei auch „die Berechtigung einer Inhaftierung wegen krimineller Handlungen im Gegensatz zu unberechtigter politischer Haft nicht naturgegeben [...], sondern im Wege gesellschaftlicher Zuschreibung bestimmt". Das DDR-Gefängnis erweise sich somit „als Instrument allgemeiner Repression und Disziplinierung." Auch „Kriminelle" mussten ihre Haft unter menschenunwürdigen Bedingungen verbringen. Der Autor verweist auch darauf, dass die repressive Grundausrichtung des Strafrechts und des Strafvollzugs in der DDR viel seltener öffentlich kritisiert wurde als etwa seit den siebziger Jahren in Polen.[468]

Auch für Nichtjuristen nachvollziehbar sind Döllings Differenzierungen zwischen einem politischen Strafrecht im engeren Sinne (Staatsschutzstrafrecht und Teile des Völkerstrafrechts) und einem politischen Strafrecht im weiteren Sinne. Unter letzterem, das er auch als ideologisches Strafrecht bezeichnet, versteht er „Normen, die zwar nicht ausdrücklich den Schutz des Staates und die Machtsicherung bezwecken, die aber auf der sozialistischen Ideologie fußen, ihrer Verbreitung und Durchsetzung dienen und zu diesem Zweck so angelegt sind, dass durch ihre Anwendung bestimmte Meinungen, Handlungen und Lebensweisen unterdrückt werden können." Darunter fielen etwa §213 (ungesetzlicher Grenzübertritt) oder 214 (Beeinträchtigung staatlicher oder gesellschaftlicher Tätigkeit). Aber auch das nichtpolitische Strafrecht könne menschenrechtswidrig verwendet werden, bei allen begrifflichen Differenzierungen, gehe es letztlich um das Maß der Anfälligkeit für politische Interpretationen. „Ob tatsächlich eine politische Bestrafung – und damit ggf. auch politische Haft – vorliegt", sei nicht immer eindeutig entscheidbar, da „neben formalen Kriterien auch Bewertungen rechtlicher, politischer und moralischer Art" einbezogen werden müssten.[469]

In einer 2009 im Auftrag des Forschungsverbundes SED-Staat durchgeführten Befragung von 172 ehemaligen politischen Häftlingen in Cottbus[470] wurde u. a. um eine eigene Schätzung des Anteils politischer Gefangener gebeten. Dabei gaben die in den fünfziger Jahren Inhaftierten den Anteil der politischen Häftlinge mit 74 % an, für die sechziger Jahre ergab sich ein Durchschnittswert von 70 %, für die siebziger Jahre von 81 % und schließlich für die achtziger Jahre von

---

468 Vgl. Dölling 2009, S.20ff.
469 Vgl. ebenda, S.50ff.
470 3 Befragte waren zwischen 1945 und 1950 inhaftiert, 7 in den fünfziger Jahren, 28 in den sechziger Jahren, 78 in den siebziger Jahren und 56 in den achtziger Jahren.

76 %.[471] Auch hier muss allerdings quellenkritisch angemerkt werden, dass eine individuelle Schätzung solcher Werte Grenzen hat.

Unter den politischen Häftlingen überwogen wiederum bei weitem diejenigen, die wegen eines Fluchtversuchs oder wegen Aktivitäten zur Förderung ihrer Ausreise[472] inhaftiert worden waren. Häftlinge, die primär wegen ihrer politischen Überzeugung, also wegen „staatsfeindlicher Hetze" oder „landesverräterischer Nachrichtenübermittlung" verurteilt worden waren, blieben immer deutlich in der Minderheit. So spricht Bernd Lippmann für die siebziger und achtziger Jahre von etwa 10-15 %.[473]

Über die Gründe für den hohen Anteil politischer Häftlinge in Cottbus kann bisher nur spekuliert werden, archivalische Überlieferungen zu dieser Problematik wurden bisher nicht gefunden. Tomas Kittan gibt die Aussagen des ehemaligen „Erziehers" Hauptmann Heinz Lücke wieder. Danach soll die Initiative zur vermehrten Aufnahme politischer Häftlinge Mitte der sechziger Jahre vom Cottbuser MfS-Chef Generalmajor Hans Ullmann und dem SED-Sekretär für Wirtschaft Gerhard O. ausgegangen sein,[474] was wohl eher als Legende anzusehen ist. Entscheidungen derartiger Tragweite wurden im SED-Staat kaum auf regionaler Ebene getroffen bzw. Initiativen von dort eher ungern gesehen. Abgesehen davon handelt es sich laut RBB-Informationen bei Kittans Kronzeugen Heinz Lücke um einen ehemaligen Inoffiziellen Mitarbeiter des MfS,[475] was dessen Glaubwürdigkeit nicht unbedingt verstärkt.

Johannes Raschka begründet die Konzentration politischer Häftlinge in Cottbus damit, dass „hier Strafgefangene mit kurzen oder mittleren Haftstrafen eingeliefert wurden, während in Bautzen und Brandenburg ‚Langstrafer' dominierten. Die beiden letztgenannten Gefängnisse wurden überwiegend mit kriminellen Häftlingen belegt."[476] Auch diese Begründung überzeugt nicht, ebenso könnte man die Sachlage umkehren und die Dominanz der „Kurz- und Mittelstrafler" mit den vielen politischen Gefangenen begründen.

6.3. Freikauf politischer Häftlinge

1963 begann die Bundesregierung mit dem Freikauf politischer Gefangener. Bis 1989 entließ die DDR 33.755 Häftlinge gegen Zahlungen und Warenlieferungen im Wert von insgesamt 2,5 Milliarden DM vor Ablauf ihrer Haftzeit, seit den

---

471   Eigene Berechnungen
472   Vgl. einen entsprechenden Zeitzeugenbericht in Fricke 1988, S. 248
473   Mitteilung an d. A. vom 30.6.2009
474   Vgl. Kittan 2012, S.30ff.
475   Telefonat mit Gaby Probst vom RRB am 6.8.2009
476   Raschka 1998, S.69

siebziger Jahren durften diese in aller Regel direkt in die Bundesrepublik ausreisen, vorher wurden viele auch an ihrem Wohnort in der DDR entlassen.[477]

Zunächst hing die je freizukaufendem Häftling zu zahlende Summe von Strafhöhe, Reststrafe und Bildungsgrad des Gefangenen ab, von 1977 an wurde ein Pauschalpreis bezahlt, der zuletzt ca. 96.000 DM betrug.[478] Die Freikaufszahlen schwanken stark, insgesamt sind die höchsten Werte in den achtziger Jahren zu verzeichnen.[479]

Der Freikauf war politisch immer umstritten, auch unter den Häftlingen und ihren Unterstützerorganisationen im Westen. So schrieb der selbst freigekaufte Wulf Rothenbächer über seine Haltung und die seiner Freunde in der Internationalen Gesellschaft für Menschenrechte (IGFM) Mitte der achtziger Jahre: „Es war systemstabilisierend, die politischen Häftlinge nicht wieder in die DDR zu entlassen und auch noch dafür Devisen zu kassieren. Wir waren inzwischen gegen den Freikauf und für öffentlichen und wirtschaftlichen Druck. […] Der Freikauf hatte sich allmählich pervertiert. Die DDR verurteilte großzügig und verkaufte diese Leute nach ein bis zwei Jahren an den Westen. Die wirklich tragischen Fälle blieben meist unberücksichtigt."[480]

Im Rahmen eines Forschungsvorhabens des Dresdner Hannah-Arendt-Instituts zur politischen Verfolgung in der Ära Honecker wurden u. a. 372 von ehemaligen politischen Häftlingen ausgefüllte anonyme Fragebögen ausgewertet.[481] 213 dieser Häftlinge, die u. a. in Cottbus einsaßen, wurden selbst freigekauft. 274 war die Praxis des Freikaufs vor ihrer Inhaftierung bekannt, 99 von ihnen ließen sich nach eigenen Angaben davon beeinflussen. Rund ein Drittel der befragten Häftlinge rechnete laut Raschka darauf, freigekauft zu werden. Allerdings wurden nicht wenige infolge der Amnestien 1972, 1979 und 1987 in die DDR entlassen oder waren als so genannte Geheimnisträger vom Freikauf ausgeschlossen.[482] Für einige Gefangene waren erst die Erfahrungen in der Haft Auslöser für den Wunsch nach der Übersiedlung in die Bundesrepublik.[483]

Ehemalige Inhaftierte berichten immer wieder, aus der StVE Cottbus seien – vor allem wegen des dort sehr hohen Anteils politischer Gefangener – besonders viele

---

477 Vgl. Rehlinger 1991, Wölbern 2013, S.46ff.
478 Vgl. Raschka 1998, S. 81
479 Vgl. die Übersicht bei Werkentin 1995, S. 408
480 Rothenbächer 2009, S. 29
481 Vgl. Raschka 1998, S. 69
482 Vgl. ebenda, S. 80f.
483 Vgl. Ansorg 2005, S. 294

Häftlinge freigekauft worden. Die Rede ist häufig von Hunderten Freikäufen pro Jahr, genaue Zahlen liegen aber nicht vor.

Bernd Lippmann, ein ehemaliger Cottbuser Häftling, der sich heute auch wis senschaftlich mit der Freikaufthematik befasst, schätzt, dass in den siebziger und achtziger Jahren etwa 90 % der politischen Gefangenen in Cottbus einen Ausrei seantrag gestellt hätten (viele davon erst in der Haft). 90 % von ihnen seien frei gekauft worden, 80 % der Freigekauften wurden direkt in die Bundesrepublik ent lassen; auch die Hälfte der übrigen 20% hätte die DDR später verlassen kön nen.[484] Als gesichert kann gelten, dass mehrere Tausend Cottbuser Häftlinge von der Bundesregierung freigekauft wurden.

Eine seriös abgesicherte Schätzung kann sicherlich erst nach einer umfassenden Einsichtnahme in die Unterlagen zum Freikauf abgegeben werden, die momentan nicht möglich ist.[485]

Immer wieder wurden von MfS und MdI Versuche zur sogenannten „Rückgewin nung" der Häftlinge mit Ausreiseantrag gestartet, meist vergeblich. Die Motiva tion der Strafvollzugsmitarbeiter zu diesbezüglichen Aktivitäten scheint dement sprechend gering gewesen zu sein, wie z.B. folgender MfS-Bericht von 1983 über einen nicht näher spezifizierten Cottbuser „Erziehungsbereich" nahelegt: „Im ers ten Halbjahr 1983 waren von ca. 60 Strafgefangenen durchschnittlich 44 Antrag steller. Davon hatten 21 ihre Anträge aus verfestigter feindlich-negativer Einstel lung heraus gestellt, 21 wegen Unzufriedenheit mit einigen Teilbereichen, zwei aus echten humanitären Gründen. Dabei wurde weiter festgestellt, dass bereits bei der Aufnahme des jeweiligen Strafgefangenen die Motivation des Einzelnen nicht tiefgründig erforscht wird und auch keine konkreten Festlegungen für eine Rück gewinnung getroffen werden."[486]

Gegen besonders renitente Häftlinge mit Ausreiseantrag ging das MfS 1981 mit spezifischen Maßnahmen vor: „In Zusammenarbeit mit den für die Strafvollzugs einrichtungen und Jugendhäuser zuständigen Bezirksverwaltungen, Abteilungen VII bzw. Kreisdienststellen werden im Rahmen der Einsätze zur Hilfe, Anleitung und Kontrolle entsprechend auftretender Schwerpunkte im Strafgefangenenbe stand 2-3 Strafgefangene ausgewählt. Insbesondere erfolgt dies in den StVE Cott bus, Brandenburg und Bautzen I.

---

484 E-Mail an d. A. vom 10.7.2009

485 Vgl. zur diesbezüglichen Archivsituation u. a. Völkel 2008. Immerhin ist ein erster Do kumentenband zum Freikauf bis 1969 erschienen. Vgl. Dokumente 2012

486 Bericht zum Komplexeinsatz der Abteilung 8 der HA VII in der BV Cottbus, Abteilung VII, zum Verantwortungsbereich Strafvollzug, 12.10.1983. Fundort: BStU, MfS, HA VII 8480

Der Auswahl haben folgende Kriterien zu Grunde zu liegen: hartnäckiges Stellen rechtswidriger Ersuchen zur Entlassung aus der Staatsbürgerschaft der DDR; wiederholt bzw. permanent mit Arbeits- oder Nahrungsverweigerungen zur Durchsetzung erpresserische Forderungen wie vorzeitige Entlassung in die BRD in Erscheinung getreten; tätowieren oder tätowieren lassen mit faschistischen bzw. militaristischen oder anderen extremen Symbolen und Losungen; Entwicklung von ständiger und hartnäckiger Renitenz und Durchführung von Provokationen gegen SV- und Betriebsangehörige; Aufwiegelung labiler Strafgefangener zu feindlich-negativen Handlungen und anderen schweren Vorkommnissen, insbesondere dabei in Erscheinung tretende Initiatoren; negative Vorbildwirkung und maßgeblicher Einfluss auf andere Strafgefangene." Diese ausgewählten Häftlinge sollten nach Abstimmung mit der Hauptabteilung IX des MfS „auf die Liste der auf Sonderdokument zu verlegenden Personen" gesetzt werden und schließlich „durch die Abteilung XIV in die UHA Karl-Marx-Stadt verlegt" werden.[487] Der Transport nach Karl-Marx-Stadt wurde von den Häftlingen als letzter Schritt vor dem Freikauf angesehen,[488] allerdings erwies sich die Reise auf den „Kaßberg" dazu als notwendig, aber nicht hinreichend. Den betroffenen Gefangenen wurde nämlich in diesem Fall mitgeteilt, „dass eine frühzeitige Entlassung gemäß § 49 StPO vorgesehen und eine Übersiedlung in die BRD möglich war. Aufgrund des hartnäckig gesetzwidrigen Verhaltens bzw. ihrer Extremtätowierungen wird von der vorgesehenen Maßnahme Abstand genommen. Wenn keine Änderung des Verhaltens erfolgt, werden sie ihre Strafe bis zum letzten Tag verwirklichen. Die betreffenden Strafgefangenen werden in die jeweiligen Strafvollzugseinrichtungen zurückverlegt mit der Maßgabe, dass der Zeitpunkt der Entlassung vor allem von ihrem Verhalten einschließlich der Leistung gesellschaftlich nützlicher Arbeit abhängig ist."[489] Die psychologischen Folgen einer solchen Rückverlegung für die Betroffenen dürften verheerend gewesen sein, es handelte sich um eine typische „Zersetzungsmaßnahme" des MfS.

---

487 MfS-Hauptabteilung VII, Abt. 8 „Maßnahmekomplex zur Zurückdrängung und vorbeugenden Verhinderung von Tätowierungen mit faschistischen und staatsfeindlichen Symbolen, von rechtswidrigen Versuchen auf Übersiedlung und renitenten, die Ordnung, Sicherheit und Disziplin erheblich gefährdendem Verhalten",16.4.1981. Fundort: BStU, MfS, HA VII 1180

488 Vgl. dazu den Ablauf bei Pieper 1997, S.195ff.

489 MfS-Hauptabteilung VII, Abt. 8 „Maßnahmekomplex zur Zurückdrängung und vorbeugenden Verhinderung von Tätowierungen mit faschistischen und staatsfeindlichen Symbolen, von rechtswidrigen Versuchen auf Übersiedlung und renitenten, die Ordnung, Sicherheit und Disziplin erheblich gefährdendem Verhalten", 16.4.1981. Fundort: BStU, MfS, HA VII 1180

6.4. Die Häftlingsgesellschaft

Ehemalige Cottbuser Häftlinge berichten immer wieder vom vergleichsweise hohen Bildungsniveau ihrer Leidensgenossen vor allem ab den siebziger Jahren. Es habe z.b. geradezu eine Ärzteschwemme gegeben - die Mediziner seien in der Regel wegen Fluchtversuchen verurteilt worden.[490]

Der Zusammenhalt der Gefangenen soll aufgrund der Dominanz der Politischen gegenüber den Kriminellen besser als etwa in der StVE Brandenburg gewesen sein, auch Gewalt zwischen den Häftlingen kam wohl viel seltener vor.[491]

In den Massenzellen gab es nach einhelligen Aussagen vieler Häftlinge häufig Bemühungen um einen intellektuellen Austausch, z.T. sogar in Vortragsform (zu Themen aus Medizin, Natur- und Geisteswissenschaften) mit anschließender Diskussion. Einer der beliebtesten Vortragenden soll der heute als Leichenplastinator bekannte Prof. Dr. Günther von Hagens gewesen sein (damals noch Günther Liebchen). Einigen anderen half eigenes Schreiben gegen „Verblödung und Verrohung" anzugehen.[492]

Allerdings ist eine Idealisierung der sozialen Beziehungen der Häftlinge untereinander für die Cottbuser StVE ebensowenig angebracht wie für andere DDR-Gefängnisse.[493] Auch unter den politischen Gefangenen gab es z.T. heftige Konflikte, vor allem zwischen den „Ausweisern" (Gefängnisjargon für Ausreisewillige und den „Einweisern" (die in die DDR entlassen werden wollten). Letztere – häufig als „rote Socken" angesehen – mussten viel Intoleranz seitens ihrer eigenen „Haftkameraden" ertragen. Ein als IM verpflichteter Gefangener berichtete im März 1976 aus seinem „Erziehungsbereich 8": Häftlinge, die dort „einen positiven Standpunkt zur Politik der DDR vertreten, werden von den sogenannten Ausweisern gemieden, von Gesprächen ausgeschlossen, sowie in der Umgangssprache als ‚rote Hunde', ‚rote Schweine' tituliert. Je nach Intelligenzgrad und Robustheit des betreffenden ‚Einweisers' unterliegt er durch die Ausweiser psychischer Willkür. [...] Unter den Strafgefangenen herrscht großes Misstrauen und fast jeder ist des anderen Feind."[494]

Häufiger als oft dargestellt waren wohl auch unter Cottbuser Inhaftierten radikal antikommunistische Einstellungen, die mitunter sogar die Schwelle zum Rechtsextremismus überschritten.[495]

---

490 Vgl. ausführlich Kittan 2012. S. 47f. und das Portrat von Hans Igel (Kap. 6.7.)
491 Vgl. Ansorg 2005, S. 329 ff.
492 Vgl. ausführlich Kittan 2012, S. 90ff.
493 Für Cottbus gibt es auch Zeitzeugenaussagen, die von grassierender Ellenbogenmentalität selbst unter politischen Häftlingen sprechen. Vgl. Lolland/Rödiger 1977, S. 172f.
494 „Persönliche Niederschrift zu einigen Problemen in der StVE Cottbus", 22.3.1976. Fundort: BStU, MfS, ZAIG 26614
495 Vgl. Kap 6.6.

Im Archiv der neuen JVA Cottbus-Dissenchen konnten durch die StVE Cottbus geführte Gefangenen(personen)akten vor allem aus den achtziger Jahren eingesehen werden, die interessante Blicke auf die Häftlingsgesellschaft ermöglichen. In Cottbus sind generell nur Akten derjenigen Häftlinge erhalten, die nach ihrer Haft in die DDR entlassen wurden. Die Akten der „Freigekauften" wurden nach der Entlassung der Häftlinge vom MfS übernommen und gehören heute zu den Beständen des Bundesarchivs. Leider ist eine Einsichtnahme dort nur seitens der Betroffenen selbst bzw. mit deren individueller Einwilligung möglich. Eine großflächige statistische Auswertung scheidet deshalb aus.

In Cottbus sind die Gefangenenakten für die siebziger Jahre mehr oder weniger sporadisch, für die achtziger Jahre zumindest in größeren Blöcken überliefert. Nur die Entlassungsjahre 1987/88 sind weitgehend vollständig vorhanden. Gründe für die unvollständige Überlieferung sind nicht erkennbar, möglicherweise gingen die Akten im Zuge des Umzugs der JVA nach der Jahrtausendwende verloren. Gegen eine gezielte Säuberung spricht, dass brisante Akten wie die Werner Greiffendorfs noch vorhanden sind.

Ab 1981 wurden die Bestände in den Findbüchern getrennt nach den ermittelnden Stellen (MfS bzw. Polizei) sortiert. Aus arbeitsökonomischen Gründen habe ich nur die vollständig überlieferten Entlassungsjahrgänge 1987/88 durchgesehen und dabei im Wesentlichen die Akten derjenigen Häftlinge, die im Anschluss an MfS-Ermittlungen verurteilt wurden, analysiert. 1987 kamen ca. 380 Cottbuser Gefangene in den Genuss der Amnestie, bei 198 von ihnen hatte das MfS die Ermittlungen geführt. Außerdem gab es 1987 162 „Normalentlassungen", hier hatte in 69 Fällen das MfS ermittelt. 1988 sind nur 34 Entlassungen in die DDR zu verzeichnen, das Ermittlungsverfahren von 25 der Betroffenen war zuvor von MfS-Ermittlern „betreut" worden.

Die Akten enthalten fast immer Haftbefehl, Lebenslauf, Urteil und Entlassungsverfügung, darüber hinaus z.B. Informationen über eventuelle Vorstrafen und finanzielle Forderungen an den Häftling (z.B. Alimente), zum Gesundheitszustand, Eingaben, interne Führungszeugnisse und beschlagnahmte Briefe von und an den Gefangenen.

Häufig wird behauptet, politische Häftlinge wären generell in den „Allgemeinen Vollzug" (AV) eingewiesen worden, der „Erleichterte Vollzug" (EV) wäre allein Kriminellen vorbehalten gewesen. Diese These kann anhand der durchgesehenen Akten falsifiziert werden. Viele „Politische", insbesondere nach §213 Verurteilte, wurden bereits bei Vollzugsbeginn in den EV eingewiesen.[496] Eine Korrelation

496 Vgl. zum Verhältnis AV-EV auch Kap. 6.1., Abbildung 3

zwischen Strafhöhe und Vollzugsart ist ebensowenig erkennbar wie andere Kriterien für die Entscheidungen der Gerichte, anscheinend erfolgten diese weitgehend willkürlich.

Von einem besonders hohen intellektuellen Niveau kann bei den 1987/88 in die DDR entlassenen Häftlingen keine Rede sein. Die formalen Bildungsabschlüsse sind eher durchschnittlich, der Bildungsstand, der sich etwa in zurückgehaltenen Briefen oder Eingaben manifestiert, ist häufig niedrig, Rechtschreibung und Grammatik sind oft fehlerhaft.

Von den 292 in den Jahren 1987 und 1988 in die DDR entlassenen Cottbuser Strafgefangenen, deren Ermittlungen vom MfS geführt worden, wurden 230 wegen Fluchtversuch, demonstrativen Ausreisebegehrens, Übermittlung entsprechender Nachrichten an westliche staatliche Organisationen oder Menschenrechtsgruppen, Fahnenflucht etc. verurteilt; bei 21 weiteren kamen zum Ausreisebegehren noch kriminelle Delikte hinzu. Außerdem saßen 8 Häftlinge wegen rechtsextremistischer Straftaten, weitere 12 wegen sonstiger politischer Delikte ein. 41 waren ausschließlich aufgrund krimineller Tatbestände verurteilt worden.

Die Aktendurchsicht bestätigt also sehr deutlich, dass das MfS keineswegs nur bei „politischen Straftaten" ermittelte, sondern auch in schweren Fällen gewöhnlicher Kriminalität aktiv wurde. Das Spektrum der nach ihrer Verurteilung in Cottbus einsitzenden Kriminellen war durch das Profil der Haftanstalt begrenzt, da spätestens seit den siebziger Jahren keine „Langstrafler" (zu mehr als 5 Jahren Freiheitsentzug Verurteilte) in Cottbus einsaßen, es gab also keine verurteilten Mörder in Cottbus. Wegen Eigentumsdelikten Bestrafte waren dagegen häufig in Cottbus anzutreffen, in schweren Fällen hatte das MfS die Ermittlungen geführt, so z.B. bei zwei Häftlingen, die in großem Umfang mit Autos bzw. Gold spekuliert hatten. Gegen einige Gefangene, die vorher in verantwortlichen Positionen gearbeitet hatten, ermittelte das MfS wegen gravierender wirtschaftlicher Fehlentscheidungen, anschließend saßen die Betroffenen mehrjährige Haftstrafen in Cottbus ab.

Auch in Ausmaß und Intensität erschreckende Fälle „unpolitischer" Gewaltkriminalität wurden von der Stasi bearbeitet. So führte das MfS die Ermittlungen im Fall eines Gewaltexzesses in einer Gaststätte, bei dem drei junge Männer ein zufälliges Opfer suchten. Ein den Tätern unbekannter Jugendlicher wurde u.a. mit Tritten gegen den Kopf und - bereits bewusstlos - noch mit zwei Messerstichen attackiert. Die Täter erhielten Freiheitsstrafen zwischen 4,5 und 12 Jahren, einer von ihnen verbüßte seine Haftstrafe in Cottbus.

Ein anderer verurteilter Gewalttäter hatte offensichtlich auch politische Motive. Nach den Ermittlungen des MfS handelte es sich um den Rädelsführer einer

Gruppe von Bauarbeitern, die einen Kollegen wegen dessen SED-Mitgliedschaft brutal quälten. Einmal wurde das Opfer mit seiner Arbeitskleidung an eine Schalungstafel genagelt und ihm ein Seil um den Hals gelegt. Anschließend wurde er mit der Tafel kopfüber an eine Böschung gelehnt. Der Anführer, der zu fünf Jahren Freiheitsentzug verurteilt worden war, musste nur zwei davon (in Cottbus) absitzen.

Ein weiterer, intellektuell offensichtlich „unterbelichteter" Täter, kaperte unter Alkoholeinfluss ein Taxi, hielt dem Fahrer ein Messer an den Hals und versuchte, die Fahrt an die innerdeutsche Grenze zu erzwingen. Er erhielt 3 Jahre Freiheitsentzug, wichtigster Urteilsgrund war nicht etwa die Geiselnahme, sondern versuchte Republikflucht.

Auch bei anderen, aufgrund politischer Delikte verurteilten Cottbuser Häftlingen fällt es schwer, sie als authentische „Politische" anzuerkennen. Dies betrifft etwa zwei Jugendliche, die Aufkleber mit primitiven Sprüchen wie „Bulle, Dich soll der Blitz beim Scheißen treffen!" herstellten und deshalb wegen „Staatsverleumdung" verurteilt wurden. Die zahlreichen Rechtsextremisten, die meist wegen Propagandadelikten in Cottbus inhaftiert wurden, gehören ebenfalls in diese Kategorie.

Die Hintergründe nicht weniger „politischer" Fälle sind unklar. Beispielsweise wurde ein Techniker wegen „Rowdytums" verurteilt, weil er bei einer Demonstration zum 1.Mai Rednern auf der Tribüne den Strom abgedreht hatte. Man unterstellte ihm Verärgerung wegen einer nicht genehmigten Besuchsreise in den Westen. Nach eigenen Angaben hatte er aber nur am Hauptschalter gespielt.

Bei der großen Mehrheit der durchgesehenen Akten handelte es sich wie berichtet um Personen mit Ausreisewunsch, die ihrer Forderung häufig mit Droh-(Schreiben) an staatliche Stellen, Nachrichtenweitergabe an westliche Journalisten, Behörden oder Menschenrechtsorganisationen sowie öffentlichen Aktionen wie Demonstrationen oder Flugblattverteilung Nachdruck zu verleihen suchten. Nicht wenige dieser „Ausweiser" hatten eine kriminelle Vorgeschichte oder bemühten sich, mit kriminellen Handlungen ihre Ausreise zu beschleunigen. Auffällig hoch ist die Zahl der verurteilten Fahnenflüchtigen, die in der Regel versucht hatten, westdeutsches Gebiet zu erreichen. Offensichtlich war der Druck, den oft unmenschlichen Verhältnissen in der NVA zu entkommen, für viele Wehrpflichtige so groß, dass sie trotz der äußerst geringen Erfolgschancen die mit einer Fahnenflucht verbundenen beträchtlichen Risiken eingingen.

6.5. Selbstbehauptung und politischer Protest

Die Häftlinge waren in Cottbus und anderen Haftanstalten vielfältigen Repressionen ausgesetzt, die viele in Verzweiflung, Resignation oder gar in den Suizid trieben. Doch die meisten Inhaftierten berichten auch über „Strategien der Selbstbehauptung [...] um die Gefangenschaft so unbeschadet wie möglich zu überstehen. Einige Insassen wagten sogar politischen Protest zu artikulieren, indem sie beispielsweise Flugblätter anfertigten, offenen Widerspruch leisteten, sich in einen Hungerstreik begaben oder die Arbeit niederlegten. Diese Varianten nonkonformen Verhaltens sind bisher nicht systematisch untersucht worden."[497] Tobias Wunschik verweist weiter darauf, dass gerade die politische Dimension nonkonformer Aktivitäten im Strafvollzug einer genauen Prüfung bedarf. Um „weltanschaulich begründeten Protest von unpolitischer Renitenz" zu unterscheiden, müsse die Motivation der Häftlinge näher betrachtet werden.[498]

Dies ist in der Praxis häufig schwierig. Die wahrscheinlich wirkungsvollste, aber auch gefährlichste Form des Protests war der Hungerstreik. Dieses Mittel wurde in Cottbus immer wieder mit unterschiedlichsten Motiven angewandt. Mit dem ersten größeren Hungerstreik im Juli 1953 protestierten Hunderte Häftlinge gegen ihre Haftbedingungen, aber auch gegen die SED-Politik.[499] Im Dezember 1981 solidarisierten sich ebenfalls hunderte Häftlinge nach der Verhängung des Kriegsrechts in Polen mit der dortigen Opposition.[500] Ein Jahr später fertigte ein Cottbuser Häftling Flugblätter mit einem Aufruf zum Hungerstreik an, um die polnische Gewerkschaft Solidarnosc zu unterstützen. Das MfS leitete daraufhin ein neues Ermittlungsverfahren u.a. wegen „Staatsverleumdung" gegen ihn ein.[501] Der Arzt Wolfgang Dietrich versuchte mit einem Hungerstreik die Rückgabe seiner zwangsweise in ein Heim eingewiesenen Kinder an die Mutter zu erreichen.[502] In den Akten des Innenministeriums über „besondere Vorkommnisse im Strafvollzug" finden sich ab 1975 zahlreiche Beispiele für Nahrungsverweigerungen Einzelner oder kleiner Gruppen in Cottbus.[503]

Das zweite große Protestfeld bildete die Haftarbeit. Hier reichte die Spannweite von bewusst langsamem Arbeiten bis zur Sabotage[504] - in der Regel waren dafür

---

497 Wunschik 2001a, S. 267
498 Vgl. ebenda, S. 269
499 Vgl. Kap. 3.3.
500 Vgl. Kittan 2012, S. 80
501 Schlussbericht MfS-Ermittlungsverfahren, 21.12.1982. Fundort: BStU, MfS, HA VII 4948
502 Vgl. ausführlich Kap.6.7., Porträt Dombrowski
503 Fundort: BArch, DO1/3680 und 3681. Vgl. auch Kap. 9
504 Entsprechende Methoden in Cottbus sind ausführlich beschrieben bei Rottenbächer 2009, S.20f.

politische Motive ausschlaggebend, wie viele Zeitzeugen übereinstimmend berichten.

Immer wieder gelang es Gefangenen, Flugblätter oder sogar Plakate mit „staatsfeindlichen" Inhalten zu produzieren.[505] Der Frust über die Haftbedingungen und die politischen Zustände in der DDR machte sich auch häufig im gemeinschaftlichen Protestgesang Luft. Zur Hymne der politischen Gefangenen entwickelte sich das von einem unbekannten Autor verfasste „Cottbus-Lied", das nach der Melodie der „Moorsoldaten" gesungen wurde und in verschiedenen Textfassungen überliefert ist:

„Cottbus heißt die öde Stätte mit der roten Strafanstalt.
Zwingt politische Gefangne hier zu langem Aufenthalt.
Das ist das Zuchthaus Cottbus,
Symbol des Sozialismus, in Aktion, in Aktion.

Uns umgeben hohe Mauern und die Hunde bellen laut.
Doch wir werden nie bedauern, dass auch Hass sich in uns staut.
Wir sind im Zuchthaus Cottbus,
Symbol des Sozialismus, in Aktion, in Aktion.

Einmal muss man uns entlassen und wir werden Zeuge sein.
Denn wir konnten ihn erfassen dieses Staates Lug und Schein.
Wir warn im Zuchthaus Cottbus,
Symbol des Sozialismus, in Aktion, in Aktion."[506]

Zweifellos politisch motiviert waren die Aktivitäten Siegmar Fausts in Cottbus (u. a. das Verfassen von 15 Nummern der Häftlingszeitung „Armes Deutschland", Brief an den MfS-Verbindungsoffizier) und der ihn unterstützenden Haftkameraden, die von großem Mut und Widerstandsfähigkeit zeugten und ihm insgesamt 401 Tage Arrest einbrachten.[507]

Im Vorfeld „protestträchtiger" Tage wie dem 17. Juni oder dem 13. August wurde seitens des Strafvollzugs in Kooperation mit der Kriminalpolizei und dem MfS an Abwehrplänen gearbeitet. Zum dreißigjährigen Jubiläum des Volksaufstandes vom 17. Juni trafen sich die Leitungen der Gefängnisse Cottbus, Schwarze Pumpe und Luckau am 7. Juni 1983 mit Vertretern der Sicherheitsorgane. Dabei wurde festgelegt, zunächst eine Liste derjenigen Gefangenen zu erarbeiten, von denen eventuell „Störungen" zu erwarten seien. (Schätzwerte: Cottbus 60, Schwarze

---

505 Vgl. Kap. 9
506 Pieper 1997, .S.148f.
507 Vgl. Faust 1983, S. 135, siehe auch Kap.5.2. und 5.3.

Pumpe 10, Luckau 25 Häftlinge). Danach sollten „Maßnahmen der Verunsicherung und Zersetzung erkannter feindlich-negativer Kreise unter den SG eingeleitet werden."

Außerdem werde die „angewiesene Verstärkung der Innen- und Außensicherung der StVE durch geeignete Quellen gesichert und überprüft." Weiterhin sollten bestimmte Arbeitskommandos nicht zur Arbeit ausrücken. In Cottbus betraf das das „Mauerbaukommando", das die teilweise eingestürzte Außenmauer reparieren sollte. Selbst die Verpflegung unterlag an diesem Tag besonderer Kontrolle: „Durch die zuständigen Genossen wird der Speiseplan der jeweiligen StVE überarbeitet und ein den Qualitätsnormen gerechtes Essen verabreicht, um hieraus keinen Ausgangspunkt für negative Erscheinungen zu haben."[508] Offensichtlich entsprach die Verpflegung also ansonsten nicht den Qualitätsnormen.

6.6. Rechtsextremismus unter Häftlingen

In der DDR-Gesellschaft waren rechtsextremistische Einstellungen weitaus weiter verbreitet als vielfach angenommen.[509] Viele Gefangene, die den SED-Staat rigoros ablehnten, radikalisierten sich in der Haft. Aus dem Hass auf die dortigen menschenverachtenden Verhältnisse und die dafür Verantwortlichen entwickelten sich z. T. antidemokratische Einstellungen und mitunter sogar Sympathien für westdeutsche rechtsextremistische Parteien. Der Publizist und frühere DDR-Oppositionelle Bernd Eisenfeld schildert entsprechende Erfahrungen aus seiner Haftzeit in Cottbus: „Der Großteil der politischen Häftlinge, die ich 1969 im Cottbuser Gefängnis kennen lernte – ich war wegen meines offenen Engagements für den ‚Prager Frühling' inhaftiert –, war von der Hoffnung beseelt, so schnell wie möglich der SED-Diktatur auf dem Weg des Freikaufs zu entkommen. So musste es nicht wundern, dass die Gespräche und Phantasien unter den Häftlingen weniger um die DDR als vielmehr um die künftig erträumte, wenn auch weithin ungewisse Heimstatt Bundesrepublik kreisten. Bundestagswahlen, die in der DDR stets mit höchstem Interesse verfolgt wurden, gewannen nun eine unmittelbare Bedeutung, denn es drängte sich die Frage auf, welche politischen Kräfte wohl das künftige Leben prägen und bestimmen würden. Im Jahre 1969 standen solche Wahlen an. Unter den vierzig in einer Großraumzelle und auf Doppelstockbetten verteilten Häftlingen entbrannten heiße Diskussionen. Mein Vorschlag, die Zelle in ein Wahllokal ‚umzuwandeln' und das Wahlfieber in einer ‚Bundestagswahl' zu bän-

508   MfS-HA VII: Protokoll über die mit den Leitungen der SVE Cottbus, Schwarze Pumpe und SVA Luckau geführten Absprachen zur Einleitung vorbeugender Maßnahmen zum 17.6.83. 8.6.1983. Fundort: MfS HA VII 8480

509   Vgl. etwa Schroeder 2006, S. 443 ff.

digen, stieß auf Zustimmung. Auf dem Wahlzettel war die NPD mit von der Partie. Damals besaß sie reelle Chancen, in die höchste bundesdeutsche Volksvertretung einzuziehen. Als Sieger ging die SPD aus dem Rennen, knapp vor der CDU/CSU. Auf dem dritten Platz und mit 25 Prozent nur knapp unterlegen folgte bereits die NPD. Ich war schockiert, denn kein Häftling, der der NPD sein Kreuz gab, hatte sich rechtsextremistischer Handlungen schuldig gemacht. Die Frage nach dem ‚Warum' machte mir klar, dass nicht das dramatisierte Propagandabild der SED über den Rechtsextremismus in der Bundesrepublik, sondern der Wunsch nach einem vereinigten, von Kommunisten, Ausländern und ‚linken Chaoten' ‚gesäuberten' starken Deutschland die Feder führte. Erstmals wurde mir vor Augen geführt, dass es in der DDR offensichtlich ein beträchtliches Potential von Menschen gab, die ein solches Deutschland für erstrebenswert hielten.“[510]

Auch andere Cottbuser Inhaftierte berichten von Hakenkreuzschmierereien und Begegnungen mit bekennenden Rechtsextremisten.[511] Besonders beklemmende Erfahrungen musste Gabriel Berger machen, Sohn eines jüdischen Kommunisten, dessen Familie aufgrund der antisemitischen Repressionen 1957 aus Polen in die DDR übergesiedelt war und der wegen „Staatsverleumdung" inhaftiert wurde: „‚Heil Pinochet', riefen sich die Häftlinge während des täglichen Hofganges zu. Er hatte in Chile mit den Kommunisten richtig aufgeräumt, er war die meist verhasste und angegriffene Unperson der DDR-Medien; [...] Und wer war die von den Kommunisten meist gehasste Unperson der Vergangenheit? Hitler, denn er ist ihr konsequentester Gegner gewesen. Also war er der Größte. Das war, auf einen Nenner gebracht, das simple Weltbild der von den herrschenden Kommunisten durch die Haft gedemütigten kleinen Leute. Bevor sie sich dem totalen westlichen Konsum zuwenden konnten, befriedigten die nach dem Krieg geborenen Zwanzig- bis Dreißigjährigen ihr Bedürfnis nach totaler Rache mir schneidigen Nazi-Parolen: ‚Heil Pinochet' ‚Deutschland erwache', ‚Die Roten gehören an den Galgen'. In der Nacht nach den Wahlen in ihrer Traumheimat Bundesrepublik Deutschland veranstalteten die Häftlinge des Gefängnisses Cottbus ein wahrhaftes Happening. Punkt null Uhr flogen aus den Zellenfenstern brennende Behälter mit Bohnerwachs und aus einigen hundert Kehlen ertönte die erste Strophe des Deutschlandslieds: ‚Deutschland, Deutschland über alles'. Nur wenige Kilometer von der polnischen Grenze entfernt brüllten Hunderte deutsche Häftlinge durch die Gitter: ‚Deutschland, Deutschland über alles, über alles in der Welt'. Mich packte das nackte Entsetzen. Demonstrativ blieb ich im Bett liegen. [...]“[512]

---

510 Eisenfeld 2002, S. 221f.
511 Vgl. Rosenbaum-Held 2006, S. 99, 103 und Kessler 2001, S. 165, 235, 249 ff.
512 Berger 2008, S. 269f.

Nach seiner Übersiedlung nach West-Berlin wurde Berger infolge einer Denunziation durch ehemalige „Haftkameraden" wegen Spionageverdachts vom West-Berliner Staatsschutz vorgeladen.[513]

Laut einem MfS-Bericht aus dem Jahre 1978 wurde von Cottbuser Häftlingen auch ein Schlager von Mireille Mathieu mit neonazistischen Texten unterlegt: „Moskau liegt im Sonnenschein. Deutsche Panzer fallen ein. Adolf! Deutsche Panzer greifen an, vernichten Russlands Vaterland. Adolf! Vernichtet dieses rote Pack, solange es noch Arme und Beine hat. Rottet es aus mit Stumpf und Stiel, denn heute gehört uns Deutschland und morgen die ganze Welt."[514]

Unter den knapp 300 Cottbuser Häftlingen der Entlassungsjahre 1987/88, deren Gefangenenakten von mir durchgesehen worden, fanden sich 8 wegen rechtsextremistischer Aktivitäten Verurteilte.

Der Psychologe Peter Wiedemann, der wegen eines misslungenen Fluchtversuchs ebenfalls 2 Jahre in Cottbus absitzen musste, nennt die beschriebenen rechtsextremistischen Einstellungen "Rotschock", da sie aus dem Psychoterror der Vernehmer und anderen negativen Erfahrungen im Strafvollzug resultierten. Die durch „Dauerfrustration fehlgeleitete Erlebnisverarbeitung" führe, so Wiedemann 1978 nach seiner Haftentlassung, zur simplen Gegenideologie „Mach kaputt, was dich kaputtmacht". Ein diplomierter Mithäftling hätte davon geträumt, sich nach seiner Entlassung nach Rhodesien anwerben zu lassen, um dort „Kommunisten zu killen."[515] Ob solche psychologischen Erklärungen ausreichen, um die Massivität entsprechender rechtsextremistischer Aussagen zu erklären, sei dahingestellt. Auch in diesem Punkt besteht – nicht nur für Cottbus – weiterer Forschungsbedarf.[516]

6.7. Porträts ausgewählter Gefangener

1) Dieter Dombrowski[517]
Dombrowski wurde am 23.Juni 1951 in Ost-Berlin als achtes Kind einer katholischen Familie geboren. Seine seit Mitte der 50er Jahre alleinerziehende Mutter wurde 1964 wegen einer Herzkrankheit Frührentnerin. Aufgrund ihrer geringen Rente ging sie anschließend in den Westen, um ihre Familie von dort aus besser

---

513   SPIEGEL 34/1978, S. 34f.
514   BStU, MfS, Cbs V-AfM, Nr. 492/82, zitiert nach Kittan 2012. S.81f.
515   Ebenda.
516   Zu ähnlichen Vorkommnissen in Brandenburg-Görden, vgl. Ansorg 2005, S. 337f., allgemein Wunschik 2001a, S. 282.
517   Quelle: Unveröffentlichter Bericht Dieter Dombrowskis (ms)

unterstützen zu können. Dombrowski wuchs bei seiner ältesten Schwester auf und lernte Maler.

Im Mai 1974 erlitt seine Mutter in West-Berlin einen Herzinfarkt. Trotz amtsärztlicher Bestätigung ihrer schweren Erkrankung erhielt kein Familienmitglied die Möglichkeit, sie zu besuchen.

Schon parallel zur gescheiterten Reiseantragstellung „in dringenden Familienangelegenheiten" hatte Dieter Dombrowski einen befreundeten West-Berliner Fluchthelfer beauftragt, gegen Bezahlung seine illegale Ausreise zu organisieren. Der Versuch, die DDR in einem verplombten Möbeltransporter über die Transitstrecke Berlin-Hamburg zu verlassen, scheiterte jedoch.

Nach 5 Monaten Untersuchungshaft wurde Dombrowski symbolträchtig am 13. August 1975 wegen Republikflucht und staatsfeindlicher Verbindungsaufnahme zu vier Jahren Haft verurteilt.

Im September 1975 trat er in Cottbus ein. Untergebracht war er dort zunächst zusammen mit 7 anderen Gefangenen, später in einer 28-Mann-Zelle, in der jeweils 4 Betten übereinander standen. Zwei Drittel der Zelleninsassen seien Akademiker gewesen, fast alle waren politische Häftlinge.

Gearbeitet wurde im 3-Schicht-System für Pentacon; Dombrowski empfand die Arbeit insgesamt als eine nicht unwillkommene Abwechslung im eintönigen Haftalltag.

Am 22. Januar 1975 erschien im West-Berliner „Tagesspiegel" ein Bericht über den Hungerstreik des in Cottbus inhaftierten Arztes Wolfgang Dietrich. Mit der Nahrungsverweigerung wollte Dietrich erreichen, dass seine 10- und 13jährigen Kinder, die zwangsweise in ein Heim eingewiesen worden waren, ihrer Mutter zurückgegeben werden. Laut Dombrowski seien die Kinder ein halbes Jahr später nach Hause gekommen, Dietrich selbst wurde später mit seiner Familie freigekauft.

Die in den Westen geschmuggelten Informationen beruhten auf einem Kassiber Dombrowskis, den dieser seiner Schwester Doris während einer ihrer Besuche übergeben konnte. Für seine Aktion bekam er 3 Wochen Einzelarrest.

Obwohl er in seiner Zelle nach eigenen Angaben „flammende Reden gegen den Häftlingsfreikauf gehalten" hatte, den er „für einen moralisch verwerflichen Sklavenhandel hielt", sträubte er sich im Dezember 1975 nicht gegen den eigenen Freikauf.

In West-Berlin arbeitete Dombrowski als Zahntechniker, ehe er ab 1983 vorwiegend hauptberuflich für die CDU aktiv war. Bis 1990 war er Referent der West-Berliner CDU-Landesgruppe, dann bis 1994 Landrat im Landkreis Rathenow, ab 1999 Landtagsabgeordneter. Seit September 2012 ist Dombrowski Fraktionsvorsitzender der CDU im Brandenburger Landtag. Dombrowski war einer der Initiatoren der Gründung des Cottbuser Menschenrechtszentrums im Jahre 2007, dessen Vorsitzender er war und ist. Er engagiert sich seitdem erfolgreich für die Einrichtung einer Gedenkstätte auf dem Gefängnisgelände.

2. Arno Drefke[518]

Drefke wurde am 13. März 1934 in Wittstock geboren. Nach einer Drogistenlehre war er in seinem Beruf in Liebenwalde tätig. Er genoss in seinem Elternhaus eine an bürgerlichen Werten orientierte Erziehung und wollte sich selbst gegen die SED-Diktatur engagieren.

Deshalb unterstützte er die Aktivitäten des (westdeutschen) Bunds deutscher Jugend, der sich als antikommunistisch-bürgerliches Gegenstück zur Freien Deutschen Jugend verstand. Nach einer Kurierfahrt im April 1953 nach Thüringen wurde er von seiner Kontaktperson, einem GM des MfS, verraten und von der Stasi verhaftet. Zunächst brachte man ihn zur Vernehmung nach Berlin-Hohenschönhausen in die Zentrale Untersuchungshaft des MfS. Vom Bezirksgericht Cottbus wurde er anschließend u.a. wegen angeblicher „Militärspionage" und „Kontakt zu Westberliner Dienststellen" nach Artikel 6 der DDR-Verfassung im Alter von 19 Jahren zu lebenslanger Haft verurteilt - ein Strafmaß, das Drefke völlig fassungslos aufnahm.

Von September 1953 bis Frühjahr 1957 war er in der Strafvollzugsanstalt Cottbus inhaftiert. Bis wenige Wochen vor seiner Verlegung isolierte man Drefke mit anderen „Lebenslänglichen" im Haus 2 vom Rest der Gefangenen. Dabei lebte er zusammen mit vier anderen Häftlingen in einem ursprünglich als Einzelzelle vorgesehenen „Verwahrraum". In diesem Trakt waren auch zwei zum Tode Verurteilte untergebracht, die später in Dresden hingerichtet wurden. Arbeiten durften er und seine Leidensgenossen nicht, obwohl sie sich dringend Abwechslung wünschten. Im Frühjahr 1957 wurde Drefke für kurze Zeit im Haus 3 inhaftiert und anschließend nach Brandenburg gebracht. Auch dort blieb er nur kurz, bevor er für fünf Jahre und sechs Monate ins Haftarbeitslager X nach Berlin-Hohenschönhausen verlegt wurde.[519]

Nach seiner „Begnadigung" 1962 verwehrten ihm die DDR-Behörden die Arbeit in der Drogerie seines Vaters. Drefke nutzte seine bei Bauarbeiten in Hohenschönhausen erworbenen Kenntnisse und baute diese in einem Fernstudium des Bauwesens noch weiter aus. Schließlich stieg er zum Technischen Leiter eines kleinen Volkseigenen Betriebs auf. Diesen Posten verlor er allerdings schnell wieder, nachdem er sich der ihm angetragenen Zusammenarbeit mit dem MfS verweigerte. Schließlich wurde er Leiter der Baubrigade einer Landwirtschaftlichen

---

518　Quelle: Interview 11.Juni 2013
519　Zum Lager X vgl. Erler 1997

Produktionsgenossenschaft (LPG) und blieb dies bis zum Zusammenbruch der SED-Diktatur. Im Juli 1990 bekam Drefke die elterliche Drogerie zurück, die er bis vor kurzem weiterbetrieb. Noch heute führt er mehrmals im Monat Gruppen durch die Gedenkstätte Berlin-Hohenschönhausen, um gerade Jugendlichen die Brutalität der DDR-Sicherheitsorgane zu verdeutlichen. Diese Tätigkeit hilft ihm nach eigenen Angaben sehr, die eigenen Hafterlebnisse zu verarbeiten und mit der Erinnerung an die verlorenen besten Jahre seiner Jugend umzugehen.

3. Hans Igel[520]

Igel wurde 1918 in Schlesien geboren. Er studierte Medizin in Göttingen, Breslau und Düsseldorf. Nach Kriegseinsatz (zuletzt als Truppenarzt an der Westfront) und amerikanischer Gefangenschaft lebte er kurzzeitig in Düsseldorf, ehe er auf der Suche nach seiner Familie nach Berlin zog. Im August 1945 trat er dort eine Stelle als Gynäkologe an der Charité an. Hier war er Geburtshelfer für Dieter Dombrowski, den er später als Mit-Häftling in Cottbus wiedertraf. 1965 wurde er schließlich Professor Ab 1966 war er vier Jahre als Chefarzt der Frauenklinik im Bezirkskrankenhaus Schwerin tätig. 1970 kehrte er nach Berlin zurück und übernahm den Lehrstuhl für Gynäkologie und Geburtshilfe an der Charité. Das alte Ordinariat war vorher in 3 Abteilungen geteilt worden, was zu internen Konflikten führte. Darüber hinaus weigerte sich Igel, in die SED einzutreten, diese erschwerte ihm daraufhin die Arbeit. Nachdem er einen Ruf nach Freiburg erhalten hatte und auch seine Frau ihn zur Übersiedlung in die Bundesrepublik drängte, unternahm er einen Fluchtversuch, bei dem er am Grenzübergang Marienborn festgenommen wurde. Das MfS brachte Igel in seine Zentrale Untersuchungshaftanstalt nach Berlin-Hohenschönhausen. Nach Abschluss des Ermittlungsverfahrens bildete der „Roten Ochse" in Halle die nächste Station. Er erhielt wegen des Fluchtversuchs unter Mitnahme von Devisen zweieinhalb Jahre Freiheitsentzug, sein Anwalt war Wolfgang Vogel. Anschließend wurde er im sogenannten Grotewohl-Express (einem Gefangenentransportwagen) nach Cottbus gebracht. Dort arbeitete er zuerst bei Pentacon, später in der Bibliothek.

Während der Haftzeit in Cottbus waren nach seinen Angaben etwa 40 Ärzte dort inhaftiert. Diese durften ihren Beruf jedoch nicht ausüben, in der Krankenstation waren ausschließlich Feldscher tätig.

---

520 Quellen: * Videointerview Bernd Lippmann mit Hans Igel
*http://www.ggg-b.de/_download/unprotected/memoriam_igel_hans.pdf Letzter Zugriff 19.7.2013
*http://www.verlag-vwm.de/index.php?id=cetest_firstpage&tx_vrportrait_pi1[navi][page]=4&tx_vrportrait_pi1[uid]=3804 Letzter Zugriff. 19.7.2013

Schließlich kam Igel ins Haftkrankenhaus Leipzig und arbeitete dort ebenfalls in der Bibliothek. Kurz vor Ablauf seiner Haftstrafe wurde er nach Karl-Marx-Stadt gebracht. und von dort im September 1977 als 59-jähriger in die Bundesrepublik entlassen.

Dort arbeitete er in einer Krebsnachsorgeklinik im Sauerland und führte parallel dazu eine eigene Praxis. 2001 kehrte er nach Berlin zurück, wo er am 29. Februar 2012 im Alter von 93 Jahren starb.

4.Bernd Lippmann[521]

Lippmann wurde 1952 im sächsischen Freiberg geboren. Von 1970 bis 1974 studierte er an der TH Karl-Marx-Stadt (Chemnitz). Kurz vor dem Erwerb seines Abschlusses als Diplom-Fachlehrer für Physik und Mathematik wurde er vom MfS verhaftet.

Mit seinen Freunden hatte er „staatsfeindliche" Bücher u.a. von Alexander Solschenizyn und George Orwell gelesen, diskutiert und untereinander ausgetauscht. Nachdem ein IM über Lippmanns Sammlung „antisozialistischer" Literatur berichtet hatte, eröffnete das MfS einen Operativen Vorgang „Fanatiker".

Nach etwa 9 Monaten Untersuchungshaft bei der Staatsicherheit wurde Lippmann im Juni 1975 vom Bezirksgericht Karl-Marx-Stadt wegen Herstellung und Verbreitung von Hetzschriften (u.a Orwells „Farm der Tiere") zu 3 Jahren Freiheitsentzug verurteilt.

Seine Haft sollte Lippmann in Cottbus verbüßen, wo er am 20. Juni 1975 eintraf. Er arbeitete zunächst im Konstruktionsbüro, wo hochqualifizierte Häftlinge (Ingenieure, Architekten, Physiker, Mathematiker) unter vergleichsweise komfortablen Bedingungen Projektierungsarbeiten für vermutlich für Funktionäre bestimmte Einfamilienhäuser durchführten. Im Sommer 1975 wurde er dann dem Arbeitsbereich Sprela zugeteilt, bevor er freigekauft wurde und am 5. November 1975 den SED-Staat verlassen konnte.

In West-Berlin arbeitet(e) Lippmann als Lehrer. Daneben setzte er sich für seine Haftkameraden ein, die noch in der DDR verbleiben mussten. Er unterstützte die Aktivitäten der Freibergerin Melanie Weber, die als Frührentnerin in den Westen reisen konnte und dabei unter hohem Risiko Daten über besonders gefährdete Häftlinge in den Westen schmuggelte. Diese Informationen gab er an das Ministerium für innerdeutsche Beziehungen (BMB) weiter.

Am Gesamtdeutschen Institut, einer dem BMB nachgeordneten Einrichtung, hielt er Vorträge zur Situation in der DDR und zu anderen Aspekten der deutschen Teilungsgeschichte. Zeitweise war er in der Vereinigung der Opfer des Stalinismus (VOS) aktiv.

---

521 Quellen: Gespräche mit Bernd Lippmann, Lippmann 2012

1980 plante das MfS - offensichtlich wegen dieser „feindlichen Aktivitäten" –
die Entführung Lippmanns in die DDR. Dafür sollte er von einem IM in die
Tschechoslowakei gelockt und dort gekidnappt werden. Doch er wurde gewarnt
und trat die Reise nicht an.

Über Lippmann wurde nach seinem Freikauf eine totale Einreisesperre in die
DDR verhängt, nicht einmal einen 1988 beantragten Besuch bei seinem todkran-
ken Vater, der dann Anfang 1989 verstarb, erlaubten ihm die DDR-Behörden.

Nach dem Ende der SED-Diktatur engagierte er sich für deren Aufarbeitung. Er
ist ehrenamtlicher Vorsitzender des Vorstands der „Antistalinistischen Aktion"
(ASTAK), die u.a. gemeinsam mit der BStU das Stasimuseum in Berlin-Lichten-
berg betreibt. Außerdem schreibt er an einer Dissertation zum Thema „Freikauf
politischer Häftlinge". 1998 veröffentlichte er eine Untersuchung über die MfS-
Kreisdienststelle Freiberg.

5. Enrico Seewald[522]
Seewald wurde 1963 in Karl-Marx-Stadt (Chemnitz) geboren und wuchs in Adorf
im Erzgebirge auf. Er hatte viele Kontakte zu Verwandten in Westdeutschland
und West-Berlin. Nicht zuletzt deshalb fiel ihm schon früh die große Diskrepanz
zwischen Propaganda und Realität in der DDR auf. Da er nicht in der NVA dienen
wollte, dachte er frühzeitig darüber nach, die DDR zu verlassen.

Im Herbst 1980 begann er als 17jähriger Sparkassenlehrling aber zunächst zusammen mit seinem Schulfreund Rocco Schettler im Durchschlagsverfahren mit
der Schreibmaschine hergestellte Flugblätter mit selbst verfassten Texten zu ver-
teilen, die sie mit „Die Gruppe 17. Juni 1953" unterschrieben. Beide protestierten
auf diesem Wege gegen die Zustände in der DDR.

Mehr als ein Jahr narrten die beiden Jugendlichen das MfS, das nach wesentlich
älteren Tätern mit Hochschulabschluss suchte. Insgesamt verteilten sie in verschiedenen Orten 432 Flugblätter, in denen u.a. die mangelnde Meinungsfreiheit,
der Wehrkundeunterricht oder die Berliner Mauer thematisiert wurden. Zeitweise
waren allein 24 MfS-Offiziere samt Mitarbeitern mit diesem operativen Schwerpunkt befasst.

Am 26. November 1981 wurden Seewald und Schettler schließlich festgenommen. Den Beschuldigten unterstellte das MfS eine „verfestigte feindliche Einstellung zur sozialistischen Staats- und Gesellschaftsordnung, die sich insbesondere
durch die ungenügende Erziehung im Elternhaus und den ständigen Empfang von
westlichen Massenmedien herausbildete."

---

522 Quelle: Seewald 2012

Die erste Woche der MfS-Untersuchungshaft in Karl-Marx-Stadt musste Seewald in Einzelhaft verbringen. Danach wurde er mit anderen Gefangenen zusammengelegt, die ihm die Abläufe des Häftlingsfreikaufs durch die Bundesregierung schilderten.
Trotz des jugendlichen Alters der Angeklagten beantragte der Staatsanwalt Haftstrafen von fünfeinhalb bzw. sechs Jahren. Erst nach Intervention der Generalstaatsanwaltschaft reduzierte der Staatsanwalt seinen Strafantrag um jeweils ein Jahr. Dem folgte das Gericht. Das Urteil wegen der in „diesen Verbrechen liegende(n) äußerst gefährliche(n) und schwerwiegende(n) Verletzung elementarster Lebensgrundlagen der Gesellschaft“ wurde beiden erst nach dem Ende der SED-Diktatur ausgehändigt.

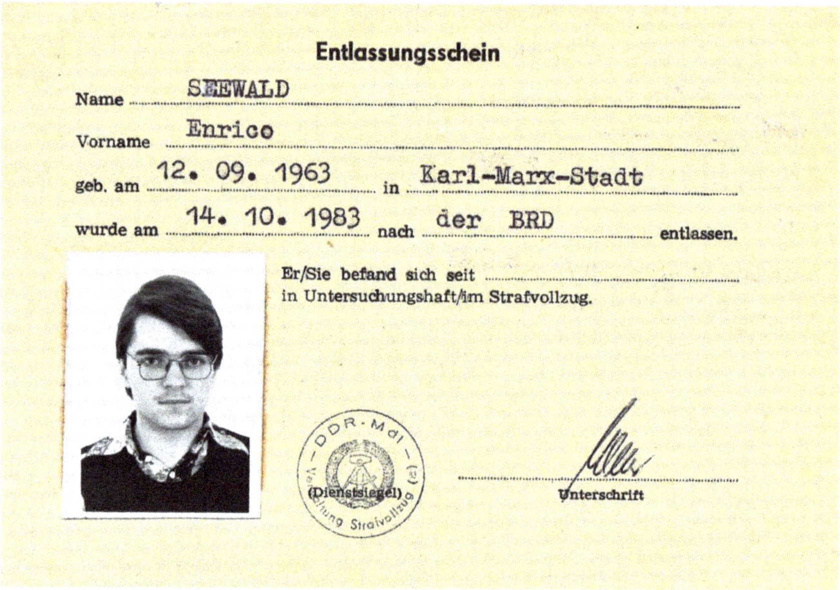
Entlassungsschein

Name SEEWALD

Vorname Enrico

geb. am 12. 09. 1963 in Karl-Marx-Stadt

wurde am 14. 10. 1983 nach der BRD entlassen.

Er/Sie befand sich seit ....
in Untersuchungshaft/im Strafvollzug.

DDR-MdI (2) Verwaltung Strafvollzug (Dienstsiegel)

Unterschrift

Abb. 4: *Entlassungsschein: Privatbesitz Seewald.*

Nach Abschluss des Verfahrens verlegte man Seewald und Schettler für zwei Wochen in die Untersuchungshaftanstalt des MdI, anschließend wurden sie am 5. August 1982 mit dem „Grotewohl-Express“ nach Cottbus gebracht.

Dort mussten sie zunächst Stellungnahmen zu ihrer Straftat sowie einen Lebenslauf verfassen. Wie die meisten anderen politischen Häftlinge bemühte sich Seewald nach Kräften für die Zeit nach einer eventuellen Entlassung in die DDR neue radikale Aktionen anzukündigen, um eine Wiedereingliederung in die Gesellschaft unmöglich erscheinen zu lassen.

Zunächst musste er im Bereich Pentacon arbeiten, später wurde er als Hausarbeiter in der Kasse beschäftigt. Diese hatten Privilegien, da sie sich im „eigenen Haus" frei bewegen konnten, die Zellen waren nur nachts abgeschlossen. Es war auch möglich, Billard zu spielen oder fernzusehen.

Nach einem Vierteljahr in Cottbus wurden Schettler und Seewald nach Bautzen II gebracht. Ende September 1983 verlegte man Seewald nach Verbüßung von nicht einmal der Hälfte der Strafe zur Vorbereitung des Freikaufs nach Karl-Marx-Stadt. Am 12. Oktober erhielt er dort seine Urkunde über die Entlassung aus der Staatsbürgerschaft der DDR. Schettler wurde erst im März 1984 ausgebürgert.

1992 erreichten die beiden jugendlichen Opponenten gegen die sozialistische Friedhofsruhe ihre Rehabilitierung durch das Bezirksgericht Chemnitz. Sie hätten nur „das verfassungsmäßige Grundrecht auf Meinungsfreiheit wahrgenommen und gleichzeitig politischen Widerspruch erhoben", heißt es in dem entsprechenden Beschluss.

Nach seiner Freilassung machte Seewald eine Banklehre in West-Berlin und studierte Politikwissenschaft. Heute ist er unter anderem als Dozent für Diplomatie an der Universität Potsdam tätig und arbeitet im Rahmen des Forschungsverbundes SED-Staat an einer Untersuchung zum diplomatischen Corps in der DDR.

7. Haftbedingungen

7.1. Gefangenenmisshandlung und Haftfolgeschäden

Die Misshandlung von Gefangenen war in der DDR weit verbreitet, doch nahm ihre Häufigkeit und Intensität im Zeitverlauf ab. Anfang der fünfziger Jahre gab es laut Gerhard Finn (1960) in den Haftanstalten „Spießrutenlaufen, Prügelstrafen, willkürlichen Totschlag und andere Terrorakte, die erst nach dem Juni-Aufstand 1953 merklich abflauten."[523] 1981 konstatierte der gleiche Autor: „Außer Frage steht, dass es nicht nur in den frühen fünfziger Jahren zu Misshandlungen von Häftlingen gekommen ist, sondern auch später, obschon Gewalttätigkeiten seit der Zeit der Entstalinisierung eine Ausnahme bilden und nicht wie vordem die Regel."[524]

Seit 1961 wurden laut Heiner Sauer und Hans-Otto Plumeyer „in den Statistiken der Erfassungsstelle (Salzgitter- St.A.) 625 Körperverletzungen erfasst, die zuverlässig als Ausdruck des in der DDR bestehenden Gewaltregimes gewertet werden können. Zusätzlich sind über 2000 Misshandlungen an politischen Häftlingen in den Strafvollzugseinrichtungen der DDR registriert, die keine erkennbare politische Motivation hatten."[525]

Die Autoren weisen mit Recht darauf hin, dass Tätlichkeiten von Vollzugspersonal gegenüber Gefangenen zwar nicht permanent vorkamen, gerade für politische Gefangene sei aber ein „Zustand der Recht- und Wehrlosigkeit" alltäglich gewesen, den sie als „die eigentliche – mit juristischen Mitteln nicht greifbare – seelische Misshandlung (charakterisieren). Ein falsches Wort, eine Beschwerde waren oft der Anlass zu tage- oder wochenlanger strenger Isolierung, zu verschärftem Arrest unter menschenunwürdigen Bedingungen und Schikanen wie z.B. der zeitweiligen Unterbringung in einer Stehzelle oder ständiger Unterbrechung der Nachtruhe durch Einschalten des Lichts."[526]

Laut Tobias Wunschik forderte die oberste Gefängnisverwaltung „von den Aufsehern, den Häftlingen gegenüber unversöhnlich aufzutreten und das Feindbild zu wahren. Nachsichtigkeit gegenüber den Insassen und Gefangenenbegünstigung wurden vermutlich häufiger und härter bestraft als Gefangenenmisshandlung – das so geschaffene Klima machte Übergriffe sehr wahrscheinlich. Zwar wurden systematische, körperliche Misshandlungen offenbar nicht von oben schriftlich angewiesen, doch ließen die einschlägigen dienstlichen Anweisungen einen weiten Spielraum, die Insassen unter einem Vorwand zu schikanieren oder gar zu

---

523 Finn 1960, S. 115
524 Vgl. Finn 1981, S. 108
525 Sauer/Plumeyer 1991, S. 196
526 Ebenda, auf den Folgeseiten werden Aussagen misshandelter Häftlinge dokumentiert.

misshandeln. Grundsätzlich sollten die politischen Gefangenen besonders hart an-
gefasst werden, sodass die Grenze zum tätlichen Übergriff bei ihnen leicht überschritten wurde. Die Anstaltsleitungen [...] sorgten nicht für die Beendigung der
Übergriffe, weil sie auf die disziplinierende Wirkung der Repression setzten. [...]
Übergriffe wurden zu selten, zu willkürlich und zu nachsichtig verfolgt, als dass
sich andere Aufseher dadurch von Missetaten abhalten ließen. Wenn überhaupt
wurden disziplinarische Konsequenzen gezogen, eine regelrechte Strafverfolgung
hingegen hatten die Täter in der Regel nicht zu befürchten.""[527]
So hätten nur 18 der 5.860 in den Nachweisbüchern der „Verwaltung Strafvollzug" zwischen 1972 und 1990 aufgelisteten „besonderen Vorkommnisse" in U-
Haft und Strafanstalten mit „Misshandlungen" zu tun, ein einziges Mal sei ein
Ermittlungsverfahren gegen einen Zivilangestellten eingeleitet worden. MfS-intern seien dagegen immer wieder zahlreiche Fälle von körperlichen Übergriffen
registriert worden, die allerdings nicht an die Öffentlichkeit gelangen sollten.[528]

Mitte der fünfziger Jahre hatte die Justiz einmal einen Prozess gegen den ehemaligen Leiter des Jugendhauses Ichtershausen und zwei seiner Mitarbeiter wegen
Gewalttätigkeiten gegen Häftlinge vorbereitet. Doch die Partei griff ein: Die Abteilung Sicherheitsfragen des ZK der SED wandte sich in einem Schreiben vom
23. Januar 1957 an Erich Honecker, damals Sekretär der Sicherheitskommission
beim Politbüro. Im vergangenen Jahr sei es in Ichtershausen „zu Verletzungen der
demokratischen Gesetzlichkeit" gekommen. „Einige Genossen, unter ihnen der
Leiter des Jugendhauses, ließen sich von jugendlichen Strafgefangenen provozie-
ren und wandten die Prügelstrafe an. Eine von der Obersten Staatsanwaltschaft
und der Untersuchungsabteilung der Hauptverwaltung Deutsche Volkspolizei
eingesetzte Kommission ermittelte diese Angelegenheit und machte den Vorschlag, diese Vergehen nur disziplinarisch zu bestrafen. [...] Der stellvertretende
Generalstaatsanwalt, Genosse Haid, war damit nicht einverstanden und setzte eine
neue Kommission zur Untersuchung der Angelegenheit ein. Wie uns die Bezirksleitung Erfurt mitteilte, hat diese Kommission voreingenommen und mit wenig
Sachkenntnis die Untersuchung durchgeführt und großen Schaden angerichtet."
Ein besonders harter Vorwurf der ZK-Abteilung folgt; „Grundsätzliche Befehle
und Anweisungen des Ministers des Inneren und des Leiters der Verwaltung
Strafvollzug wurden von den mit der Untersuchung beauftragten Staatsanwälten
nicht beachtet und verletzt." Was erlauben Staatsanwalt, könnte man in Anleh-
nung an den berühmten Ausspruch des früheren Bayern-Trainers Giovanni Tra-
pattoni fragen. Sollte hier etwa Gewaltenteilung praktiziert werden?

---

527 Wunschik 2001b, S. 282f.
528 Vgl. Wunschik 1999, S. 489ff.

Die Abteilung Sicherheit war der Meinung, dass der angestrebte Prozess „weder bei der Erziehung der Angehörigen des Strafvollzuges noch bei den jugendlichen Strafgefangenen" Nutzen brächte. In der gegenwärtigen Situation könne er auch nicht „zur Verbesserung unserer massenpolitischen Arbeit unter der Bevölkerung der Deutschen Demokratischen Republik und Westdeutschland beitragen." Schließlich bestehe „kein Zweifel, dass die Feinde der Arbeiter-und-Bauern-Macht einen solchen Prozess [...] für ihre konterrevolutionären Ziele ausnutzen würden." Außerdem seien „die zur Verurteilung vorgesehenen Genossen M. und P. [...] alte Genossen", während es sich bei den Belastungszeugen um unglaubwürdige kriminelle Jugendliche handele. Das unausweichliche Fazit lautet: „Wir bitten Dich daher, von Seiten der Sicherheitskommissionen bzw. des Politbüros darüber zu entscheiden, damit der Prozess abgesetzt wird und mit dem Genossen Haid eine prinzipiell Aussprache über die Arbeit der Obersten Staatsanwaltschaft in Bezug zu ihren Aufgaben im Strafvollzug stattfindet."[529]

Anhand dieses Schreibens kann man die spezielle Form der „Rechtsstaatlichkeit", die damals in der DDR herrschte, förmlich mit Händen greifen. Mit keinem Wort wird die „Wahrheitsfindung" als Funktion eines Prozesses erwähnt, stattdessen wird er aufgrund mangelnden agitatorischer Wirksamkeit abgelehnt. Die Angeklagten seien „good guys", die Belastungszeugen dagegen Kriminelle. Staatsanwälte, die ihre Aufgaben ernst nehmen, überschreiten ihre Kompetenzen, indem sie sich Befehlen des Innenministers nicht unterordnen. Schließlich sollte die Parteiführung ihr Primat über die Justiz offen ausüben, den Prozess absetzen und die Täter laufenlassen, was sicherlich auch geschehen ist.

Das Personal in Brandenburg und Cottbus hatte laut Karl-Wilhelm Fricke einen besonders schlechten Ruf[530], ehemalige Häftlinge berichten konkrete Fälle in großer Zahl[531], es gibt sogar Zeugenaussagen über Scheinhinrichtungen.[532]

Aus MfS-Berichten geht hervor, dass der Leiter der Cottbuser StVA, Fritz Ackermann, im Herbst 1951 Häftlingen persönlich ins Gesicht geschlagen habe und sie mit Gummiknüppeln traktieren ließ.[533] Über den Fluchtversuch zweier Häftlinge Anfang 1952 und die eskalierende Gewalt gegen die beiden „Wiedereingefangenen" wurde bereits in Kapitel 3.2. berichtet.

Ein Kontrollbericht aus dem Jahre 1962 kritisiert die allerdings als „Willkür" verharmloste gewalttätige Grundstimmung des Personals, für die gravierende Beispiele genannt werden. Häftlingen seien bei undiszipliniertem Verhalten

---

529   Fundort: SAPMO-BArch, DY 30 IV/2/12/97
530   Vgl. Fricke 1988, S. 82
531   Vgl. Faust 1983, S. 202ff., Schmidt 1981, S. 154f. und Müller 1998, S. 112
532   Vgl. Kittan 2012, S.76
533   Vgl. Wunschik 2002

„Schläge und Fußtritte" angedroht worden. „Viele VP-Angehörige äußerten:
‚Wenn die Knaster frech werden, schlage ich sie in die Fresse!' oder ‚Sie sollten
mal sehen, wenn ich das Bein hebe, wie die Gefangenen flitzen.'" Ein „aufsichts-
habender" Leutnant hätte geäußert: „Ich schlage ihnen den Schlüssel zwischen
die Zähne, wenn die meine Weisung nicht befolgen."[534]
Auch für die Folgezeit finden sich Gewaltvorfälle gegen Häftlinge in den Unterlagen des Innenministeriums - zumindest dann, wenn es sich aus dessen Sicht
um nicht legale Aktionen handelte: So notierte die Verwaltung Strafvollzug am
19. Januar 1966: „Durch Strafvollzugsangehörige in Pumpe und Cottbus wurden
Strafgefangene unberechtigt geschlagen."[535] Viele andere Vorfälle wurden, wie
von Tobias Wunschik festgestellt, ignoriert oder gar vertuscht.[536]

Aus dem Jahre 1978 ist das Beschwerdeschreiben eines renommierten Medizin-
professors über die Behandlung seines nach Meinung des Vaters psychisch kranken Sohns in Cottbus überliefert. Er habe diesen gemeinsam mit seiner Frau am
20. Oktober 1978 besucht. In seinem Bericht kann der Vater Entsetzen und Hilflo-
sigkeit kaum verbergen: „Dann führte der Aufseher unseren Sohn herein. Er
machte ihn nachdrücklich – mit kurzen abgehackten Worten – darauf aufmerksam, dass er wisse, wie er sich zu verhalten habe […] S. machte einen völlig ver-
störten Eindruck. Er ging leicht gebückt, hatte ein leicht gedunsenes Gesicht und
verquollene Augen und blickte starr vor sich hin. Nur kurz blickte er scheu zu uns
auf, als er uns ohne ein Wort, rein mechanisch, die Hand zur Begrüßung reichte.
Dann ließ er sich auf den Stuhl fallen, warf sich mit dem Oberkörper auf den
zwischen uns stehenden Tisch, schlug mit beiden Fäusten auf die Tischplatte und
schrie: ‚Ich halte das nicht mehr aus! Ich halte das nicht mehr aus! Man behandelt
uns hier wie Tiere.' Meine Frau hielt seine Hände fest, um ihn zu beruhigen. Da
krallte er sich hilfesuchend an ihren Armen fest und begann laut zu schluchzen
und zu weinen. Der Aufseher sprang auf, rief ‚Schluss jetzt' und erklärte das Gespräch für beendet. Dann stürzte er sich auf S. und versuchte, ihn mit Gewalt von
seiner Mutter zu trennen. Da ihm dies nicht sofort gelang, bearbeitete er ihn in
unserer Gegenwart in brutaler Weise mit Fußtritten und Schlägen. Nur mit Mühe
konnte ich meine Frau daran hindern, sich schützend zwischen den brutalen Auf-

---

534 MdI, Abteilung Strafvollzug: Kontrollbericht StVA Cottbus, 13.3.1962. Fundort: BArch,
    DO1/28491
535 Zuarbeit der Abteilung Strafvollzug zum Jahresbericht der BDVP Cottbus 1965,
    19.1.1966. Fundort: BLHA, Rep.871/17.1/171
536 Vgl. dazu etwa den harmlos klingenden Bericht eines früheren Strafvollzugs-Beschäftig-
    ten über einen solchen Vorfall – Lenz 2003, S. 202f.

seher und unseren Sohn zu werfen. Nachdem der Aufseher unseren Sohn gewaltsam aus dem Sprechzimmer gezerrt hatte, schloss er die Tür, und wir hörten noch etwa 30 Sekunden die Schreie unseres Sohnes."[537]
Der Professor hatte nach eigenen Angaben ein halbes Jahr vorher mit Hauptmann Meyer, dem Stellvertreter Vollzug, gesprochen, um ihm zu verdeutlichen, dass sein Sohn krank sei und spezieller fachärztlicher Aufsicht bedürfe. M. gab dies nicht weiter, der Anstaltsarzt wusste nichts von der Sachlage.

Nach internen Angaben des Strafvollzugs war der kranke Häftling ein Zellengenosse von Werner Greiffendorf, der Besuch durch seine Eltern fand einen Tag nach dessen versuchter Selbstverbrennung statt.[538] Der Sohn wurde kriminalpolizeilich vernommen und sagte dabei laut StVE-Leitung angeblich nicht die Wahrheit. Die Handlungen des Schließers wurden nicht kritisiert, nur Meyer wurde wegen der Nichtweitergabe von Informationen an den Arzt getadelt. In einem Gespräch mit den Eltern wurde diesen versprochen, für gute medizinische Behandlung ihres Sohnes zu sorgen. Zum Zeitpunkt der Abfassung des Berichts befand sich dieser noch im Haftkrankenhaus Leipzig, sollte später aber wieder nach Cottbus zurückverlegt werden.[539]

Der bis zum Ende der SED-Diktatur amtierende Leiter der StVE Cottbus, Horst Reichert, leugnete bei einer kriminalpolizeilichen Vernehmung im Februar 1990 rundweg, dass während seiner Amtszeit ab 1974 Beschwerden oder Anzeigen von Häftlingen wegen Misshandlung vorgelegen hätten. Die Gefangenen hätten vielfältige Möglichkeiten gehabt, solche Vorfälle anzuzeigen. Er fügte an: „Hätte es eine solche Beschwerde gegeben, hätte es auch von den übergeordneten Organen entsprechende Untersuchungen gegeben. Ich kann das mit Gewissheit sagen, weil es vorkam, dass in den Medien der BRD über vermeintliche Vorkommnisse in Cottbus oder auch anderen Einrichtungen berichtet wurde. Daraufhin erfolgten dann strenge Überprüfungen durch das damalige Ministerium des Inneren."[540]

Diese Aussage kollidiert nicht nur mit vielfältigen Zeitzeugenaussagen, sondern auch mit in den Folgejahren gerichtlich festgestellten Sachverhalten, wie am Beispiel der Misshandlungen durch Hubert Schulze gezeigt werden kann. Insgesamt wurden seit der deutschen Vereinigung 79 Strafverfahren (gegen 92 Personen) wegen Gefangenenmisshandlung in der DDR durchgeführt (7,7 % aller Verfahren wegen DDR-Unrechts). Dabei erhielten aber nur 13 Personen Freiheitsstrafen, die

---

537   Fundort: BArch, DO1/3614
538   Vgl. ebenda, zu Greiffendorf vgl. Kap.3
539   Fundort: BArch, DO1/3614
540   Zit. nach Müller 1998, S. 81

in 11 Fällen zur Bewährung ausgesetzt wurden. Zu Freiheitsstrafen ohne Bewährung (2 Jahre und 8 Monate bzw. 2 Jahre und 3 Monate) wurden zwei Cottbuser Schließer verurteilt.[541]

Dabei handelte es sich zum einen um den 1935 geborenen Hubert Schulze (alias „RT", „Reservetod" oder „Roter Terror"), der seit 1959 in Cottbus beschäftigt und besonders für seine Brutalität gegenüber politischen Gefangenen berüchtigt war. In einem Schreiben des Leiters der Abt. VII der MfS-Bezirksverwaltung; Oberstleutnant Löffler an den stellvertretenden Leiter der HA VII, Oberst Spange vom 29.Mai 1979 nahm dieser auf Anfrage Stellung zu einem Bericht im ZDF-Magazin vom 11. April, in dem der ehemalige Cottbuser Häftling Klaus Schreiner Schulze und andere Mitarbeiter der häufigen Gefangenenmisshandlung beschuldigt hatte – R.T. habe sich dabei „besonders hervorgetan":

„Der in der StVE Cottbus eingesetzte Omstr. (Obermeister der VP – d.A.) des SV Schulze, Hubert wird von den SG, ob seiner konsequenten und abstrichlos auf die Weisungen beharrenden Dienstdurchführung als ‚RT – Roter Terror' bezeichnet. […] Die Dienstdurchführung des Omstr. Schulze zeichnet sich durch hohe Einsatzbereitschaft und Wachsamkeit aus. Nicht in jedem Fall handelte er jedoch taktisch richtig und setzte mitunter der Situation nicht angepasste Mittel ein. Da zum Ende des Jahres 1977 Hinweise verstärkt auftraten, dass der Gen. Sch. die Konfrontation mit SG suchte, wurde er aus dem operativen Dienst entfernt und in der Aufnahme der StVE, unter exakter Kontrolle des Aufnahmeoffiziers, eingesetzt. Seit diesem Zeitpunkt gibt es keine Beschwerden mehr."[542]

Auch in seiner Personalakte wurde in einer Eintragung vom 1. August 1978 von wiederholten Beschwerden seitens der Gefangenen gegen Schulze berichtet.[543] Dies widerlegt die erwähnten Aussagen des StVE-Leiters, es habe keine solchen Meldungen gegeben. Auch nach seiner Versetzung in die „Aufnahme" prügelte Schulze weiter und versuchte die von ihm u. a. als „Faschistenschweine" bezeichneten Neuankömmlinge mit Gebrüll und Drohungen einzuschüchtern. Seine Opfer, die oft erheblich verletzt wurden, leiden z.T. noch heute unter den Misshandlungen.[544] Erst im März 1990 musste er seinen Dienst quittieren. Das Landgericht Cottbus verurteilte Schulze am 14. Mai 1997 wegen vorsätzlicher Körperverletzung in 26 Fällen (zwischen Oktober 1969 und März 1988) gemäß § 115 StGB-DDR zu 2 Jahren und 8 Monaten Freiheitsstrafe, da auch nach dem milderen

---

541 Vgl. Marxen/Werle 2009, S. XXXIf. und S. 90
542 Schreiben vom 29.5.1979, dem eine entsprechende Anforderung vom 20.4. vorausging (enthielt auch eine Zusammenfassung der Aussagen Schreiners sowie eine Tonbandabschrift der ZDF-Sendung). Fundort: BStU, MfS, HA VII/ZMA 232/79
543 Angaben nach dem erstinstanzlichen Urteil des Landgerichts Cottbus gegen Schulze vom 14.5.1997, Az. 64 JS 175/93, abgedruckt in Marxen/Werle 2009, S. 51 ff., hier S. 53
544 Ebenda, S. 62ff.

„DDR-Recht [...] die Rechte der Strafgefangenen in Vollstreckungseinrichtungen geschützt (waren) und ein Eingriff in diese Rechte dem Grundsatz der Verhältnis-mäßigkeit unterworfen (war)." Anklage hatte hier wie in allen anderen Cottbuser Fällen die Schwerpunktstaatsanwaltschaft Neuruppin erhoben.[545] Die Revision Schulzes wurde am 30. März 1998 vom Bundesgerichtshof als unbegründet ver-worfen.[546]

Die zweite Haftstrafe erhielt Horst Helmut Günter Jahn („Arafat"): 2 Jahre und 3 Monate wegen vorsätzlicher Körperverletzung in 23 Fällen, davon in einem Fall in Tateinheit mit Nötigung, seine Revision wurde ebenfalls vom BGH als unbe-gründet verworfen.[547]

Ein weiteres Urteil des Landgerichts Cottbus erging am 2. Dezember 1999 ge-gen Reinhard Erich Edgar Kaergel wegen vorsätzlicher Körperverletzung in 16 Fällen, die verhängte Freiheitsstrafe von 1 Jahr und 8 Monaten wurde zur Bewäh-rung ausgesetzt.[548]

Einer Übersicht über alle Verfahren wegen Gefangenenmisshandlung können fünf weitere Fälle, die Cottbuser Gefängnispersonal betrafen, entnommen werden (alle Landgericht Cottbus):

1.   Wilfried S. 30.4.1997, Verwarnung mit Strafvorbehalt (vorbehaltene Geld-strafe: 150 Tagessätze zu 75 DM), Az. 87 Cs 286/97.

2.   Helmut D. 3.8.1999, 8 Monate Freiheitsstrafe zur Bewährung ausgesetzt, Az. 64 Js 359/94 22 KLs 60/98.

3.   Gerhard H. 22.2.2000, 9 Monate Freiheitsstrafe zur Bewährung ausgesetzt, Az. 364 Js 244/94.

4.   Günter H. 12.2.2001, Einstellung gemäß §206a StPO (Verhandlungsunfä-higkeit), Az. 364Js 354/94.

5.   Walter S. 23.3.2000, 1 Jahr Freiheitsstrafe, zur Bewährung ausgesetzt, Az. 364 Js 293/94.[549]

Gegen Angehörige des Cottbuser Personals wurden also insgesamt 8 von 79 Straf-verfahren durchgeführt, 6 Schließer erhielten Freiheitsstrafen, das entspricht knapp der Hälfte aller ergangenen Haftstrafen. Nachdem die Revision der Ange-klagten gegen die beiden ohne Bewährung verhängten Freiheitsstrafen verworfen

---

545   Ebenda, S. 78

546   Az.:5 StR 30/98, nach ebenda, S. 91

547   Urteil des Landgerichts Cottbus vom 3.6.1999. Az. 22 KLs 75/97, 64 Js360/94, der BGH-Beschluß datiert vom 4.7.2000 (Az.5 StR 111/00), zit. nach ebenda S.90, FN 3. Zu den Strafverfahren gegen „Arafat" und „Roter Terror" vergleiche jetzt auch ausführlich Pfarr 2013, S.121ff.

548   Az. 22 KLs 64/99, zit. nach Marxen/Werle 2009, S.95ff.

549   Vgl. ebenda, S.523 ff.

wurde, ist wohl davon auszugehen, dass die vergleichsweise hohe Zahl der Verfahren sowie die überdurchschnittlich harten Urteile gegen Cottbuser Beschäftigte weniger auf die besonders unnachgiebigen Neuruppiner Staatsanwälte bzw. Cottbuser Richter als auf die tatsächlich überproportional gewalttätigen Verhältnisse in der Cottbuser StVE zurückzuführen sind.[550] Allerdings wurden stets nur die Misshandlungen durch „ausführendes Personal" geahndet, die Leiter der StVE, die diese Zustände zumindest nicht verhinderten, blieben ebenso unbehelligt wie ihre Vorgesetzten – die „Schreibtischtäter" blieben von jeder Art von juristischer Verfolgung verschont.[551]

Der Jurist Micha Christopher Pfarr konstatiert in seiner kürzlich abgeschlossenen Dissertation über die „strafrechtliche Aufarbeitung der Misshandlung von Gefangenen in den Haftanstalten der DDR" „große Hindernisse" bei diesem Vorhaben. „Während das Unrecht des individuell handelnden Strafvollzugsangehörigen strafrechtlich erfasst werden kann, kann die Unmenschlichkeit des DDR-Strafvollzugs an sich kaum auf individuelle Täter übertragen werden." Die Strafurteile könnten lediglich punktuell einzelne Unrechtsbereiche abdecken.

Zumindest resultiere aus den Strafverfahren aber die „unmissverständliche und nicht relativierbare Feststellung, dass die Misshandlung von Gefangenen in den Strafvollzugseinrichtungen der DDR üblich war und dass diese Taten selbst – nicht lediglich deren strafrechtliche Nichtverfolgung – auf das Unrechtsregime der DDR zurückzuführen waren, sie sich also nicht in Exzesshandlungen von einzelnen Strafvollzugsangehörigen erschöpften."[552]

Die Misshandlungen hatten häufig Nachwirkungen, mit denen viele frühere Häftlinge noch heute zu kämpfen haben.[553] Hinzu kommen viele weitere Faktoren wie Arbeitsbedingungen, Isolationshaft über längere Zeiträume, Mangelernährung und schlechte medizinische Versorgung, die dafür verantwortlich sind, dass noch heute ein beträchtlicher Teil der ehemaligen Gefangenen über Haftfolgeschäden physischer und psychischer Art klagt.[554]

In einer von der Soziologin Sibylle Plogstedt durchgeführten Befragung früherer politischer Häftlinge zeigte sich, dass abgesehen von der Fülle körperlicher Probleme (vor allem Bluthochdruck, Herz- und Rückenprobleme, Nierenleiden) und

---

550   Vgl. auch Raschka 1998, S.78f.
551   Vgl. zu dieser Problematik bezüglich der StVE Brandenburg Ansorg 2005, S. 370ff.
552   Vgl. Pfarr 2013, S.294
553   Für Cottbus vgl. u. a. das Urteil gegen Schulze nach Marxen/Werle 2009, S. 63 und
        Raschka 1998, S. 85f.
554   Vgl. z.B. die Erhebungen bei Müller 1998, S.127ff., zu psychischen Folgen Maercker
        1998, Priebe/Denis 1999, Freyberger u. a. 2003, Trobisch-Lütge 2004

psychischer Störungen (u.a. Albträume, Ängste, Unruhe, Kontaktprobleme bis hin zu Selbstmordgedanken) auch die soziale Lage der meisten Befragten sehr unbefriedigend ist. Zwar verlief die politische Rehabilitierung in der Bundesrepublik für viele zufriedenstellend, allerdings hatten die ehemaligen Gefangenen in der Regel große Probleme bei der Anerkennung der gesundheitlichen Haftfolgeschäden. Das Gefühl, mit ihrer Leidensgeschichte noch immer nicht gesellschaftlich anerkannt zu sein, belastet viele frühere Häftlinge weiterhin. Von Plogstedt befragte Expertinnen verweisen eindringlich darauf, dass viele Gutachter den aktuellen Stand der Traumaforschung ignorierten, die heute weiß, dass manche Betroffene Symptome der posttraumatischen Belastungsstörung erst Jahrzehnte nach der Haft entwickeln.[555]

Eine weitere neue Studie zu den gesundheitlichen und sozialen Folgen politischer Haft in der DDR, die gemeinsam von sächsischen Medizinern und Sozialwissenschaftlern durchgeführt wurde, enthält besonders umfangreiche quantitative Untersuchungen. Diese beruhen auf von der Stiftung Sächsische Gedenkstätten durchgeführten Befragungen zur gesundheitlichen Situation ehemaliger Häftlinge; insgesamt standen die Angaben von 1288 Personen zur Verfügung. Für eine zweite eigene Befragung wurde von Leipziger Sozialmedizinern ein weiterer Fragebogen entwickelt und an mehr als 300 Personen aus der Gesamtstichprobe verschickt, von denen knapp die Hälfte die Fragen beantwortete. Die Studie kommt zu klaren Ergebnissen, die bisher auf solch breiter Basis noch nicht vorlagen: Danach weisen ehemals politisch inhaftierte Menschen nicht nur noch immer wesentlich höhere psychosoziale Belastungen auf als die Gesamtbevölkerung, auch die „globale" Lebensqualität sei wesentlich geringer (geringeres Funktionsniveau und mehr berichtete Symptome). Es müsse „davon ausgegangen werden, dass die politische Verfolgung in der DDR in der Regel gesundheitliche und soziale Beeinträchtigungen bei den Betroffenen bewirkt hat, die bis heute spürbar sind und ihre Lebensläufe nachhaltig geprägt oder auch gebrochen haben." Deshalb sollte nach Meinung der Autoren die Beweislast bei Haftschäden umgekehrt werden,[556] zweifellos eine wichtige Anregung. Wenn erst einmal die zuständigen Behörden nachweisen müssten, dass eine bestimmte gesundheitliche Schädigung nicht mit der Haft zusammenhängt, ist ein sprunghafter Anstieg der Anerkennungsquoten für Entschädigungsanträge zu erwarten.

---

555 Vgl. Plogstedt 2010
556 Vgl. Beer/Weißpflog 2011

7.2. Unterbringung

Die Unterbringung in den Massenzellen muss insbesondere in den fünfziger und sechziger Jahren als menschenunwürdig bezeichnet werden. Zeitzeugen berichten insbesondere über die häufige extreme Überfüllung der „Verwahrräume", das bis Ende der sechziger Jahre gebräuchliche Kübelsystem vor Einführung des WCs sowie die bis Mitte der siebziger Jahre üblichen Vierstockbetten. Berüchtigt war Cottbus u. a. für seine besonders unwürdigen „Transporterzellen"[557], die für neu angekommene bzw. „Transithäftlinge" genutzt wurden sowie die Arrestzellen („Tigerkäfige").[558]

Nach einer am 21. September 1976 durchgeführten Pressekonferenz der West-Berliner „Arbeitsgemeinschaft 13. August", in deren Rahmen der im Frühjahr aus der StVE Cottbus entlassene Siegmar Faust zusammen mit einigen Haftkameraden über die Verhältnisse in Cottbus berichtet und Parallelen zu den Zuständen in den chilenischen Gefängnissen unter Pinochet gezogen hatte, überprüfte das MfS dessen Ausführungen zu den Haftbedingungen und musste u. a. einräumen, „dass tatsächlich der bauliche Zustand in einigen Strafvollzugseinrichtungen, darunter in der StVE Cottbus (erbaut im Jahre 1860) unter den Bedingungen einer permanenten, gegenwärtig jedoch nachlassenden Überbelegung geeignet ist, um dem Feind und damit auch Faust mit seiner durch und durch feindlichen Einstellung gegen die DDR Ansatzpunkte für die beabsichtigte Diffamierung und Herabsetzung des internationalen Ansehens der DDR zu bieten."

Der MfS-Bericht beschreibt die unter Gefangenen berüchtigten Arrestzellen („Tigerkäfige"): „Diese im Kellergeschoß gelegenen Verwahrräume sind 4,40 m lang, 2,10 m breit und 2,40 m hoch. Zum Schutze der Strafvollzugsangehörigen vor Angriffen durch Strafgefangene sind diese durch ein verschließbares Zwischengitter nochmals unterteilt." Der „bauliche Gesamtzustand" der Arrestzellen sei „mäßig, die Licht- und Luftverhältnisse liegen an der Grenze des Zumutbaren. Da sich 1,60 m des Raumes unter der Erdoberfläche befinden, ist es z.T. feucht in diesen Räumen." Bereits am 28. Juni sei aber dem Antrag des Leiters der StVE stattgegeben worden, „den notwendigen Isolier- und Arrestbereich durch einen eingeschossigen Neubau zu realisieren." Trotz der eingeräumten Missstände sprach man seitens des MfS natürlich dennoch von einer westlichen „Kampagne gegen die Staats- und Rechtsordnung der DDR."[559]

---

557   Vgl. z.B. Lolland/ Rödiger 1977, S. 120
558   Ausführliche Beschreibungen bei Kittan 2012, S. 54ff., siehe hier vor allem den eindrücklichen Bericht von Siegmar Faust S. 58f.
559   „Information über Veröffentlichungen in der Presse der BRD bzw. Westberlins im Zusammenhang mit der Pressekonferenz der ‚Arbeitsgemeinschaft 13. August' am 21.9.1976 über den Strafvollzug der DDR" vom 24.9.1976, Fundort: BStU, MfS, HA VII

Der bauliche Zustand des Gefängnisses verbesserte sich in den siebziger und achtziger Jahren nicht mehr. Einer Übersicht der Verwaltung Strafvollzug aus dem Jahre 1979 ist zu entnehmen, dass die StVE in einem „Aufbaugebiet" liege und wegen städtebaulicher Maßnahmen für den Abriss vorgesehen sei. „Von Seiten der örtlichen Organe" liege „Bausperre" vor.[560] Dieser Abriss fand zwar nie statt, allerdings machten sich die mangelnden Investitionen u.a. am 3. März 1982 bemerkbar, als nach offiziellem MdI-Bericht „durch Witterungseinflüsse ca. 40 Meter Umwehrungsmauer" einstürzten. Der Sachschaden inklusive zerstörter Sicherungsanlage betrage 30.000 Mark.[561]

Ein MfS-Bericht verwies im Herbst 1983 darauf, dass sich insbesondere die Untersuchungshaftanstalt in einem äußerst schlechten baulichen Zustand befände. Bereits aus dem Jahre 1970 lägen Dokumente vor, „wonach in einigen Bereichen die Unterbringung von Personen als unverantwortlich, auch vom sicherheitsmäßigen Standpunkt, bezeichnet wird." Auch wäre es zweckmäßig, „über den Leiter der VSV die Fertigstellung der sogenannten Transporterräume im inneren Bereich der StVE zu veranlassen. Der Bau war mit eigenen Mitteln und Kräften begonnen worden, soll dann jedoch von der VSV untersagt worden sein."[562]

Zehn Jahre nach der Pressekonferenz mit Siegmar Faust erhob am 2. September 1987 ein weiterer ehemaliger Cottbuser Häftling, der erst Ende Juli in die Bundesrepublik entlassen worden war, im „ZDF-Magazin" u.a. schwere Vorwürfe bezüglich der Arrestbedingungen. Das MfS musste nach einer Untersuchung einräumen, dass diese teilweise zuträfen. Zwischen dem Haftzeitraum und der Ausstrahlung der Sendung seien aber neue Heizkörper und von den Gefangenen selbst zu öffnende Fenster eingebaut worden.[563]

7.3. Hygiene und medizinische Betreuung

Ausreichende Körperpflege, Hygiene und medizinische Betreuung – all das war im DDR-Strafvollzug über den gesamten Zeitraum nur ansatzweise gewährleistet und bildete immer wieder Anlass für Beschwerden der Gefangenen. Die medizinische Versorgung wird häufig als unzureichend beschrieben.[564] Nur 4 von 123

---

560 Verwaltung Strafvollzug: Grundkonzeption für die komplexe Reproduktion der baulichen Grundfonds im Organ Strafvollzug, 10.7.1979. Fundort: BStU, MfS, HA VII 3890
561 Innenministerium. Besondere Vorkommnisse im Strafvollzug. Fundort: BArch, DO 1/3683
562 MfS, HA VII, Abt. 8: Bericht über den Komplexeinsatz der Abteilung 8 der HA VII in der BV Cottbus, Abteilung VII, zum Verantwortungsbereich Strafvollzug. Fundort: MfS, BStU, HA VII 8480
563 MfS-Auskunftsbericht zum ZDF-Magazin,10.9.1987. Fundort: BStU, MfS, HA VII 2945
564 Viele Zeitzeugenberichte bei Kittan 2012, S. 67ff.

durch das Dresdner Hannah-Arendt-Institut befragten ehemaligen Cottbuser Häftlingen bewerteten das Haftgesundheitswesen als gut, 37 als befriedigend und 82
als mangelhaft/unzureichend. Ähnliche Ergebnisse wurden für Bautzen und Brandenburg registriert, noch deutlich schlechtere aber für das berüchtigte Frauengefängnis Hoheneck bei Stollberg im Erzgebirge (gut: 0, befriedigend: 11, mangel-
haft/unzureichend: 42).[565]
Doch nicht nur die Häftlinge waren unzufrieden, auch die für den medizinischen
Bereich Verantwortlichen übten teils heftige Kritik an den Verhältnissen. So hielt
der Leiter der Abteilung medizinische Dienste der Verwaltung Strafvollzug,
Oberstleutnant Dr. Grabitz, auf einer Arbeitstagung der Verwaltung Strafvollzug
Protokoll am 26. und 27. Januar 1961 geradezu eine Brandrede: „Auch im Strafvollzug muss die gesundheitliche Betreuung der Strafgefangenen gewährleistet
sein. Oft stößt man hier aber auf Unverständnis." Es sei nicht leicht, auf berechtigte
Beschwerden von Strafgefangenen bzw. deren Angehörigen „eine Antwort zu finden, ohne den Strafvollzug in Misskredit zu bringen." Man könne den Eindruck
bekommen, dass einige Dienststellenleiter nur die ärztlichen Sprechstunden
durchführen lassen und „die Ärzte von allen anderen Fragen ferngehalten werden
sollen", um unbequeme Auflagen zu vermeiden. Zum Teil habe man „den Ärzten
überhaupt nicht erlaubt, die sanitären Anlagen zu besichtigen." Einige Dienststellenleiter würden generell die Notwendigkeit des medizinischen Dienstes in Zweifel stellen. Besonderes Augenmerk solle auf die Verlegung von kranken Strafgefangenen gelenkt werden. Es gebe „eine Reihe von Todesfällen, an denen wir
Schuld haben, weil die Verlegung in ein öffentliches Krankenhaus verspätet
durchgeführt wurde."
Das größte aktuelle Sorgenkind sei die Hygiene. „Es gibt zur Zeit im Republik-
maßstab keine Anstalt, in der die Minimalforderungen in dieser Hinsicht erfüllt
werden." Dafür bringt Grabitz eindrückliche Beispiele: „Für die Mehrzahl der
Strafgefangenen" sei es „unmöglich, eine einigermaßen vernünftige Körperpflege
zu üben." In den meisten Fällen könnten sie sich nur mit kaltem Wasser waschen.
„Die Strafgefangenen müssen sich natürlich auch die Zähne putzen. Es entspricht
aber keineswegs der Hygiene, wenn Zahnbürsten von Abgängen auf Neuzugänge
übertragen werden."[566]

Ob es daraufhin Initiativen zur Besserung dieser skandalösen Zustände gegeben
hat, ist nicht bekannt. In Cottbus jedenfalls änderte sich wenig bis nichts – bis
zum Ende der DDR blieben die hygienischen Verhältnisse äußerst kritisch. So
wurden erst Anfang 1962 auf direkte Veranlassung einer „Kontrollbrigade" in

---

565 Vgl. Müller 1998, S. 73
566 Verwaltung Strafvollzug, Protokoll der Arbeitstagung vom 26./27. Januar 1961, Fundort:
     BArch, DO 1/28507

„einigen größeren Verwahrräumen Toiletten- und Waschbecken eingebaut und damit der hygienische Zustand etwas verbessert." In der Gefangenenküche hätten die Verstöße gegen die hygienischen Bestimmungen durch das Eingreifen der Brigademitglieder beseitigt werden können. Offensichtlich mussten elementare fachliche Kenntnisse erst vermittelt werden: „Der verantwortliche Genosse für die Gefangenenküche erhielt erstmalig konkrete Anleitung über die vielfältigsten Möglichkeiten der Organisierung und Zubereitung der Kalt- und Warm-Verpflegung."[567]

Auch 14 Jahre später musste „der hygienische Zustand in einigen Bereichen der StVE" seitens der Verwaltung Strafvollzug immer noch als „mangelhaft" eingeschätzt werden. So gäbe es z.b. in der Küche einen „Befall von Ungeziefer, Schaben, Mäuse und Ratten. In den Verwahrräumen ist Unordnung sowie eine schlechte Belüftung, desgleichen in den Arrestzellen der Untersuchungshaftanstalt, die man als Dunkelhaft bezeichnen muss." Zwar würden vom medizinischen Personal bzw. von Vertragsärzten Hygienekontrollen durchgeführt, dabei festgestellte Mängel aber nur schleppend beseitigt.[568]

Im Jahre 1985 dann immer noch das gleiche Bild: In allen Bereichen der Strafgefangenen-Küche gäbe es einen „eklatanten Zustand von Unsauberkeit und unhygienischen Bedingungen." Die „Auslösung eines lebensmittelbedingten Durchfallgeschehens" sei jederzeit möglich. Auch die allgemeine Ordnung und Sauberkeit im Gefängnis hätte große Mängel: „Dabei fielen insbesondere viele alte Schmutzhaufen, unsaubere Ecken, Zigarettenkippen und abgebrannte Streichhölzer auf. Die Verwahrräume sind schmutzig und unaufgeräumt."

Der Leiter medizinische Dienste nehme seine Aufgabe als Kontrollorgan des Leiters der StVE auf dem Gebiet der Hygiene zwar wahr, schätze die Lage dazu richtig ein und schlage Maßnahmen zur Veränderung vor. Seitens der Gefängnisleitung würden diese auch bestätigt, ohne dass es anschließend zu Veränderungen käme.[569]

---

567 MdI, Abteilung Strafvollzug: Kontrollbericht StVA Cottbus, 13.3.1962. Fundort: BArch, DO1/28491

568 Verwaltung Strafvollzug: Bericht vom 23.11.1976 über den Kontrollgruppeneinsatz der Verwaltung Strafvollzug in der StVE Cottbus vom 3.11. bis 12.11.1976. Fundort: BLHA. Rep. 871/17.2./372

569 Verwaltung Strafvollzug: Abschlußbericht über die von der Verwaltung Strafvollzug durchgeführte Komplexkontrolle in den Strafvollzugseinrichtungen des Bezirkes Cottbus,10.5.1985.Fundort: BStU, MfS, HA VII, 895

Die medizinische Versorgung litt unter materiellen und finanziellen Engpässen. So wurde lt. Polizeichef Maron 1953 DDR-weit die ärztliche Betreuung der Häftlinge zu 95% von Gefangenenärzten durchgeführt. Dadurch würden ca.1 Mill. Mark eingespart.[570]

In Cottbus äußerte sich der Chef des Haftkrankenhauses, Oberkommissar von der Burg, im Oktober 1955 ausgesprochen kritisch zu den Verhältnissen in seinem Haus: „Wie bekannt ist, führen wir wohl die Bezeichnung HKH." Unter einem Haftkrankenhaus stelle er sich eine sanitäre Einrichtung zur Behandlung erkrankter Gefangener vor. „Als ich das HKH vor zwei Jahren übernahm, bestand kaum eine Möglichkeit, Bestrahlungen oder sonstige Maßnahmen durchzuführen. Mit Unterstützung der BDVP wurde die Möglichkeit geschaffen, Straf- und U-Gefangene zu behandeln. In kollektiver Arbeit wurde es uns möglich, einen Behandlungsraum zu schaffen." Auch ein Operationssaal im Wert von 15.000 Mark konnte eingerichtet werden. Doch seit 9 Monaten werde dieser nicht mehr genutzt, da kein Arzt für Operationen da sei.[571] Das Haftkrankenhaus wurde dann Anfang 1957 aus Kostengründen geschlossen.[572]

Zwanzig Jahre später musste ein interner Bericht der Verwaltung Strafvollzug über die Zustände in Cottbus noch immer feststellen, dass „der Gesundheitsschutz und die medizinische Betreuung der Strafgefangenen und Verhafteten ... nicht auf allen Gebieten gewährleistet" sei. Negativ wirke sich das Nichtvorhandensein eines hauptamtlichen Arztes als Leiter Medizinische Dienste in der StVE aus.[573] Doch zumindest in letzterem Punkt wurde Abhilfe geschaffen. Ein sogenannter Dienststellenpass vom April 1986 führt eine Genossin Oberstleutnant als Leiterin des medizinischen Dienstes der StVE auf.[574]

1976 warfen die Kontrolleure dem Bereich außerdem schlechte Arbeitsorganisation vor, die zu stundenlangen Wartezeiten und Störungen bei den Abläufen

---

570　Schreiben Maron, Chef der Deutschen Volkspolizei an Innenminister Stoph, betr. Grundsätzliche Fragen des Strafvollzugs. 15.9.1953. Fundort: BArch, DO 1/28484

571　BDVP Cottbus: Protokoll über die am 20.Oktober 1955 in der StVA Cottbus stattgefundene Tagung der Abt. SV der BDVP. Fundort: BLHA, Rep.871/17/95

572　Schreiben des Leiters der Abteilung Gesundheitswesen des MdI an Verwaltung Strafvollzug, 14.1.1957. Fundort: BArch DO 1/28461

573　Verwaltung Strafvollzug: Bericht vom 23.11.1976 über den Kontrollgruppeneinsatz der Verwaltung Strafvollzug in der StVE Cottbus vom 3.11. bis 12.11.1976. Fundort: BLHA. Rep. 871/17.2./372

574　Fundort: BArch, DO 1/3679

anderer Bereiche führe. Das medizinische Personal treffe zum Teil Entscheidungen, die eigentlich dem Arzt vorbehalten seien (z.b. über die Ausgabe von rezeptpflichtigen Arzneimitteln oder die Möglichkeit einer Vorstellung beim Arzt).[575]
Ein zuständiger Sanitäter erhielt von den Gefangenen für seine „fürsorgliche" Behandlung den Ehrentitel „Doktor Schnelltod". In der Verwaltung Strafvollzug mussten immer wieder Beschwerden von Angehörigen von Häftlingen über deren medizinische Betreuung in Cottbus registriert werden.[576]
1983 gab es in der StVE Cottbus einen Gelbsuchtfall, der Gefangene hatte sich nach Ansicht der Verwaltung Strafvollzug durch (verbotenes) Tätowieren infiziert.[577] 1988 wurde seitens des Strafvollzugs bei einem Untersuchungshäftling und einem Strafgefangenen von einer AIDS-Infektion ausgegangen,[578] der Verdacht bestätigte sich jedoch laut MfS nicht.[579]

In Cottbus einsitzende Ärzte beschrieben die medizinische Situation sehr unterschiedlich. Dr. Hans Werner Künzel, der 1975 in Cottbus inhaftiert war, notierte: „Im letzten Vierteljahr in Cottbus Versorgung nur durch Feldscher, obwohl dort 45-50 Ärzte ständig einsaßen. Da diese aber wegen politischer Delikte verurteilt waren, durften sie nicht im Sanitätsdienst eingesetzt werden. Zwei Ärzte verstarben in Cottbus, weil ihnen keine Digitalispräparate mehr gegeben wurden bzw. bei einem zweiten die Lungenentzündung nicht behandelt wurde."[580]
Spätestens Ende der achtziger Jahre hatte sich die Situation zumindest der inhaftierten Ärzte allerdings verbessert, da einige von ihnen wieder in ihrem Beruf tätig sein konnten. Dr. J. Kuhnert, der 1988/89 in Cottbus einsaß, schrieb über seine Erfahrungen: „Mit anderen Mithäftlingen, die ebenfalls Ärzte oder Zahnärzte waren, habe ich den Bereitschaftsdienst für das Gefängnis in Cottbus abgesichert. Dazu wurden alle Kollegen 1x wöchentlich bei Kaffee und Kuchen zu einer Dienstbesprechung zur Gefängnisärztin gebracht. Es herrschte hier eigentlich eine kollegiale Atmosphäre. [...] Als diensttuende Ärzte waren wir in einer separaten Zelle, belegt mit 4 Betten, untergebracht. Wir durften mehr Briefe als

---

575 Verwaltung Strafvollzug: Bericht vom 23.11.1976 über den Kontrollgruppeneinsatz der Verwaltung Strafvollzug in der StVE Cottbus vom 3.11. bis 12.11.1976. Fundort: BLHA. Rep. 871/17.2./372

576 Vgl. z.B. Beschwerden in BArch DO 1/3637

577 Besondere Vorkommnisse im Strafvollzug, 28.10.1983. Fundort: BArch DO 1/3683

578 Besondere Vorkommnisse im Strafvollzug, 21.6.1988. Fundort: BArch DO 1/3686

579 Handschriftliche Ergänzung zum Schreiben des Leiters der Hauptabteilung VII, Generalmajor Büchner, an den Stellvertreter des Ministers, Generalleutnant Neiber, vom 24.6.1988. „Information im Zusammenhang mit dem AIDS-Verdacht bei einem Verhafteten und einem Strafgefangenen in Cottbus". Fundort: BStU MfS, HA VII 6053

580 Zit. nach Müller 1998, S. 100

andere schreiben, hatten freie Fernsehzeit und kleinere Vergünstigungen. Der Arbeitsplatz tagsüber war günstiger als bei anderen Mithäftlingen einzuschätzen."[581]
Im September 1989 wurde MfS-intern angewiesen, Ärzte verschiedener Fachrichtungen (Chirurgie, Stomatologie, Allgemein, Innere) nach Cottbus zu verlegen, da dort wegen fehlender „Strafgefangenen-Ärzte" eine angespannte Situation eingetreten" sei.[582]

7.4. Ernährung

Nach der extremen Mangelernährung in den vierziger und fünfziger Jahren – die selbstverständlich noch schlechter war als die der ebenfalls unter- bzw. schlecht ernährten Normalbevölkerung -verbesserte sich die Situation in den sechziger Jahren allmählich. Die Quantität des Essens war fortan ausreichend, dennoch werden von den ehemaligen Häftlingen immer wieder der Mangel an Vitaminen und Eiweiß, aber auch Eintönigkeit und häufig verdorbene Zutaten bemängelt.[583] Beispielhaft der Bericht von Rudolf Piesar über die Ernährung in Cottbus, der u.a. von einer „Spezialwurst" erzählt: „Es ist völlig egal, wie sich die Wurst bezeichnet oder um welche der 5 Sorten, die ich im ewigen Kreislauf dort vorgesetzt bekam, es sich handelte. Die Grundlage aller Wurstsorten sind Schwarten, Abfälle und Fett. Es ist eben eine spezielle Knastwurst. Eine Wurst, die nur für den Verbrauch in den Haftanstalten bestimmt und dementsprechend zusammengesetzt ist. Dazu gab es steinhartes Brot, etwas Butter und Muckefuck (Kaffee-Ersatz). Selbstverständlich möchte ich die Marmelade nicht vergessen. Die gab es immer und in jeder Menge, wenn auch verdünnt. [...] Vitamine in Form von Obst dagegen gibt es nie. Im besten Fall erhalten wir Weiß- und Rotkohl, oder zur Abwechslung, Pellkartoffeln als Vitaminspender. [...]"[584]

Arbeitenden Häftlingen war es möglich, einige zusätzliche Lebensmittel in den gefängniseigenen Verkaufsstellen zu erwerben. Im Frühjahr 1957 befand die Verwaltung Strafvollzug das Angebot in den Gefängnisläden als zu umfassend: Bei Kontrollen sei festgestellt worden, „dass das den Gefangenen angebotene Warensortiment nicht mehr dem Erziehungsziel dient und Waren angeboten werden, die im öffentlichen Handel nicht immer zu erhalten sind." Der „eigentliche Zweck des Einkaufes, den Gefangenen den Bezug zusätzlicher Lebensmittel zu ermöglichen" werde nicht mehr beachtet, stattdessen gelangten „vorwiegend Genussmittel und Delikatessen zum Verkauf." Deshalb solle das Warenangebot auf folgende Artikel beschränkt werden:

---

581 Zit. nach Müller 1998, S. 100f.
582 Dienstreisebericht HA VII nach Cottbus, 12.9.1989. Fundort: BStU, MfS HA VII 4911
583 Vgl. ausführlich Kittan 2012, S. 65, Skribanowitz 1991, S. 86ff.
584 Zit. nach Müller 1998, S. 106f.

„1. Zwei Sorten Wurst, 2. tierische und pflanzliche Fette, 3. Zucker, Marmelade (keine Konfitüre), Kunsthonig, 4. Brötchen (jedoch nur an dem vor Sonn- und Feiertagen liegenden Werktag), 5. Fischhalbmarinaden, 6. Obst je nach Jahreszeit (keine Südfrüchte), 7. Keks in Packungen, 8. Zigaretten, zwei Sorten je zu 8 und 10 Pfennig, Kautabak, 9. Kernseife, Zahnseide, Zahnbürsten, Handbürsten, Kämme, bei ärztlicher Anregung kann im Einzelfall medizinische Seife bzw. Hautschutzcreme und Salbe gestattet werden." Die angeführten Artikel dürften nur dann verkauft werden, wenn sie der Bevölkerung in ausreichendem Maß zur Verfügung stünden.[585]

Es gibt zahlreiche Hinweise auf Schwierigkeiten beim Betrieb der Cottbuser Verkaufsstelle. So teilte die Abteilung Strafvollzug der BDVP Cottbus der VSV im Frühjahr 1967 mit, bei einer Finanzkontrolle in der StVA Cottbus und im Strafvollzugskommando Schwarze Pumpe sei im HO-Verkauf eine Minusdifferenz von 4500 Mark festgestellt worden. Bisher hätten nur 1000 Mark „gefunden" werden können. Die Differenz ergebe sich aus gelieferten Waren durch die HO (14.000 M) und Bestand, einschließlich Verkauf (10.000 M). Da die Cottbuser Kontrolleure angesichts des beträchtlichen Defizits „nicht weiter wissen", bäten sie um Hilfe aus Berlin."[586]

Ein Bericht der Verwaltung Strafvollzug aus dem Frühjahr 1985 stellte fest, dass in den Strafvollzugsanstalten des Bezirkes Cottbus über die HO-Verkaufsstellen im wesentlichen „eine umfangreiche sowie qualitäts- und sortimentsgerechte Versorgung gewährleistet" sei. Dagegen wurde „das Angebot an Obst, Gemüse und Wurstwaren" in der StVE Cottbus als „eingeschränkt" beschrieben.[587]

7.5. Religiöse Betreuung

In der Nachkriegszeit bemühten sich sowohl die sowjetische Militärverwaltung als auch die ostdeutschen Justizbehörden um einen vergleichsweise toleranten Umgang mit den Kirchen und auch der Gefängnisseelsorge.

Offiziell war man bereit, sich dabei an den Normen der Weimarer Republik zu orientieren. Zu „liberale" Vorschriften der Länder wurden allerdings vom Vorläufer des DDR-Justizministeriums bekämpft. So stieß sich die „Deutsche Justizverwaltung" an folgender Aussage eines Rundschreibens des Brandenburger Strafvollzugsamts vom 7. Mai 1949: „Bei der Aufnahme eines Gefangenen ist

---

585   Verwaltung Strafvollzug: Entwurf „Warenangebot für den Einkauf der Gefangenen". 24.4. 1957. Fundort: BArch, DO 1/28579
586   Verwaltung Strafvollzug, 6.3. 1967. Fundort: BArch, DO 1/3374
587   Verwaltung Strafvollzug: Abschlußbericht über die von der Verwaltung Strafvollzug durchgeführte Komplexkontrolle in den Strafvollzugseinrichtungen des Bezirkes Cottbus,10.5.1985.Fundort: BStU, MfS,HA VII, 895

darauf zu achten, dass die Religion oder Konfession, zu welcher sich der Gefangene bekennt, in das Gefangenenbuch oder die Gefangenenkartei eingetragen wird. Wenn jemand sich zu einer Religion oder Konfession bekennt, wird man für seine Person das Bedürfnis nach Gottesdienst und Seelsorge voraussetzen müssen, es sei denn, dass der Gefangene das Gegenteil zum Ausdruck bringt."[588] Diese Regelung gehe laut der „Deutschen Justizverwaltung" über die „in Direktive 19 des Kontrollrats vorgesehene religiöse Betreuung der Gefangenen hinaus." Es entspreche nicht den in der entsprechenden Direktive vorgesehenen Aufgaben des Staates, „einen Gefangenen, der ohne sein Zutun in der Kindheit getauft und damit in eine Kirchengemeinschaft aufgenommen wurde, der er sich oft genug innerlich längst entfremdet hat, nun dieser Kirchengemeinschaft wieder zuzuführen." Weiterhin wird darauf hingewiesen, dass diese „der seelsorgerlichen Betreuung in den Gefangenenanstalten gezogenen Grenzen auch der Auffassung der SMAD" entsprächen. Die Brandenburger Landesregierung sollte die Regelung bei der Gefangenenaufnahme entsprechend anpassen,[589] was am 5. Juli 1949 auch geschah.[590]

Mit der Übernahme der Gefängnisse durch die Polizei verschärfte sich das Klima auch bezüglich der Gefangenenseelsorge erheblich. Das Christentum galt jetzt grundsätzlich als feindliche Ideologie; religiöse Aktivitäten in den Gefängnissen wurden mit äußerstem Misstrauen begleitet. So heißt es in einem internen Papier der Hauptverwaltung Deutsche Volkspolizei vom 22. März 1950: „Die Abhaltung kirchlicher Handlungen in den von der HVDVP übernommenen Strafanstalten fördert und unterstützt die Bildung faschistischer Untergrundbewegungen sowie die Übermittlung von Nachrichten an die Außenwelt. Sie stellen also in der derzeitigen Situation eine außerordentlich große Gefahr dar, die durch besondere Sicherungsmaßnahmen ausgeschaltet werden müssen." Die Gefangenen sollten über anstehende Gottesdienste im Unklaren gelassen werden, damit sie keine Möglichkeit hätten, „sich in irgendeiner Form vorzubereiten." Außerdem waren im Vorfeld intensive Zellenkontrollen und Leibesvisitationen geplant.[591]

Die evangelische Kirche beschwerte sich im Februar 1954 in einem Schreiben an die Hauptverwaltung Deutsche Volkspolizei über in Cottbus verfügte Einschränkungen bei Gottesdiensten. Vielen Gefangenen würde der Gottesdienstbesuch

---

588   Rundschreiben 124/49, Fundort: BArch, DP1/30197
589   Schreiben vom 20.6.1949. Fundort: ebenda
590   Rundschreiben Brandenburger Justizministerium 190/49. Fundort: ebenda
591   Hauptabteilung HS. Entwurf eines „Vorschlags für die Durchführung besonderer Maßnahmen anlässlich der Abhaltung kirchlicher Handlungen". Fundort: BArch, DO1/28572

verweigert, außer einer streng limitierten Zahl von Bibeln und Gesangbüchern dürfte kein religiöses Schriftgut „eingeführt" werden.[592]

Die Antwort der Hauptverwaltung Volkspolizei ist nicht überliefert, allerdings holte man eine „Charakteristik" des für das Cottbuser Gefängnis zuständigen Diakons durch das VP-Kreisamt Cottbus ein. Dieser stehe „unserer Entwicklung in der Deutschen Demokratischen Republik [...] negativ gegenüber, welches dadurch zum Ausdruck kommt, indem er sagte, lieber lasse er sich eine Kugel durch den Kopf schießen, als dass er wieder eine Waffe in die Hand nimmt. Er setzt in bewusst getarnter Form den Hitlerstaat mit unserer Staatsordnung gleich."[593]

Allerdings hatte die Volkspolizei zu dieser Zeit selbst die eigenen Bediensteten in Punkto Religion noch nicht vollständig im Griff. So kritisierte VP-Oberrat Schiller, Leiter der Abteilung SV der BDVP, auf einer am 5. Oktober 1955 durchgeführten Dienstversammlung in der Strafvollzugsanstalt Cottbus die Kirchenmitgliedschaft eines Mitarbeiters der Abteilung Strafvollzug: „Obwohl er sich ideologisch schon lange von der Kirche getrennt hat, ist er dennoch nicht ausgetreten, weil er Familienschwierigkeiten aus dem Wege gehen will." Man werde „nicht mit Gewalt darauf drücken, dass die Genossen aus der Kirche heraustreten, aber mit der Einstellung eines Genossen Volkspolizisten trifft das nicht überein."[594] 1957 waren laut Jahresbericht der Bezirksverwaltung Strafvollzug noch 20% der Strafvollzugsangehörigen des Bezirkes Cottbus Kirchenmitglieder, allerdings handelte es sich nur um Unterführer und Wachtmeister.[595]

Aufgrund des gravierenden Misstrauens gegen die von den Kirchen in den Strafvollzug geschickten Geistlichen installierte die Volkspolizei eigene hauptamtliche Gefängnispfarrer, die von den Kirchen allerdings größtenteils abgelehnt wurden. Als erster trat der Religiöse Sozialist Hans-Joachim Mund (Jahrgang 1914) 1950 im Range eines VP-Oberrats (Oberstleutnants) in den Strafvollzug ein, vorher war er Mitarbeiter des SED-Zentralsekretariats. Die eigenen Erfahrungen im sozialistischen Strafvollzug machten ihm schwer zu schaffen – u.a. musste er zum Tode Verurteilte auf ihrem letzten Weg begleiten.

---

592 Evangelische Kirche in Deutschland, Kirchenkanzlei, Berliner Stelle, 15.2.1954. Fundort: BArch, DO1/28572

593 „Charakteristik" vom 4.1.1954. Fundort: BArch, DO 1/28572

594 Strafvollzugsanstalt Cottbus: Protokoll über die am 5.Oktober durchgeführte Dienstversammlung. Fundort: BLHA, Rep.871/17/95

595 Fundort: BLHA, Rep.871/17/94

Er erlebte Misstrauen von allen Seiten. Nachdem er anonym vor einer drohenden Verhaftung gewarnt worden war, floh er im Januar 1959 nach West-Berlin.[596] Einem Protokoll des anschließend wegen Republikflucht angestrengten Parteiverfahrens der SED-Grundorganisation (GO) der Verwaltung Strafvollzug gegen Mund ist zu entnehmen, dass Mund - „um ihm als Geistlichen keinen Einblick in die Arbeit des Strafvollzugs zu geben" - nicht in die Arbeit der GO einbezogen wurde, obwohl er Parteimitglied war. Viele Genossen brachten in der Diskussion zum Ausdruck, angeblich schon länger ein diffuses Misstrauen gegen M. gehabt zu haben.[597]

Die – ausschließlich evangelischen - hauptamtlichen Gefängnispfarrer blieben - anders als ihre von der Kirche bezahlten Kollegen – bei ihren Gesprächen mit den Häftlingen von Überwachung verschont.[598]

Dagegen wurden die nebenamtlichen Gefängnisseelsorger bei ihrer Arbeit stark behindert. Häufig behaupteten die Behörden, dass kein Häftling an der Teilnahme an einem Gottesdienst interessiert sei und dieser deshalb nicht stattfinde. Eine solche Auskunft erhielt etwa der nun für Cottbus zuständige Pfarrer Herbert Hudewenz im Jahr 1963 mehrmals. Hudewenz erwartete daraufhin, dass die Gefängnisleitung selbst für den Ostergottesdienst nur 20 Besucher zulassen würde, obwohl das Interesse viel größer sei. Außerdem sei sogar das vom Nachfolger Munds als Leiter der VP-Gefangenenseelsorge, Heinz Bluhm, herausgegebene Weihnachtsverteilblatt den Cottbuser Gefangenen nicht ausgehändigt worden. Bluhm versuchte vergeblich, Hudewenz zu einem geschönten Bericht über die Lage zu bewegen.[599]

Von Mitte der sechziger Jahre bis zum Ende des SED-Staats fungierte einzig Eckart Giebeler als hauptamtlicher Gefängnispfarrer. Giebeler hatte schon 1962 den Dienstgrad „Major der VP", außerdem diente er dem MfS als IM „Roland". Erste Meldungen über seine Spitzeltätigkeit – die seitens der Kirche aber heftig dementiert wurden - erschienen bereits 1979 in der West-Berliner „BZ". Giebeler berichtete MdI und MfS nicht nur über seine vertraulichen Gespräche mit Gefangenen, sondern auch über die Aktivitäten der nebenamtlichen Gefängnispfarrer, wobei er versuchte, deren Einfluss weiter einzuschränken. So bemühte er sich ab 1976, auch die Seelsorge in Cottbus selbst durchzuführen.[600] In einem Schreiben vom 25. Mai 1976 erklärte sich G. „unter im Einzelnen mündlich zu erörternden

596 Vgl. Beckmann/Kusch 1994, S.54ff.
597 Versammlung SED-Grundorganisation der Verwaltung Strafvollzug, betr. Parteiverfahren gegen Mund, 23.1.1959. Fundort: BArch, DO1/20340
598 Vgl. Beckmann/Kusch 1994, S.94
599 Vgl. Beckmann/Kusch 1994, S.108f.
600 Vgl. Beckmann/Kusch 1994, S.111ff.

Voraussetzungen bereit, die Religionsausübung in den STVE Hoheneck und Cottbus (der komplizierten Situation in diesen Einrichtungen wegen) zum Teil in Zukunft mit zu übernehmen."[601] Gerade individuelle Gespräche mit Gefangenen in Cottbus und dem Frauengefängnis Hoheneck seien „erfahrungsgemäß kompliziert." Angesichts der Struktur der Einrichtungen müsse „man mit Überraschungen rechnen. Die Geistlichen selbst ahnen nicht, was da auf sie zukommt."[602] Letztere Aussage ist erkennbar interessengeleitet. Selbstverständlich war den in Cottbus und Hoheneck eingesetzten Pfarrern bewusst, um welche Klientel es sich bei den Gefangenen handelte. Giebeler bemühte sich aus Ehrgeiz und/oder im Auftrag des MfS, persönliche Gespräche mit politischen Gefangenen zu führen, um diese aushorchen zu können.

Matthias Storck, der als Student der evangelischen Theologie wegen angeblicher Fluchtabsichten verurteilt worden war, schildert die zwiespältigen Eindrücke, die die 1980 im Cottbuser Gefängnis stattfindende Begegnung mit Giebeler bei ihm hinterließ. Der Gottesdienst, den er zusammen mit anderen „armseligen Kreaturen, die dem Geistlichen in den Essensraum nachgestolpert waren; entstellt, zerbrochen, zerlumpt und mit verletzter Seele", feiern konnte, schien für ihn den „Vorhang zu einer anderen Welt gelüftet zu haben." Anschließend ließ ihn Giebeler zu einem seelsorgerlichen Gespräch „zuführen". Zunächst hätte ihn der väterlich wirkende Pfarrer über die Gründe für seine laufende Arreststrafe informiert, die Storck bisher nicht bekannt waren. Angeblich habe er am Reformationstag zur Arbeitsbummelei aufgerufen, da müsse man die „Verstimmung" des Personals verstehen. Es sei „ganz und gar nicht im Sinne von Schrift und Bekenntnis, solche waghalsigen Zeichen im Knast zu setzen." Giebeler hätte es abgelehnt, sich für ein Ende der Arreststrafe Storcks einzusetzen, obwohl dieser beteuerte, nichts von dem ihm Vorgeworfenen getan zu haben. Genauere Informationen über Storcks Frau, die in Hoheneck einsaß und von Giebeler als „äußerst aufsässig" beschrieben worden sei, gab der Pfarrer ebensowenig heraus wie solche über einen möglichen Freikauf.

Storck prägten sich neben den „Gib-dich-zufrieden-und-sei-stille-Gesten" Giebelers auch Muster und Farbe seiner Krawatte ein. Von diesem Gespräch blieb für Storck das Gefühl einer diffusen Enttäuschung zurück. Er ahnte dennoch nichts von Giebelers „Nebentätigkeit".

Heute ist Storcks Urteil über den „Diener zweier Herren" eindeutig: „Sein aus Stasi-Silberlingen und Volkspolizei-Spesen aufgebessertes Pfarrergehalt belastete seinen gesunden Schlaf ebenso wenig wie die Psychogramme, in denen er sich über die seelischen Nöte der Gefangenen bereitwillig und einfühlsam erging.

---

601 Bericht Giebeler an Verwaltung Strafvollzug, 25.5.1976. Fundort: BArch, DO1/ 3581
602 Fundort: ebenda

Der Mann mit dem Decknamen ‚IM Roland' war ein Pfarrer, der aus seiner Mör-
dergrube nie ein Herz gemacht hatte."[603]

1977 hatte mit Albrecht Schönherr erstmals ein Bischof die Möglichkeit, einen
Weihnachtsgottesdienst in der Cottbuser StVE durchzuführen, nachdem ihm ein
entsprechender Wunsch vorher mehrfach abgeschlagen worden war. Bei einem
Vorgespräch im Innenministerium teilte man ihm mit, die Genehmigung des Be-
suchs des Vorsitzenden des Bundes Evangelischer Kirchen solle helfen, Vorur-
teile im Westen über die Zustände in DDR-Gefängnissen abzubauen; Schönherr
habe dies auch so akzeptiert.[604] Laut einem MfS-Bericht lobte der Bischof anschließend die Organisation des Gottesdienstes, an dem 69 Gefangene teilnahmen, sowie die Raumgestaltung. Häftlinge hätten geäußert, man habe den Behörden „nicht soviel Humanität zugetraut."[605]

Als Schönherr zwei an ihn gerichtete Briefe von Verwandten Cottbuser Häftlinge Giebeler zur Kenntnis gab, hatte dieser nichts eiligeres zu tun, als Abschrif-
ten der Briefe an die Verwaltung Strafvollzug zu schicken.[606] Am 6. März 1978
berichtete er seinen Vorgesetzten, dass 75 bis 100 Cottbuser Strafgefangene die
Betreuung durch einen evangelischen Geistlichen und 15 bis 20 durch einen Ka-
tholiken wünschten. Beide Konfessionen würden derzeit durch je einen nebenamtlichen Pfarrer betreut, die keine individuellen Gespräche mit den Gefangenen
führten. In der Regel werde einmal monatlich ein Gottesdienst durchgeführt.[607]

Laut dem Bericht Giebelers über Äußerungen des für Cottbus zuständigen Pfar-
rers Dietrich Max auf der halbjährlich stattfindenden Tagung der in den Strafvollzugseinrichtungen tätigen evangelischen Geistlichen vom 25. April 1978, hatte
sich das Gespräch Honeckers mit Vertretern der (evangelischen) Kirchenleitun-
gen am 6. März 1978 aus dessen Sicht zumindest in Cottbus positiv ausgewirkt.
Max könne jetzt einmal in der Woche Sprechstunden in der StVE durchführen, an
denen jeweils 3 Gefangene teilnehmen. Giebeler sah diese Veränderungen natürlich kritisch: „Der Unterzeichnete gewann den Eindruck, dass die Strafgefangenen den Geistlichen zu viel erzählen, was mit Kirche und Religionsausübung
nichts zu tun hat. Außerdem ‚berichtet' Pfarrer Max über das ‚Gehörte' seinem
Generalsuperintendenten Dr. Forck. Da Pfarrer Max die Gottesdienste vierwö-
chentlich jeweils nur für die Hälfte der Interessenten halten kann, will er darum

603 Vgl. Storck 2010, S. 190ff.
604 Vgl. Beckmann/Kusch 1994, S. 159
605 Information über den Weihnachtsgottesdienst, 3.1.1978, Fundort: BStU, MfS, ZAIG
      2785.
606 Anschreiben Giebelers vom 19.April 1978. Fundort: BArch, DO1/ 3581
607 Fundort: BArch, DO1/ 3581

bitten, in Zukunft vierzehntägig anzusetzen, damit für die Strafgefangenen die Abstände nicht allzu groß werden."[608]

Sein Bericht über eine weitere derartige Tagung vom 12. Mai 1981 enthält ein entlarvendes Zitat über Giebelers Verständnis der eigenen Funktion: „Der Unterzeichnete hat sich bemüht, die anwesenden Geistlichen in das Fahrwasser zu bekommen, in welchem sie schwimmen müssen – auf der Grundlage der in Sachen Religionsausübung bestehenden Gesetze und Weisungen. Er stieß meistens auf Verständnis. Und doch muss man aufpassen, dass keiner den Rahmen überschreitet."[609]

Unter den hauptamtlichen Gefängnispfarrern war kein Katholik. In Cottbus betreute ab 1969 Pfarrer Georg Walter die katholischen Gefangenen. Ein im April 1982 von Bischof Huhn gefeierter katholischer Gottesdienst in Cottbus wurde von der Verwaltung Strafvollzug und der Gefängnisleitung ebenfalls generalstabsmäßig vorbereitet. Die zur Teilnahme vorgesehenen 20 Häftlinge wurden selbstverständlich „gewissenhaft" ausgewählt. „Die Bekanntgabe der Durchführung des Gottesdienstes durch den Bischof erfolgt erst, wenn alle Strafgefangenen die vorgeschriebene Sitzordnung eingenommen haben." Selbst der von der Gefängnisleitung vorzubereitende Text für diese „Bekanntgabe" an die Häftlinge musste vorab von der Verwaltung Strafvollzug genehmigt werden.[610]

Das MfS zeigte sich in den 80er Jahren zunehmend besorgt über Versuche kirchlicher Mitarbeiter, „den Strafvollzug der DDR durch aktive Einflussnahme der Kirche auf staatliche Organe ‚menschlicher' zu gestalten." Bei einer Anfang 1986 stattfindenden „Beratung kirchenleitender Personen des evangelischen Konsistoriums der Kirchenprovinz Sachsen über Probleme der religiösen Betreuung von Strafgefangenen" sei insbesondere Oberkonsistorialrat Hammer „sehr aggressiv" aufgetreten.[611] Ironischerweise wohnte Hammer dieser Veranstaltung auch als „Offizier im besonderen Einsatz" des MfS bei,[612] bei ihm handelte es sich offensichtlich um einen „Agent Provocateur."

---

608 Fundort: BArch, DO1/ 3581

609 Fundort: BArch, DO1/ 3581

610 Verwaltung Strafvollzug, Abteilung Vollzugsgestaltung: Vermerk über persönliche Aussprache mit dem Leiter der StVE Cottbus, 7.4.1982. Fundort: BArch, DO1/ 3579

611 MfS-Information, beruhend auf „inoffiziellen Erkenntnissen", 27.1.1986. Fundort: BStU, MfS, HA VII 2693

612 Vgl. dazu seinen Lebenslauf www.uni-magdeburg.de/mbl/Biografien/0461.htm, Zugriff am 7.8.2013

Außerdem wurde vom MfS beklagt, dass in Gemeindegottesdiensten wiederholt religiöse Fürbitten für inhaftierte Wehrdienstverweigerer gehalten" würden. Doch gebe es „für Staatsverbrecher oder Kriminelle" keine solchen Aktivitäten.[613]
Auch die sich unter dem Dach der Kirche bildenden Oppositionsgruppen nahmen sich den Zuständen im Strafvollzug an. Die Staatsicherheit bemerkte dazu; „Operativ bekannte Personen der politischen Untergrundtätigkeit befassen sich innerhalb des Komplexes ‚Menschenrechte' auch mit Rechtsvorschriften der DDR, insbesondere dem StGB, der StPO und dem Strafvollzugsgesetz. Diese Kräfte sind selbst nur zum Teil religiös gebunden, versuchen jedoch zur Verwirklichung ihrer Zielstellung kirchliche Amtsträger oder kirchliche Räume zu missbrauchen."[614]
Die bei diesen Bemühungen von kirchlichen Mitarbeitern und Aktivisten von Menschenrechtsgruppen gewonnenen Erkenntnisse erwiesen sich als sehr hilfreich, als im Herbst/Winter 1989/90 Angehörige der Opposition für die Liberalisierung des Strafvollzugs eintraten.[615]

---

613 MfS-Information „Bisherige Erkenntnisse über die Haltung kirchenleitender Gremien und Aktivitäten feindlich-negativer Kräfte zu Fragen des Strafvollzugs in der DDR. 17.11.1986. Fundort: BStU, MfS, HA VII 2693
614 Ebenda
615 Vgl. z.B. Dölling 2009, S.221ff.

8. Die Haftarbeit

8.1. Einführung

Die Haftarbeit gehörte zu den zentralen Säulen des DDR-Strafvollzugs. Die Häftlinge wurden teilweise zu hausinternen Arbeiten zur Aufrechterhaltung des Gefängnisbetriebs eingesetzt; vor allem aber waren sie unter in der Regel sehr schlechten, häufig gefährlichen und gesundheitsschädlichen Arbeitsbedingungen für Betriebe in der Region tätig. Meist erfolgte der Arbeitseinsatz in Werkstätten innerhalb der Gefängnismauern, darüber hinaus existierten Haftarbeitslager. Die meist stupiden Arbeitsabläufe unterforderten zumindest die höher qualifizierten unter den Häftlingen intellektuell, während gleichzeitig häufig massive körperliche Verschleißerscheinungen auftraten.

Im Laufe des Jahres 1953 wurden laut Konferenzmaterialien der Hauptabteilung Strafvollzug DDR-weit „die wichtigsten Anstaltsbetriebe in die Regie der volkseigenen Industrie überführt." Die Weiterentwicklung der gefängniseigenen Produktion sei unter den Voraussetzungen des Strafvollzugs nicht mehr möglich gewesen. Konstatiert wurde eine „Vermischung der volkspolizeilichen Tätigkeit mit ausgesprochenen Wirtschaftsfunktionen", Volkspolizisten hätten sich immer mehr in die Rolle von Wirtschaftsfunktionären eingelebt, ohne „produktionstechnisch" dafür genug geschult zu sein. Auch hätte der „Erziehungsprozess der Strafgefangenen" unter den Bedingungen der Lohnaufträge nicht weiterentwickelt werden können. Der „A-Betrieb" (ein dem Strafvollzug nicht unterstellter Teil eines Volkseigenen Betriebs auf dem Gefängnisgelände) sei deshalb „sowohl politisch als auch wirtschaftlich die geeignetste Form der Gefangenenerziehung."[616]

Die Arbeit in der Strafhaft sollte also offiziell zuallererst der Erziehung dienen. Entsprechende Äußerungen finden sich in einschlägigen DDR-Veröffentlichungen, aber auch in internen Papieren immer wieder. So heißt es in einer 1958 veröffentlichten juristischen Dissertation: „Hauptmethode der Erziehungsarbeit in unserem Strafvollzug ist die produktive Arbeit. Sie ist, wie Karl Marx in seinen berühmten Randglossen zum Gothaer Programm schrieb, ‚einziges Besserungsmittel', also das einzige Mittel zur Umerziehung des Verbrechers, der alleinige Weg, auf dem der Verbrecher zur Gesellschaft zurückgeführt werden kann. Diese Erkenntnis ist für den Strafvollzug Programm und Arbeitsgrundlage zugleich; auf

---

616 Schreiben Hauptabteilung SV an Generalinspekteur Mayer bezüglich Tagung im Haftkrankenhaus Klein-Meusdorf, 5.5.1954. Fundort: BArch, DO1/28498

ihrer Basis vollzieht sich in den Strafanstalten und Haftarbeitslagern der Deutschen Demokratischen Republik ein – für die Öffentlichkeit wenig sichtbarer – großer erzieherischer Prozess, der dem gerichtlichen Urteil erst Inhalt und Gestalt gibt und das Wesen der bisherigen Freiheitsentziehung grundlegend verändert hat."[617]

Im „bürgerlichen Strafvollzug" sei die Arbeit dagegen „eine Methode zur schändlichen Ausbeutung der Gefangenen".[618]

Das Strafvollzugsgesetz der DDR vom April 1977 postulierte im §21: „Der Einsatz der Strafgefangenen zu gesellschaftlich nützlicher Arbeit soll unter vielfältiger Nutzung ihres erzieherischen Charakters [...] zur Formung und Festigung einer bewussten Arbeitseinstellung und zur Bewährung beitragen. Durch Arbeit in der Gemeinschaft, Einbeziehung der Strafgefangenen in den Produktionswettbewerb, die Neuererbewegung und Produktionsberatungen ist der Arbeitseinsatz so zu gestalten, dass seine Möglichkeiten zur Erziehung voll wirksam werden."

Tatsächlich aber wurde die Haftarbeit seit den 50er Jahren immer stärker ökonomischen Kriterien unterworfen.

Außer Frage steht für mich, dass es sich seit der Übernahme des Gefängniswesens durch das Innenministerium 1950/51 in aller Regel zumindest bei der Beschäftigung politischer Häftlinge um völkerrechtlich verbotene Zwangsarbeit handelte. Zwar nehmen die einschlägigen Rechtsvorschriften (insbesondere die Übereinkommen der Internationalen Arbeitsorganisation Nr. 29 von 1932 und Nr. 105 von 1959) wie auch das Grundgesetz (Art. 12) eine Arbeitspflicht für kriminelle Häftlinge vom generellen Verbot der Zwangsarbeit aus. Allerdings fordern sie, den Resozialisierungszweck in den Mittelpunkt zu stellen, Arbeit dürfe keine zusätzliche Strafe sein. Der Arbeitsschutz müsse streng eingehalten werden.[619]

Von alledem kann in der DDR keine Rede sein. Zumindest für die DDR-Chemieindustrie sind Todesfälle unter Strafgefangenen aufgrund mangelnden Arbeitsschutzes nachgewiesen worden.[620] Neben den Spätfolgen der häufig auftretenden Arbeitsunfälle werden auch chronische Krankheiten von ehemaligen Häftlingen auf die Arbeitsbedingungen zurückgeführt. Der Nachweis dafür obliegt nach wie vor den früheren Inhaftierten, nur wenige Fälle werden anerkannt.[621]

---

617 Zit. nach Kern 1958, S. 88.
618 Ebenda, S.12.
619 Vgl. Schmidt 2011, S.69ff.
620 Vgl. Vesting:2012, S.99ff.
621 Vgl. dazu z.B. Beer/ Weißflog 2011, siehe auch die generellen Ausführungen zu Haftfolgeschäden, Kap. 7.1.

8.2. Die volkswirtschaftliche Bedeutung der Gefangenenarbeit

Die DDR-Ökonomie war in jeder Hinsicht eine Mangelwirtschaft. Es mangelte an Geld, Material, Technologie und im Zeitverlauf auch immer mehr an Arbeitskräften. Ohne den Einsatz von Gefangenen, (Bau-)Soldaten und Bereitschaftspolizisten wären viele besonders schmutzige und z.t. lebensgefährliche Arbeitsplätze kaum noch besetzbar gewesen. Justus Vesting hat das für das „Chemiedreieck" zwischen Halle, Dessau und Bitterfeld eindrucksvoll nachgewiesen,[622] einen guten Überblick bieten auch Clemens Heitmann und Marcus Sonntag.[623]

Laut einem dem Büro des ZK-Sekretärs für Wirtschaft, Günter Mittag, vorgelegten Bericht waren 1972 im Zementwerk Rüdersdorf 467 Strafgefangene im Einsatz, die infolge einer geplanten Amnestie alle entlassen werden sollten. In einzelnen Produktionsbereichen waren nur angelernte Häftlinge tätig. Die Auswirkungen der geplanten Entlassungen für die Produktionsabläufe wurden als katastrophal eingeschätzt, das Dokument enthielt jedoch keinerlei Lösungsvorschläge.[624]

Aufgrund der sich ausweitenden wirtschaftlichen Schwäche der DDR wuchs die ökonomische Bedeutung der Häftlingsarbeit vor allem in den achtziger Jahren stark an. 1979 waren Arbeitsleistungen von 2 Milliarden Mark geplant, 1987 bereits von 12,7 Milliarden. Insbesondere die häufigen Amnestien erschwerten jedoch die Planerfüllung erheblich, da die Zahl der verfügbaren Arbeitskräfte stark schwankte.[625]

Unmittelbar vor der Amnestie zum 38. Jahrestag der DDR arbeiteten im Sommer 1987 laut einem ausführlichen Bericht Dickels an Krenz vom 14. Juli ca. 25000 Strafgefangene. Das Dokument bietet einen vorzüglichen Überblick über die Vielzahl der Arbeitseinsatzbetriebe, für die Strafgefangene tätig waren.[626]

Der Entwurf eines Schreibens des DDR-Generalstaatsanwalts vom 22. September 1987 macht die Schwierigkeiten bei den laufenden Vorbereitungen der Amnestie deutlich. Es gebe Produktionsgefährdungen in Höhe von 2,9 Milliarden Mark. „Ein vollständiger Ausgleich mit zweiglichen und betrieblichen Mitteln" könne nicht erreicht werden. „Das betrifft Gleisbauarbeiten in Braunkohletagebauen, die Produktion von Grundchemikalien, fotochemische Erzeugnisse, Reifen

---

622   Vgl. Vesting 2012

623   Heitmann/ Sonntag 2009

624   Fundort: SAPMO-BArch, DY 3023/1150

625   Vgl. Raschka 2000, S. 239ff.

626   Übersicht über den Einsatz Strafgefangener zu gesellschaftlich nützlicher Arbeit in der Volkswirtschaft. Fundort: SAPMO-BArch, DY 30 IV 2/2.039/191

für Nutzkraftwagen und Landmaschinen, Elektromotore u.a.". Der Einsatz aus-
ländischer Arbeitskräfte werde vorbereitet, um die negativen Auswirkungen zu
verkleinern.[627] Im Dezember 1987 befanden sich zwischenzeitlich nur noch 1.710.
Gefangene in den Haftanstalten.[628]

Nach den Amnestien füllten sich die Gefängnisse sehr schnell wieder. Laut einer
persönlichen Information des DDR-Innenministers Friedrich Dickel an ZK-Sekretär Egon Krenz vom 20. Oktober 1988 waren zu diesem Zeitpunkt wieder insgesamt 12.679 Strafgefangene in zentral festgelegten Arbeitseinsatzbetrieben der
Volkswirtschaft tätig. Davon arbeiteten im Bereich Kohle/Energie 1539, in Erz-
bergbau, Metallurgie und Kali 1.135, in der Chemischen Industrie 982, im Bereich
Elektrotechnik/Elektronik 2.860, im Schwermaschinen und Anlagenbau 1.067 sowie im allgemeinen Maschinen-, Schwermaschinen- und Fahrzeugbau 2.071
Häftlinge.[629]

Ein Bericht des Leiters der für die Kontrolle der Haftanstalten zuständigen HA
VII des MfS, Oberstleutnant Feig, konstatierte im Juli 1985: „Die Ausschöpfung
des Arbeitsvermögens von Strafgefangenen für gesellschaftlich nützliche Tätigkeit in produzierenden Bereichen der Volkswirtschaft ist in allen Einrichtungen
durchgesetzt. Das Primat der Sicherheit beim Einsatz von Strafgefangenen in Au-
ßenarbeitskommandos ist ständiger Bestandteil der Führungs- und Leitungstätigkeit der Leiter der jeweiligen Einrichtungen."[630] Letzteres bezog sich auf Befürch-
tungen, dass Häftlinge bei Arbeiten außerhalb der StVE bessere Fluchtmöglich-
keiten hätten.

Heitmann und Sonntag bezeichnen den Arbeitseinsatz von Strafgefangenen und
Militärangehörigen mit Recht als „kaum zu überschätzende Stütze für die leis-
tungsschwache und ineffiziente sozialistische Planökonomie." Doch waren diese
Einsätze nur Notlösungen, die allenfalls die akute Personalnot der Betriebe behe-
ben konnten, aber nicht nachhaltig wirkten.[631]

---

627 Entwurf zur 4. Information des Generalstaatsanwalts über Vorbereitung Amnestie.
      Fundort: BArch, DP2/2198
628 Vgl. Raschka 2000, S. 239ff.
629 Fundort: SAPMO-BArch, DY 30 IV 2/2.039/192
630 „Bericht über die Erfüllung des vom Stellvertreter des Ministers für Staatssicherheit be-
      stätigten Maßnahmeplanes vom 26.7.1984 zur Überprüfung der Wirksamkeit und Quali-
      tät der Durchsetzung von Befehlen und Weisungen des Ministers für Staatssicherheit in
      Strafvollzugseinrichtungen und Jugendhäusern sowie zur Beseitigung erkannter Miss-
      stände und begünstigender Bedingungen", 22.7.1985. Fundort: BStU; MfS HA VII,
      Abt. 8
631 Heitmann/Sonntag 2009, S.458

8.3. Die Vergütung für Haftarbeit

Im Regelfall erhielten arbeitende Häftlinge im Strafvollzug der SBZ/DDR durchgängig eine wenn auch geringe Bezahlung. Dabei gab es insbesondere in den fünfziger Jahren eine verwirrende Fülle von Entlohnungssystemen.[632]

In der Nachkriegszeit hatten alle Häftlinge, auch die Nichtarbeiter, Haftkosten zu tragen, viele verließen das Gefängnis deshalb mit Schulden.

Arbeiteten die Häftlinge für einen externen Betrieb außerhalb oder innerhalb der Gefängnismauern, so hatte dieser den wahrscheinlich ab den fünfziger Jahren fälligen (Tarif-)Lohn inklusive Prämien abzüglich eventueller Unterkunfts- bzw. Zusatzverpflegungskosten direkt an die Strafanstalt zu überweisen, die dann die „Arbeitsbelohnung" berechnete.[633]

Da generell Arbeitspflicht bestand – auch wenn zunächst nicht für alle Häftlinge Arbeitsplätze vorhanden waren - wurde in der DDR ab 1952/53 durchgängig eine (unterschiedlich hohe) Haftkostenpauschale vom Arbeitslohn einbehalten. Vom verbleibenden Rest mussten eventuell vorhandene Schulden, die Unterstützung der Angehörigen der Häftlinge sowie eine Rücklage finanziert werden, sodass den Häftlingen nur ein Bruchteil der Lohnsumme ausgezahlt wurde.

So betrug die Arbeitsbelohnung ab 1958 laut offizieller Tabelle der Verwaltung Strafvollzug des Innenministeriums 25% des für einen freien Arbeiter üblichen Nettolohns. Von diesem Viertel wurden 60% zur Unterstützung von Angehörigen

---

632 Vgl. Wunschik 2010, S. 154f.

633 Vgl. beispielsweise den Vertrag zwischen der Vollzugsanstalt Cottbus und dem VEB Eisenhüttenkombinat Ost, Fürstenberg-Oder vom 28. Oktober 1952 über den Einsatz von Gefangenen beim Be- und Entladen von Waggons. Im Vertrag heißt es: §12. 1.) Die beschäftigten Strafgefangenen werden nach den Lohnsätzen des geltenden Kollektivvertrages entlohnt. 2.) Der Betrieb berechnet jedem beschäftigten Strafgefangenen pro Kalendertag für Unterkunft DM 0,65. Dieser Betrag ist dem Strafgefangenen durch den Betrieb vom Lohn direkt in Abzug zu bringen. 3.) Die Berechnung der Arbeitsentgelte aller im Betrieb beschäftigten Strafgefangenen erfolgt nach Eingang der Lohnabrechnung. Der Betrieb verpflichtet sich, die Lohnabrechnung jeweils bis zum 5. des Monats dem Leiter des Haftlagers einzureichen. Die Überweisung des Rechnungsbetrages wird innerhalb 15 Tagen nach Ausstellung der Rechnung auf das Konto [...] der Vollzugsanstalt Cottbus vorgenommen. 4.) Prämien für besonders gute Arbeitsleistungen sind dem Leiter des Haftlagers mitzuteilen und auf das ... angegebene Bankkonto zu überweisen. [...] § 14: Die Strafgefangenen nehmen wie die freien Arbeiter an den betriebsüblichen Vergünstigungen teil. Die Bestimmungen über Deputate finden keine Anwendung. Eine Zuteilung von alkoholischen Getränken darf nicht erfolgen. Die Strafgefangenen haben Anspruch auf eine zusätzliche Verpflegung nach Befehl 259. Der hierfür zu entrichtende Betrag ist durch den Betrieb von Arbeitsentgelt der Strafgefangenen in Abzug zu bringen." Fundort: BArch, DO1/28582

der Gefangenen verwendet, hinzu kam 5% Rücklage, sodass 35% für den „Eigenverbrauch" der Gefangenen verblieben, d.h. dem Gefangenen wurden 8,75% des
ursprünglichen Nettolohns ausgezahlt.[634]
Dabei kam es zu extrem hohen Spannbreiten bei der Entlohnung. Ein wahrscheinlich aus der sogenannten „Adjutantur" des Innenministeriums stammendes
informelles Papier zu „Arbeitseinsatz und Produktion" kritisierte 1959 u.a., „dass
ein Ungelernter im A-Betrieb ein höheres Eigengeld erhält als ein Facharbeiter im
B- bzw. C-Betrieb."[635] So konnte ein Schlosser im Hauseinsatz laut diesen Angaben z.T. nur mit einem Eigengeld (C-Betrieb) von 15 Mark rechnen, während ein
Näher in einem „volkseigenen Betrieb" auf dem Gefängnisgelände 160 Mark bekam. Ein Angehöriger eines „Konstruktionsbüros" des Innenministeriums, etwa
ein Architekt oder Mathematiker, erhielt sogar 350 Mark. Der Berichterstatter
warnt diesbezüglich vor dem Entstehen einer „Gefangenenaristokratie".[636] Auch
Gefangene, die als Häftlingsärzte eingesetzt wurden, konnten nach Zeitzeugenangaben mit vergleichsweise hohen Bezügen rechnen.

In der Folgezeit gab es eine Vielzahl von Versuchen, die Gefangenen mittels verschiedener Stimulierungen zu höheren Arbeitsleistungen anzuregen und damit die
Rentabilität des Strafvollzuges zu verbessern. Durch diverse Steuerungsinstru-
mente sollten „gerechtere" Verhältnisse hergestellt werden.[637]
1977 wurden schließlich Regelungen eingeführt, die im Wesentlichen bis zum
Ende der DDR galten. In der „Vergütungs-, Unterhalts und Eigengeldordnung"
vom 7. April 1977 heißt es: „Die Höhe der Arbeitsvergütung beträgt für zu Freiheitsstrafe verurteilte Strafgefangene im Arbeitseinsatz bei Erfüllung der Arbeitsnormen und anderen Kennzahlen der Arbeitsleistung 18 % des Betrages, den
Werktätige als Nettolohn für die gleiche Arbeit erhalten würden, zu der die Strafgefangenen eingesetzt sind (nachfolgend Berechnungsgrundlage genannt). Bei
Übererfüllung der Arbeitsnormen und anderen Kennzahlen der Arbeitsleistung
erhöhen sich diese Prozentsätze. Bei Nichterfüllung vermindern sie sich. Zu-
schläge für gesundheitsgefährdende Arbeiten werden den Strafgefangenen in voller Höhe zur Arbeitsvergütung gewährt und sind von der Berechnungsgrundlage
abzusetzen. [...] Bei Strafgefangenen, an deren Unterhaltsberechtigte die Zahlung

---

634 Fundort: BArch, DO1/28585
635 Fundort: BArch, DO1/10306. Unter einem A-Betrieb verstand man einen autonomen
     Betriebsteil eines VEB auf dem Gefängnisgelände, in den B-Betrieben wurde für ex-
     terne Auftraggeber gearbeitet, C-Betriebe erledigten hausinterne Arbeiten.
636 Fundort: BArch, DO1/10306
637 Zu Einzelheiten der Entwicklung im Zeitverlauf vgl. Alisch 2013, S. 76ff.

laufenden Unterhalts durch die Strafvollzugseinrichtung bzw. das Jugendhaus erfolgt, wird der zu zahlende Unterhalt vor der Berechnung der Arbeitsvergütung von der Berechnungsgrundlage abgesetzt."[638]

1986 betrug die durchschnittliche Vergütung laut einer Studie der Verwaltung Strafvollzug 20,5% des vergleichbaren Nettolohns, d.h. die Norm wurde häufig übererfüllt (im Mittel 125% Normerfüllung). Die Häftlinge „verdienten" danach im Schnitt 130 Mark (zwischen 75 und 200 Mark). 44% davon wurden für Einkäufe, 29% für die Rücklage und 27% für Zahlungsverpflichtungen verwendet.[639] Auch hier gab es sicherlich erhebliche Verdienstspannen.

Häufig berichten politische Gefangene, sie hätten weniger Lohn erhalten als „Kriminelle". Dies scheint plausibel, da ihnen wohl tendenziell schlechtere Arbeitsplätze zugewiesen wurden.[640] Außerdem versuchten viele politische Häftlinge, durch langsames Arbeiten gegen die Haftbedingungen zu protestieren oder den „Staat zu schädigen",[641] was sich natürlich auch in der „Lohntüte" niederschlug. Es gibt sogar Berichte, dass bei gravierender Nichterfüllung der Norm Arreststrafen verhängt worden seien.[642] Andererseits waren unter den potentiell besserbezahlten Häftlingsärzten oder den in Konstruktionsbüros Beschäftigten politische Häftlinge überproportional vertreten.[643]

Zusammenfassend lässt sich feststellen, dass DDR-Häftlinge seit Ende der fünfziger Jahre durchschnittlich knapp 10% eines vergleichbaren Nettolohns zur freien Verfügung hatten und sich dies bis zum Ende der DDR wenig änderte. Da sich die DDR-Nettolöhne im selben Zeitraum mehr als verdoppelten, stieg der Durchschnittsverdienst der Gefangenen ebenfalls in dieser Größenordnung an, wobei es starke Schwankungen nach oben wie nach unten gab.

8.4. Wie rentabel war die Häftlingsproduktion?

Ein Großteil der Entlohnungsregeln war bereits vor dem Ende des SED-Regimes im Westen bekannt.[644] Über die Rentabilität der Häftlingsproduktion konnten dagegen auch Gerhard Finn und Karl-Wilhelm Fricke nur Vermutungen anstellen,

---

638 Fundort: BArch, DO 1/61205
639 Ministerium des Inneren, Verwaltung Strafvollzug: Studie zur effektiven Gestaltung des Arbeitseinsatzes Strafgefangener, einschließlich der Schaffung geschützter Arbeitsplätze für bedingt taugliche Strafgefangene. 15.4.1988. Fundort, BStU, MfS, HA VII/550
640 Vgl. Finn 1981, S. 84ff.
641 Ein Beispiel etwa bei Maltzahn 2010, S. 148
642 Vgl. Pieper 1997, S.120
643 Vgl. Lippmann 2012
644 Vgl. Finn 1981, S.84 ff. und Fricke 1988, S. 68ff.

sie gingen aber davon aus, dass die Häftlingsarbeit eine „Profitquelle" für das Innenministerium gewesen wäre.[645]

Heute kann hierzu aktengestützt mehr gesagt werden. Annahmen, der Staatshaushalt habe massiv von der Häftlingsarbeit profitiert, da die entsprechenden „volkseigenen" Beschäftigungsbetriebe hohe Gewinne damit erzielt hätten, beziehen sich vor allem auf Uwe Bastian und Hildigund Neubert, die sich allerdings in ihrer einschlägigen Publikation zur Haftarbeit rechnerisch völlig verheddern; am Ende schlicht Umsatz mit Gewinn verwechseln und so auf geradezu astronomisch hohe Profite der Arbeitseinsatzbetriebe kommen.[646]

Tatsächlich konnte trotz allen Bemühens auch in der DDR diesbezüglich die ökonomische Realität nicht ausgeschaltet werden;

Der Leiter der Abteilung Strafvollzug im DDR-Justizministerium, Dr. Werner Gentz, bezifferte am 9. Juni 1950 auf einer Arbeitsplanungskonferenz des Justizministeriums die durchschnittlichen Einnahmen pro Gefangener und Arbeitstag auf 1,10 Mark, die Ausgaben auf 4 Mark.[647] Für das Jahr 1964 sind dann erstmals vom Innenministerium zusammengestellte Rentabilitätszahlen für den gesamten DDR-Strafvollzug überliefert: „a) Einnahmen in den Haushalt des Ministeriums des Inneren (75% vom Nettolohn der Strafgefangenen, Sozialversicherungsanteile, Anteile aus dem Kultur- und Sozialfonds der Betriebe) 56,1 Millionen. b) Ausgaben für den Strafvollzug insgesamt: 93,2 Millionen. Das bedeutet, dass aus dem Haushalt des MdI effektiv 37,1 Millionen MDN[648] und je Strafgefangenen 1794 MDN zugeschossen werden müssen."[649] 1965 betrug das Defizit pro Strafgefangenen dann nur noch knapp 1400 Mark.[650]

Eine im Oktober 1967 von der Verwaltung Strafvollzug des Innenministeriums erstellte „Grundkonzeption der Aufgaben des Organs Strafvollzug bis zum Jahre

645 Vgl. Finn 1981, S.22
646 Vgl. Bastian/ Neubert 2003, S.50ff. Auf S.52 wird von einer „Wertschöpfung" pro Gefangener von 14900 Mark im Monat(!) fabuliert, von denen die Verwaltung Strafvollzug rund 700 Mark und der Häftling nur 154 Mark erhalten hätte, die staatliche Wirtschaft hätte rund 14000 Mark „kassiert"!! Anschließend wird eingeräumt, man müsse vom „geschaffenen Mehrwert" noch die Selbstkosten des Betriebes abziehen. Was die ganze Rechnung dann noch für einen Sinn ergeben soll, bleibt offen.
647 Fundort: BArch, DP 1/30200
648 MDN = Mark der Deutschen Notenbank
649 Vorlage für ZK-Sekretariat: „Schlussfolgerungen und Maßnahmen für die weitere Arbeit im Strafvollzug", 26.10. 1966., Anlage 4. Fundort: SAPMO-BArch, DY 30 IV A 2/12/124
650 MdI-Papier, ca.1967: Produktionsergebnisse und Kosten des Strafvollzuges. Fundort: BArch, DO 1/11265

1970" forderte wie andere Papiere vor und nach ihr die „weitgehende Selbster-wirtschaftung der finanziellen Mittel für den Strafvollzug".[651] Doch diese gelang bis zum Ende der DDR nicht einmal annähernd, wie ein der ersten und letzten frei gewählten Volkskammer im August 1990 vorgelegter Bericht zeigt. Danach lagen die Einnahmen des Strafvollzugs 1989 bei 245 Millionen Mark, die Ausgaben betrugen 430 Millionen, davon 150 Millionen für Personal.[652] Bei etwa 31.000 Strafgefangenen 1989 ergab sich ein jährliches Defizit von knapp 6.000 Mark pro Gefangenen.

Die Gefangenenarbeit war also zu keiner Zeit eine Profitquelle für den Haushalt des SED-Staates, jedoch trug sie in erheblichem Maße zu einer Verringerung des Defizits des Strafvollzugs bei.

8.5. Profite für Arbeitseinsatzbetriebe und westliche Konzerne?

In den Bilanzen der Arbeitseinsatzbetriebe schlugen sich die oben erwähnten volkswirtschaftlichen Vorteile nicht nieder, da ja an den Strafvollzug Tariflöhne gezahlt werden mussten. Auch weitere Kosten für Anleitung, Bewachung, Versorgung und z.T. sogar Unterbringung kamen auf die Betriebe zu.[653] Für die Betriebe ging es vorrangig darum, durch Produktionsausfälle drohende Verluste zu vermeiden; übermäßige Gewinne waren nicht zu erzielen. Ohnehin handelte es sich bei den Gefangenen ja verständlicherweise um alles andere als motivierte Mitarbeiter.

Spätestens seit Ende der siebziger Jahre war im Westen bekannt, dass Strafgefangene auch für den Westexport tätig waren. Auf dem Internationalen Sacharov-Hearing vom 26. bis 30. September 1979 in Washington wurde eine Vielzahl von „volkseigenen" Betrieben mit entsprechendem Produktionsprofil konkret benannt.[654] Insbesondere freigekaufte ehemalige Häftlinge sorgten auch dafür, dass den Konzernvorständen von IKEA oder Quelle in den achtziger Jahren die Beteiligung auch politischer Gefangener an der Herstellung der von ihnen verkauften Produkte vor Augen geführt wurde.

Westliche Konzerne profitierten generell von der Produktion im Billiglohnland DDR (mit einer ausgesprochen schwachen Währung), weniger von der Gefangenenarbeit an sich, d.h. die Produkte wurden wahrscheinlich nicht billiger, weil sie von Gefangenen produziert wurden. Es handelte sich vielmehr um „politische

651 Fundort: BArch, Bestand Innenministerium der DDR, DO 1/3769
652 Bericht über die Lage im Strafvollzug Fundort: BArch, DO 1/3706
653 Vgl. Heitmann/Sonntag 2009, S.458, Fußnote 33
654 Vgl. Müller 1998, S.79

Preisangebote" durch staatliche Stellen der DDR. Vertragspartner westlicher Firmen waren DDR-Außenhandelsbetriebe bzw. -vertreterfirmen, nicht das DDR-Innenministerium (als Träger der Gefängnisse) oder die sogenannten Arbeitseinsatzbetriebe.

Vorzuwerfen ist aber etwa Quelle und IKEA, dass sie zwar in den achtziger Jahren um die Nichtweiterbeschäftigung politischer Gefangener für ihre Produkte baten, nachdem sie entsprechende Informationen erhalten hatten, allerdings keinerlei Konsequenzen zogen, obwohl die DDR ihre Praxis nicht änderte.[655]

Im Vergleich mit der Bundesrepublik war die Entlohnung für die Haftarbeit in der DDR in aller Regel keineswegs außergewöhnlich gering, sondern bewegte sich in ähnlich niedrigen Größenordnungen wie in der Bundesrepublik (sowohl vor als auch nach 1990).[656]

Summa summarum muss die Haftzwangsarbeit in der DDR als massive Menschenrechtsverletzung gewertet werden. Der eigentliche Skandal liegt weniger in der Entlohnung der Häftlinge als vielmehr in deren Arbeitsbedingungen und dem Arbeitszwang für politische Häftlinge. Hinzu kommt der heutige Umgang mit den Haftfolgeschäden

8.6. Arbeit in Cottbus (1953-1964)

Auf die mühsamen Anfänge der Gefängnisarbeit im Cottbus der Nachkriegszeit bin ich bereits im historischen Überblick ausführlich eingegangen.[657] An dieser Stelle analysiere ich deshalb die Cottbuser Entwicklungen seit 1953:

Wie im Abschnitt 8.1. berichtet, überführte die Hauptabteilung Strafvollzug 1953 die maßgeblichen Produktionsstätten der Gefängnisse in die volkseigene Industrie. Als sogenannter A-Betrieb der StVA Cottbus wurde in einem Instrukteursbericht der Hauptabteilung Strafvollzug vom 20. April 1954 der VEB Matratzen- und Polstermöbelfabrik (MAPO) genannt. Außerdem bemühe man sich

---

655 Vgl. dazu etwa den IM-Bericht von „Ilona Henke" (MfS-Hauptabteilung XVIII/11) vom 30.10.1986. Danach drängte IKEA 1984 und nochmals 1986 auf Besichtigung der Produktion des Modells „Klippan", nachdem der Konzern Informationen über die Beteiligung politischer Häftlinge an dessen Herstellung in Waldheim erhalten hatte. IKEA hatte nach diesem Dokument auch die Zusage bekommen, dass künftig keine Modelle aus Waldheim mehr geliefert würden. Fundort: BStU, MfS AG BKK/ 210. Tatsächlich wurde die IKEA-Produktion in Waldheim bis 1989 fortgeführt.

656 Vgl. dazu ausführlich Alisch 2013. Hier gehe ich auch auf die Entschädigungsproblematik ein.

657 Vgl. Kap. 2.5 und 3.2.

um die Übernahme der noch gefängniseigenen Nopperei durch den VEB Cottbuser Wollwarenfabrik.[658]

Ein Jahr zuvor, im März 1953 war die MAPO in einer Aufstellung der vorhandenen Werkstätten in der StVA noch nicht aufgeführt. Größter „Arbeitgeber" für die insgesamt 670 beschäftigten Strafgefangenen war zu dieser Zeit das „Schrottkommando" (207 SG), gefolgt von der Mattenflechterei der Firma Kohl, die bereits seit 1946 im Gefängnis tätig war (166 SG), dem Hauskommando mit 98 Gefangenen sowie Nopperei und Zentralwerkstatt mit jeweils 66 Beschäftigten.[659]

Doch bereits im IV. Quartal 1953 arbeitete der neue A-Betrieb MAPO im Zweischichtsystem mit 136 Beschäftigten. Aufgrund der großen Überbelegung und der Gebäudelage sei insgesamt in Cottbus kein 100%iger Arbeitseinssatz möglich.[660]

Am 19. Juli 1954 unternahmen mehrere Häftlinge laut einem internen Bericht des Strafvollzugs einen Fluchtversuch, „wobei sie in der Außenwand der MAPO einen Durchbruch herstellten, um so ins Freie zu gelangen. Von der Gefangenen wurde das in der Wand befindliche Loch mit einem Leinentuch verdeckt und mit der der Wand gleichen Farbe überstrichen. In der Toilette der MAPO wurde von den Strafgefangenen noch ein zweiter Ausbruchsort festgelegt, indem sie ein Stabeisen des Gitters anbohrten und zwei Glasscheiben heraus nahmen. Dieser Ausbruchversuch wurde dem aufsichtsführenden Wachtmeister durch zwei Gefangene gemeldet."[661]

Im Laufe des Jahres 1954 ging die Zahl der auf dem Gefängnisgelände arbeitenden Inhaftierten zurück: Im III. Quartal waren laut internem Bericht 398 Häftlinge „in produktive und 194 Strafgefangene in unproduktive Arbeit eingesetzt." Mit unproduktiver Arbeit sind wohl Kalfaktorentätigkeiten etc. gemeint. Außerdem werden die Standkommandos Schacksdorf und Preschen mit jeweils etwa 200 beschäftigten Gefangenen erwähnt. Die Bemühungen, die Cottbuser Nopperei in einen A-Betrieb umzuwandeln, blieben weiterhin vergeblich, da nicht genügend kontinuierliche Aufträge vorlägen.[662]

---

658 Hauptabteilung Strafvollzug, Abteilung AKE: Instrukteursbericht über den Kontrolleinsatz bezüglich der Arbeitsverträge in den BDVP Frankfurt/Oder, Cottbus und Dresden. Fundort: BArch, DO1/28486

659 Hauptabteilung SV, Abteilung AV: Aufstellung vom 25.3.1953. Fundort: BArch, DO1/28581

660 BDVP Cottbus, Abteilung SV: Fundort: BLHA, Rep.871/17/94

661 BDVP Cottbus, Abteilung SV: Fundort: BLHA, Rep.871/17/94

662 Bericht 2. Jahreshälfte 1954: Fundort: BLHA, Rep.871/17/94

Anfang 1955 waren die Cottbuser A- und B-Betriebe ebenso wie die Standkommandos räumlich voll ausgelastet.[663] Am 15. Dezember 1955 wurde dennoch das Standkommando Preschen aufgelöst.[664]

Um den Fachkräftenachschub zu sichern wurde Anfang 1955 in der MAPO eine Lehrabteilung mit 40 Gefangenen eingerichtet, weitere 40 Häftlinge begannen mit einem Maurerlehrgang.[665] Schwierigkeiten bereitete der allgegenwärtige Materialmangel, der 1955 zu fast 30.000 Ausfallstunden in der MAPO geführt hätte.[666] Produktionsausfälle und Planrückstände entstanden auch in Folge größerer Entlassungswellen.[667]

Die Werkleitung der MAPO bemängelte im Sommer 1956, die Gefangenen bemühten sich vorwiegend um hohe Normerfüllung zur Erzielung höherer Einkünfte, dies gehe aber auf Kosten der Qualität. Um die Situation zu verbessern, vereinbarten Betrieb und Strafvollzug, fortan die Arbeit jedes einzelnen Häftlings in eine Güteklasse einzustufen und die dem jeweiligen Gefangenen ausgezahlten Beträge („Eigenverbrauch") entsprechend zu staffeln. Außerdem sollte während der gesamten Arbeitszeit im Zweischichtsystem immer ein Zivilmeister zur Qualitätskontrolle anwesend sein.[668] Wenige Monate zuvor war allerdings seitens des Strafvollzugs geplant worden, nur noch mit Strafgefangenen zu arbeiten und mit Ausnahme des Produktionsleiters auf Zivilmeister zu verzichten.[669]

Im November 1956 schlug die Verwaltung Strafvollzug schließlich erstmals vor, den A-Betrieb MAPO aufzulösen und stattdessen einen neuen A-Betrieb (evtl. Schneiderei) zu bilden. Hintergrund war eine typische Entscheidung der sozialistischen Planwirtschaft: Dem MAPO-Stammbetrieb wurde das Gebäude einer Süßwarenfabrik übertragen. Gleichzeitig musste die Polstermöbelfabrik auf Anweisung der SED-Kreisleitung aber auch 150 Frauen übernehmen, die bisher in der Süssigkeitenbranche tätig waren, da für diese in Cottbus keine anderen Ar-

---

663 BDVP Cottbus, Abt. SV, Quartalsbericht I. Quartal 1955. Fundort: BLHA, Rep.871/17/94
664 BDVP Cottbus, Referat Produktion, 7.1.1956. Fundort: BLHA, Rep.871/17/93
665 BDVP Cottbus, Abt. SV, Quartalsbericht I. Quartal 1955. Fundort: BLHA, Rep.871/17/94
666 BDVP Cottbus, Referat Produktion, 7.1.1956. Fundort: BLHA, Rep.871/17/93
667 Bezirksverwaltung Strafvollzug Cottbus, Referat Produktion: Quartalsbericht II. Quartal 1956. Fundort: BLHA, Rep.871/17/94
668 Bezirksverwaltung Strafvollzug Cottbus, Referat Produktion: Bericht an Verwaltung Strafvollzug über Beratung zur Verbesserung der Qualität in der MAPO, 15.8.1956. Fundort: BLHA, Rep.871/17/93
669 Bezirksverwaltung Strafvollzug Cottbus: Auswertung des Instrukteureinsatzes in der StVA Cottbus durch Oberrat Gloger, 16.3.1956. Fundort: BLHA, Rep.871/17/96

beitsmöglichkeiten zu finden seien. So könne die MAPO nach Angaben ihres Betriebsleiters im I. Quartal 1957 nur noch 90 Gefangene im Einschichtbetrieb beschäftigen, ab dem II. Quartal sogar nur noch 60 Häftlinge. Damit könne der Strafvollzug jedoch angesichts mangelnder Ausnutzung der Raumkapazität nicht einverstanden sein.[670] Offensichtlich fand man aber doch noch eine andere Lösung, denn die MAPO produzierte vorläufig weiter.

Im Herbst 1956 waren 165 Cottbuser Häftlinge mit dem Aufbau des Haftarbeitslagers Schwarze Pumpe befasst. Im Oktober wurde der bereits auf dem Gefängnisgelände bestehende Produktionsstandort des VEB Pressstoffwerk Spremberg mit 30 Beschäftigen in einen weiteren A-Betrieb umgewandelt. Hier sollten zukünftig 100 Gefangene arbeiten.[671] Diese Firma (später „Sprela") stellte dann kontinuierlich bis zum Ende des SED-Regimes einen wichtigen Arbeitgeber auf dem Gefängnisgelände. Die Nopperei dagegen stand im Sommer 1957 mangels Aufträgen kurz vor der Abwicklung. Sie sollte nur noch solange weiterbetrieben werden, wie Arbeitskräfte mit entsprechend geringer Tauglichkeit beschäftigt werden müßten.[672]

Intern bemängelt wurde der Arbeitsschutz, u.a. im Pressstoffwerk, wo die Absaugvorrichtung nicht ausreiche. Auch würden Unfälle nicht immer mit den Gefangenen ausgewertet. Gerügt wurde weiterhin, dass „noch kein Strafgefangener von den Dienststellenleitern wegen Verursachen eines selbstverschuldeten Unfalls bestraft worden" sei.[673]

Anfang 1958 registrierte man in Cottbus wieder einen hohen Arbeitskräfteüberschuss. Während 300 Gefangene arbeiteten (davon etwa die Hälfte in den A-Betrieben MAPO und Spremberg) waren 255 Häftlinge unbeschäftigt, davon wären wiederum 180 direkt einsetzbar gewesen.[674] In Lübbenau/Seese wurde im gleichen Jahr ein Haftarbeitslager eröffnet, dorthin sollten Cottbuser Häftlinge verlegt werden. Die Beschäftigung der Gefangenen dort wurde durch die alltägliche Paranoia beim Umgang mit ihnen erschwert. So rügte die Cottbuser Strafvollzugsbehörde den Wirtschaftsleiter des neuen Lagers für seine Entscheidung, Häftlinge

---

670 Bezirksverwaltung Strafvollzug Cottbus, Referat Produktion: Bericht an Verwaltung Strafvollzug über Umgruppierung in den Produktionsstätten des Strafvollzugs ,8.11.1956. Fundort: BArch, Do 1/28581

671 BDVP Cottbus, Referat Produktion, Quartalsbericht III. Quartal 1956, 5.10.1956. Fundort: BLHA, Rep.871/17/93

672 BDVP Cottbus, Referat Produktion, Quartalsbericht II. Quartal 1957, 3.7.1957. Fundort: BLHA, Rep.871/17/94

673 BDVP Cottbus, Referat Produktion, Quartalsbericht IIi. Quartal 1957, 4.10.1957. Fundort: BLHA, Rep.871/17/94

674 Bezirksverwaltung Strafvollzug Cottbus: Bericht an VSV über die Entwicklung im Jahre 1957. Fundort: BLHA, Rep.871/17/94

zum Kartoffelschälen für eine externe Baustelle einzusetzen: „Ist man sich über die Folgen im Klaren, wenn einsitzende Strafgefangene, Rechtsbrecher und Klassengegner die Kartoffeln vergiften, die für ca. 2.000 Werktätige der Großbaustelle Lübbenau bestimmt sind?" Die Häftlinge durften sich fortan nicht mehr am Schälen der Feldfrüchte beteiligen.[675] Bleibt nur die Frage, wie die Häftlinge eine solch perfide Vergiftungsaktion hätten einfädeln sollen? Woher sollte das Gift kommen?

Infolge dieser Entscheidungen musste innerhalb der StVE Cottbus Arbeit für die unbeschäftigten Häftlinge, insbesondere für solche mit kurzen Strafresten, gefunden werden. 110 von ihnen kamen im Sommer 1958 in Außenkommandos zum Einsatz, weitere 35 sollten der Deutschen Reichsbahn beim Gleisbau helfen. Eingeschränkt arbeitstaugliche Gefangene wollte man auf dem Gefängnisgelände vom VEB Kunstblume Sebnitz beschäftigen lassen, hiervon erhoffte man sich bis zu 60 Arbeitsplätze.[676] Im November 1958 sollen laut einem Kontrollbericht, der sich auf Aussagen des Cottbuser Politstellvertreters Oberleutnant Ballon beruft, ein „großer Teil der Strafgefangenen" im Wohnungsbau und in einem NVA-Objekt eingesetzt worden sein[677] – wahrscheinlicher ist wohl, dass dies einen eher kleinen Teil der Häftlinge betraf.

Im Juni 1960 plante man in der Berliner Verwaltung Strafvollzug eine Konzentration der Produktion im eigenen Geschäftsbereich. Zu den nach diesen Plänen zu „liquidierenden" Gefängnisbetrieben gehörte erneut die MAPO.[678] Doch wurde der Beschluss – wie viele andere auch - zumindest bezüglich der Polstermöbelproduktion zunächst wiederum nicht umgesetzt. Anfang 1961 berichtete die Cottbuser Abteilung Strafvollzug von einem reibungslosen Ablauf der MAPO-Produktion im 2.Halbjahr 1960. Der Austausch der Gefangenen im Gefolge der Amnestie vom 1.Oktober 1960 sei erfolgreich bewältigt, der Jahresplan 1960 mit 103,8% erfüllt worden.[679]

Am 18. Juni 1962 hatten laut einem Bericht der Gefängnisleitung 402 Häftlinge im Arbeitsprozess gestanden, der Jahresplan für 1961 sei übererfüllt worden. Von einer Schließung der MAPO ist noch immer keine Rede, diese wird vielmehr an

---

675 BDVP Cottbus, Abt. SV, Instrukteursbericht HAL Lübbenau 22.7.1958. Fundort: BLHA, Rep.871/17/96

676 BDVP Cottbus, Abt. SV, Referat Produktion. Halbjahresbericht 1. Halbjahr 1958. 25.7.1958. Fundort: BLHA, Rep.871/17.1/172

677 Verwaltung Strafvollzug, Politabteilung: Kontrollbericht u.a. StVA Cottbus und Bautzen, 12.11.1958. Fundort: BArch, DO1/28489

678 Verwaltung Strafvollzug, Arbeitsplan 2.Halbjahr 1960. Fundort: BArch, DO1/28515

679 BDVP Cottbus, Abt. SV, Bericht über das 2. Halbjahr 1960 des Dienstzweiges Strafvollzug, 7.1.1961. Fundort: BLHA, Rep.871/17/94

erster Stelle der Produktionsbetriebe erwähnt, hinzu kommen das Pressstoffwerk Spremberg, die Fimag Fürstenwalde (Elektroindustrie) und das Außenkommando für die „Bau-Union Süd". [680]

8.7. Pentacon und Sprela – die Cottbuser Produktion ab Mitte der sechziger Jahre

1964/65 kam es zu größeren Veränderungen der Gefängnisarbeit. Wahrscheinlich im Laufe des Jahres 1964 nahm mit dem Kamerahersteller VEB Pentacon Dresden ein neuer A-Betrieb die Produktion in Cottbus auf; Ende September beschäftigte dieser 31 Strafgefangene. Innenminister Dickel schlug dem Volkswirtschaftsrat in einem Schreiben vom 13.November 1964 vor, die Zahl der Cottbuser Pentacon-Beschäftigten auf 300 zu erhöhen. [681] Im Januar 1965 übernahm Pentacon die ehemalige MAPO-Werkstatt. [682] Wann die Polstermöbelfabrik die Arbeit einstellte, ist nicht bekannt.

Pentacon entwickelte sich in der Folgezeit zum wichtigsten Arbeitgeber für die Cottbuser Häftlinge, was bis 1989 so blieb.

Im Sommer 1966 konnte laut Abteilung Strafvollzug der Cottbuser Bezirksverwaltung der Volkspolizei die Umstellung der Produktion im Cottbuser Zentralgefängnis abgeschlossen werden; nunmehr trage der VEB Pentacon den Hauptanteil. Durch die laufenden Rationalisierungs- und Automatisierungsmaßnahmen zeichne sich aber bereits ab, dass sich die dortige Produktion als immer ungeeigneter für den Strafvollzug erweise. Die Bedingungen für die Berufsqualifizierung der Masse der Strafgefangenen seien schon wieder sehr ungünstig, die Produktion wirke vom Rhythmus her sehr eintönig (Stanzen, Entgratungsarbeiten u.ä.). Immerhin werde versucht, im ständigen Wechsel jeweils 20 Strafgefangene als Maschineneinrichter und Gütekontrolleure zu qualifizieren und die Allgemeinbildung der anderen Häftlinge durch Teilnahme an Volkshochschullehrgängen zu verbessern, wie die Abteilung Strafvollzug abschließend feststellte.

Insgesamt fehlte es im 1.Halbhahr 1966 wieder einmal an Arbeitsplätzen, zwischen 60 und 100 Häftlinge hätten nicht zur produktiven Arbeit eingesetzt werden können. Dem versuchte man mit der intensiveren Nutzung der vorhandenen

---

680   StVA Cottbus: Bericht an den BDVP-Chef Cottbus über das I. Halbjahr 1962, 28.6.1962. Fundort: Rep.871/17.1/172

681   Fundort: BArch, DO 1/3781

682   Bericht der Kontrollgruppe vom 19.3.1965. Fundort: Fundort: BLHA, Rep.871/17.1/21

Räume für die Produktion und der Ausweitung von Außenkommandos zu begegnen, u.a. sollten alle zu „Arbeitserziehung" Verurteilten im Gleisbau eingesetzt werden. [683]

In seiner 2009 erschienenen Firmengeschichte nach 1945 geht der langjährige Leiter der Forschungs- und Entwicklungsabteilung des VEB Pentacon, Gerhard Jehmlich, auch kurz auf die Arbeit in Cottbus ein. Der Betrieb sei 1964 angewiesen wurden, dort eine „Fertigungsstelle für niedere Lohngruppen ohne Facharbeiterausbildung" einzurichten. Man habe keinerlei Einfluss auf die Zuweisung von Gefangenen gehabt. Die Arbeiten hätten „sowohl Stanzgänge (Ausschneiden und Biegen) mit präzisen Werkzeugen als auch das Entgraten von Kamera-Druckgussstellen" umfasst. Sie wären „zeitweilig parallel und anteilig" auch im Stammbetrieb oder in Heimarbeit durchgeführt worden und hätten auf der gleichen Technologie und Arbeitsvorbereitung beruht. In den achtziger Jahren seien bis zu 40 Stanzen in Cottbus im Einsatz gewesen.

Laut Jehmlich arbeiteten in der Cottbuser Außenstelle bis zu 250 Häftlinge in zwei Schichten. Hinzu kamen „ca. zehn Fachkräfte des Betriebes für Arbeitsvorbereitung und Logistik sowie ebenfalls etwa zehn Mitarbeiter als direkte Fachbetreuer." Dennoch sei dem Betrieb durch Schäden an Werkzeugen, insbesondere durch den häufigen Wechsel der anzulernenden Arbeitskräfte, ein beträchtlicher Aufwand entstanden. „Auch kam es in seltenen Fällen zu bewussten Zerstörungen an Werkzeugen." Weitere Produktionsprobleme habe es infolge der Amnestien gegeben. [684]

Auf die ihm sicherlich bekannten Klagen ehemaliger Gefangener über die Arbeitsbedingungen geht Jehmlich nicht explizit ein. Jedoch sieht er offensichtlich keinerlei produktionstechnische Unterschiede zwischen Cottbus und dem Stammbetrieb. Auch Kalkulation und Abrechnungen seien identisch abgelaufen. Allerdings hätte „die Auszahlung an die Inhaftierten […] außerhalb der Kompetenz und der Kenntnis des Betriebes" gelegen. [685]

Uwe Bastian und Hildigund Neubert beschrieben in ihrer Studie zur Haftzwangsarbeit in der DDR die Arbeitsbedingungen in der Cottbuser Werkstatt des VEB Pentacon anhand der Auswertung von 35 Fragebögen. Die erste deutliche Differenz zu den Ausführungen Jehmlichs besteht in der Feststellung, dass alle

---

683 BDVP Cottbus, Abteilung Strafvollzug: Auskunftsbericht über die Lage und Entwicklungstendenzen des Organs SV des Bezirkes im 1.Halbjahr 1966.12.7.1966. Fundort: BLHA, Rep.871/17.1/171
684 Vgl. Jehmlich 2009, S.113f.
685 Vgl. ebenda

Befragten ab 1972 von einem Drei-Schicht-System berichteten.[686] Diese Aussage wird auch von anderen Zeitzeugen bestätigt.[687]

Die ehemaligen Häftlinge beklagten u.a. mangelnden Arbeitsschutz, veraltete Maschinen und unzulängliche Werkzeuge sowie Lärm. Hinzu kamen Stress durch Normdruck, schlechtes Licht und unzulängliche Belüftung. Verbrauchsmittel wie Handschuhe, Mund- und Gehörschutz seien fast völlig eingespart, das Werkzeug nur selten erneuert worden.

Acht der befragten Häftlinge erlitten einen Arbeitsunfall, vier von ihnen berichteten über mehrfache Verletzungen an Fingern und Händen, ein anderer verlor ein Fingerglied. Hinzu kamen drei Knochenbrüche. Auch weitere Gesundheitsprobleme wie schwere Atemwegserkrankungen wegen der starken Staubentwicklung in der Werkstatt oder auch Rückenbeschwerden brachten die früheren Gefangenen mit der Haftarbeit in Verbindung.[688]

Einige Arbeitsunfälle werden auch in den verfügbaren Unterlagen der Verwaltung Strafvollzug erwähnt. So kam laut einer Übersicht über besondere Vorkommnisse im Jahre 1981 ein Gefangener beim Stanzen bzw. Einlegen von Teilen in die Presse. Es sei eine Teilamputation erforderlich gewesen.[689]

Der Widerspruch zwischen den Ausführungen Jehmlichs und den Erinnerungen vieler Häftlinge liegt auf der Hand. Sicherlich wollte der frühere Leiter der Pentacon-Forschung die Verhältnisse in der Außenstelle Cottbus nicht in allzu schlechtem Licht erscheinen lassen. Andererseits waren wohl auch die Arbeitsbedingungen im Pentacon-Stammbetrieb durchaus kritikwürdig. Außerdem hatte sicherlich mancher Cottbus-Häftling mit einem akademischen Beruf die allzu oft ebenfalls katastrophalen Bedingungen in „normalen" DDR-Betrieben nie selbst erlebt.

Den Häftlingen war schon während ihres Gefängnisaufenthalts bekannt, dass die Dresdner Fotoapparate mit gutem Erfolg auf westlichen Märkten verkauft wurden, was ihre Zufriedenheit mit der eigenen „Entlohnung" sicherlich nicht steigerte.[690]

Trotz der bedeutenden Exportzahlen des Kameraherstellers wurden sowohl Pentacon (durchschnittliche Einsatzstärke 260) als auch Sprela, mit 50 beschäftigten Gefangenen der zweitwichtigste Cottbuser Betrieb, im Herbst 1976 durch den

---

686 Vgl. Bastian/Neubert 2003, S.82
687 Vgl. z.B. Pieper 1997, S.182
688 Vgl. Bastian/Neubert 2003 S. 82ff.
689 Fundort: BArch, DO1/3682
690 Vgl. die Angaben zu Marktanteilen bei Jehmlich 2009, S. 183. Zu den Kenntnissen der Häftlinge vgl. z.B. Pieper 1997, S.172

Vorsitzenden der Staatlichen Plankommission Gerhard Schürer und den Innenminister Friedrich Dickel nur in die volkswirtschaftlich weniger bedeutsame Kategorie II der Arbeitseinsatzbetriebe des Strafvollzugs (AEB) eingeordnet. Laut einem vom SED-Politbüro am 26.Oktober 1976 bestätigten Beschlussentwurf zum Arbeitseinsatz von Strafgefangenen in der Volkswirtschaft sollte der Innenminister die Belegung der StVE so steuern, dass bei rückläufiger Anzahl der Gefangenen (vor allem infolge von Amnestien – d.A.) „die Einsatzgrößen für die Betriebe der Kategorie I zu Lasten der Kategorie II gesichert werden."[691]

Es gibt keine Hinweise darauf, dass die Cottbuser AEB zu irgendeinem Zeitpunkt eine höhere Kategorie erreicht hätten. Dennoch wurden 1986 kurzfristig 100 Häftlinge aus anderen StVE in die Pentacon-Produktion verlegt, als es dort zu Planrückständen kam.[692]

Im zweiten größeren Cottbuser Arbeitseinsatzbetrieb Sprela herrschten noch schlechtere Bedingungen, da bei der Produktion von Schmierbuchsen aus Epoxydharz giftige Stäube anfielen. Die Gefangenen durften deshalb dort täglich statt üblicherweise wöchentlich duschen und erhielten täglich Milch (die sogenannte „Giftmilch").[693]

Auch die Tätigkeit bei Sprela war zweifellos unfallträchtig. Fraglich ist aber, ob entsprechende Vorkommnisse von Betrieb bzw. Strafvollzug immer korrekt aufgeführt worden sind: So gab z.B. ein früherer Cottbuser Häftling nach seiner Ausreise im August 1977 gegenüber der Bundesausführungsbehörde für Unfallversicherung an, Ende Juli 1977 beim Säubern der Absauganlage abgerutscht zu sein und sich die linke Brustkorbhälfte geprellt zu haben. Als Verletzung wurde der Bruch der 7. Rippe angegeben, eine ärztliche Behandlung soll nicht stattgefunden haben.[694] Im Anwortschreiben der Verwaltung Strafvollzug an die Bundesbehörde hieß es, im Arbeitseinsatzbetrieb Sprela sei „über einen Unfall des im Betreff Genannten nichts vermerkt."[695]

Die Verwaltung Strafvollzug kritisierte 1976 die generellen Zustände beim Arbeitschutz in der StVE Cottbus mit folgenden Worten: „Das Zusammenwirken mit den Arbeitseinsatzbetrieben zur Gewährleistung des Gesundheits- und Arbeitsschutzes sowie zur Einhaltung hygienischer Normativen ist mangelhaft.

---

691 Arbeitsprotokoll des SED-Politbüros vom 26.10.1976. Fundort: SAPMO-BArch, DY 30, J IV 2/2A/2014
692 Vgl. Heitmann/Sonntag 2009, S. 457
693 Vgl. z.B. Pieper 1997, S. 127ff.
694 Schreiben der Bundesbehörde an das DDR-Innenministerium vom 14.3.1978. Fundort: BArch, DO 1/3583
695 Antwortschreiben VSV nach entsprechender Unterrichtung durch StVE Cottbus vom 11.4.1978. Fundort: BArch, DO 1/3583

Durch die Angehörigen der Arbeitseinsatzbetriebe wird diese Verantwortung nur wenig oder gar nicht beachtet. Beispiel hierfür sind die unhygienischen Zustände in den Sanitäranlagen und Waschgelegenheiten für die Strafgefangenen, des Weiteren die Nichteinhaltung der Arbeitsschutzbedingungen, wie Tragen von Gehörschutzmitteln und Brillen."[696]

Eine Cottbuser Besonderheit bildete Mitte der siebziger Jahre laut dem selbst dort tätigen früheren Häftling Bernd Lippmann das dort arbeitende sogenannte Konstruktionsbüro. Hier führten hochqualifizierte Häftlinge (Ingenieure, Architekten, Physiker, Mathematiker) Projektierungsarbeiten für Einfamilienhäuser (vermutlich für Funktionäre) durch. Verpflegung und Arbeitsbedingungen waren die besten im Gefängnis, Schließer tauchten nur als Begleiter der Kalfaktoren auf, die das Essen brachten.

Im Sommer 1975 arbeiteten hier neun Ausreisewillige, ein ehemaliger SED-Funktionär, der als Brigadier eingesetzt war, wollte als einziger in die DDR entlassen werden. Nach der Ablehnung des Auftrags, Projektierungsarbeiten für Kanalisationen im MfS-Sicherheitsbereich durchzuführen, wurden die Ausreisewilligen mit Arrest bestraft.[697]

Weitere Erkenntnisse oder Zeitzeugenberichte zum Cottbuser Konstruktionsbüro gibt es nicht. Möglicherweise handelte es sich nur um eine sehr kurzlebige Einrichtung, zumal auch seit den sechziger Jahren keine weiteren Beispiele für solche Büros aktenkundig sind – allerdings berichtet laut Bernd Lippmann ein Zeitzeuge für die sechziger Jahre über entsprechende Arbeiten in Berlin-Rummelsburg.

Dagegen kann die Existenz von Konstruktionsbüros in den fünfziger Jahren für verschiedene StVE belegt werden. So wurden laut einem Schreiben des Chefs der Deutschen Volkspolizei, Karl Maron, an Innenminister Willi Stoph zu grundsätzlichen Fragen des Strafvollzugs vom 15. September 1953 von ca. 60 Strafgefangenen in der STVA Torgau „Projektierungs- und Konstruktionsarbeiten" durchgeführt. Weitere Konstruktionsbüros bestünden in den StVA Bautzen, Bützow und Waldheim."[698] Auch im vom MfS betriebenen „Haftarbeitslager X" in Berlin-Hohenschönhausen befand sich in der ersten Hälfte der fünfziger Jahre ein Konstruktionsbüro.[699] Laut Jörg Müller bildeten die sowjetischen „Scharaschkas",

---

696 Verwaltung Strafvollzug: Bericht vom 23.11.1976 über den Kontrollgruppeneinsatz der Verwaltung Strafvollzug in der StVE Cottbus vom 3.11. bis 12.11.1976. Fundort: BLHA. Rep. 871/17.2./372

697 Vgl. Lippmann 2012

698 Fundort: BArch, DO 1/ 28484

699 Vgl. Erler 1997, S.28f.

Sonderlager für Wissenschaftler und Techniker, das Vorbild für diese Einrichtungen. Lew Kopelew habe über sieben Jahre in einem solchen Lager verbracht.[700] Möglicherweise führte die massive Kritik des Innenministeriums an angeblich zu großen Privilegien dieser hochqualifizierten Gefangenen, unter denen „Politische" die eindeutige Mehrheit stellten,[701] zu einem Ende dieser Büros.

Aufgrund der geschilderten Rahmenbedingungen für die Gefangenarbeit in Cottbus erscheint wenig verwunderlich, dass die Verantwortlichen 1981 konstatieren mussten, „die Verrichtung gesellschaftlich nützlicher Arbeit" werde „seitens der Strafgefangenen als Zwangsmaßnahme betrachtet, woraus Normuntererfüllung und Qualitätsminderung sowie Nichtauslastung der Arbeitszeit resultieren."[702]

---

700 Vgl. Müller 2012, S.211, FN 369
701 Vgl. ebenda, S.211
702 StVE Cottbus, Stellvertreter Vollzug: Plan der Erziehung und Bildung der Strafgefange-
     nen in der StVE Cottbus für das Jahr 1981, 26.1.1981. Fundort: BLHA,
     Rep.871/17.2/372

9. Chronik 1945 - 1989

1945

28.5.   Erste Ortsbegehung durch städtische Behörden nach Kriegsende[703]
            Anfang Juni Übernahme durch die Stadtverwaltung, Max Reeck als
            Direktor eingesetzt

Juli   Schrittweise Wiederbelebung des Gefängnisses

1.9.   Übernahme durch die Provinzialregierung Brandenburg

1946

November 3 Häftlinge sterben kurz hintereinander an allgemeiner Körper-
            schwäche

1947

Februar   Zellen sind kaum noch beheizbar, Hafturlaub für viele Häftlinge

Sommer   Extreme Mangelernährung führt zu massenhaftem Auftreten von
            Hungerödemen

1949

22.8.   Eröffnung Haftkrankenhaus

*Zum
Jahresende* Ablösung Max Reecks, neuer Direktor Karl Abke

1950

7.8.   Tödlicher Unfall einer weiblichen Gefangenen auf dem Weg zur Au-
            ßenarbeitsstelle Niederspreee

22. 9.   Ablösung Karl Abkes, neuer kommissarischer Leiter Adolf Hirsch

1951

25.1.   Offizielle Übergabe an die Deutsche Volkspolizei, VP-Rat Alfred
            Hellriegel neuer Direktor

Sommer   Typhusausbruch

1.9.   Ablösung Alfred Hellriegels, neuer Leiter VP-Rat Fritz Ackermann

1952

Dezember Ablösung Ackermanns, neuer Leiter Wilhelm Zachow

1953

Frühjahr Einrichtung der Haftarbeitslager Drewitz und Preschen

---

703 Verweise nur bei sonstiger Nichterwähnung des Vorgangs im Text

17./18.6.	Räumung der Haftarbeitslager Drewitz und Preschen, Transport der Gefangenen nach Cottbus. In den folgenden Wochen sind bis zu 3100 Gefangene dort inhaftiert
20.-22.7.	Mehrere hundert Häftlinge beteiligen sich an einem Hungerstreik. Sie fordern die Freilassung von Mithäftlingen aus dem Arrest, eine Revision ihrer Urteile und bessere Haftbedingungen
Mitte August	Ablösung des Anstaltsleiters Zachows und seines Politstellvertreters Reinhard, neuer Leiter wird VP-Oberrat Ernst Dohnau

1954

1. Halbjahr	Verlegung der letzten weiblichen Strafgefangenen und Bewachungspersonals, z.T. nach Hoheneck
19.7.	Ausbruchsversuch über Arbeitsbetrieb MAPO, vorzeitig entdeckt

1955

Bau eines Schießstands

1956

Oktober	Sprela wird A-Betrieb

1957

Ablösung Dohnaus, neuer Leiter wird Oberstleutnant Fritz Hagge
Ca. Februar Schließung des Haftkrankenhauses aus Kostengründen

1961

Verlegung der Untersuchungshaftanstalt auf das Gelände des Zentralgefängnisses.
Cottbus jetzt „Transportleitstelle" für den Bezirk
9.10. Selbstmord eines wegen Verstoßes gegen das Passgesetz verurteilten Häftlings durch Strangulation[704]

1962

6.1.	3 Cottbuser Obermeister bzw. Wachtmeister, 20 bis 25 Jahre alt, seit 1958 bzw. 1961 im Strafvollzug, desertieren und durchbrechen bei Sorge die innerdeutsche Grenze.
12.8.	Unbekannte männliche Person in Zivil nähert sich Postenturm 3, der Posten gibt einen Warnschuss ab. Bei dem „Besucher" handelt es sich um einen angetrunkenen Offizier der Sowjetarmee.[705]

---

704 BArch, DO1/3356
705 Ebenda

1963

Februar   Selbstmord eines wegen Mordverdachts inhaftierten Untersuchungsgefangenen[706]

1965

10.2.   Fluchtversuch von 3 Häftlingen, nach 1 Stunde gefasst

1966

20.5.   Zunächst erfolgreiche Flucht eines politischen Häftlings, nach Verfolgung festgenommen.[707]

1972

10.5.   gescheiterter Ausbruchsversuch von 4 Häftlingen[708]

1973

1.2.   Nach Amnestie nur noch 30 SG und 203 U-Häftlinge inhaftiert

30.3.   Selbsttötung in UHA[709]

1975

13.1.   Entweichung Deforth

Januar   Mehrere Fälle von Nahrungsverweigerungen

22.3.   Selbsttötung in UHA

13.8.   Protestaktionen zum Jahrestag des Mauerbaus (u.a. Arbeitsniederle-
gung/Schweigeminute)[710]

1976

15.10.   „Provokatorische Nahrungsverweigerung" durch 8 Gefangene[711]

1977

28.9.   Arbeitsverweigerung in Cottbus und Luckau, insgesamt 9 Gefangene
beteiligt.

November   mehrfach Hetze[712]

1978

10.8.   Nahrungsverweigerung 9 SG

15.9.   Arbeitsverweigerung 6 SG

---

706 Ebenda
707 BArch, DO1/3780
708 BArch, DO1/3680
709 Ebenda
710 Ebenda
711 Ebenda
712 Ebenda

14.10.	Natürlicher Todesfall[713]
19.10.	Selbstmordversuch des wegen Fluchtversuchs aus der DDR verurteilten Werner Greiffendorf, 3 Wochen später stirbt er an den Folgen
13.12.	Selbstmord eines politischen Häftlings (35 Jahre) durch Erhängen in der Toilette des Arbeitsbereiches [714]
17.12.	Tod eines Verhafteten in Untersuchungshaftanstalt[715]

1979

StVE ist zum Abriss vorgesehen, da sie in einem „Aufbaugebiet" liegt

7./8.10. Zweitägiger Hungerstreik von 2 Gefangenen, fordern Übersiedlung[716]

1980

26.3. Zwei Gefangene fertigen „Hetzblätter" in der Produktionsstätte des VEB Pentacon und verstecken sie in einer Dia-Kassette, um sie in die Öffentlichkeit zu bringen[717]

1981

24.3. 22 SG verweigerten nach Mittagessen aus Protest gegen dessen Qualität die Wiederaufnahme der Arbeit, sind erst nach einer Stunde dazu bereit.

3.7. Ein SG bemalte ein Laken mit „hetzerischem" Inhalt und hing es aus dem „Verwahrraumfenster".

22.7. 3 SG verweigern seit dem 16.7. aus unterschiedlichen Motiven jegliche Nahrungsaufnahme, werden nach Bautzen verlegt

16.12. Im Speisesaal wurde ein „Hetzzettel" mit Aufruf zur Unterstützung der Konterrevolution in der VR Polen und zur Nahrungsverweigerung aufgefunden.[718]

1982

3.3. Ein Teil der Außenmauer stürzt ein

30.4 Ein sowjetischer Strafgefangener trinkt eine unbekannte Menge Birkenhaarwasser, um sich in einen Rauschzustand zu versetzen. Muss ins Krankenhaus.

---

713 Ebenda
714 BStU, MfS, HA VII/8/2MA/232/79
715 BArch, DO1/3680
716 BArch, DO1/3681
717 Ebenda
718 BArch, DO1/3682

16.6.	Zunächst erfolgreicher Fluchtversuch, Festnahme einige Tage später
23.10.	Natürlicher Todesfall durch Herzversagen
25.10.	Ein Gefangener bemalt Bettlaken mit Anti-DDR-Losung, ähnlich schon am 14.9.1981. Hat bereits mehrfach die Nahrung verweigert
4.11.	Selbstmordversuch UHA, Vietnamese.
10.12.	Selbstmord UHA wegen Scheidung[719]

1984

21.3.	Ein Gefangener stellt Schreiben „mit faschistischem Inhalt" her und bringt diese an Wänden und Türen an
10.4.	Ein polnischer Untersuchungshäftling schmiert seinen unbekleideten Oberkörper mit Schuhcreme ein und will sich in Brand setzen, wenn keine Entlassung erfolgt. Mit Reizstoffspray überwältigt[720]

1985

Juli	Versuchte Entweichung: 2 SG stehlen eine Säge aus dem AEB, sägen Gitterstäbe des Zellenfensters durch und seilen sich mit Bettlaken ab. Sie werden im inneren Sicherungsbereich gestellt.[721]

1986

	9 Nahrungsverweigerungen
Februar	2 SG fertigen 120 Schriftstücke mit „staatsverleumderischem" Inhalt.[722]

1987

März	1 SG „fertigte Vielzahl von Flugblättern und warf diese aus dem Verwahrraumfenster. Der SG ist Antragsteller ... Antrag sollte mit dem staatsfeindlichen Text untermauert werden."[723]

1989

	In den MdI-Aufzeichnungen werden keine besonderen Vorkommnisse notiert!
Bis Dezember	Entlassung aller politischen Häftlinge

719 BArch, DO1/3683
720 BArch, DO1/3684
721 BArch, DO1/3688
722 Ebenda
723 Ebenda

10. Resümee

10.1. Historischer Verlauf

Nach dem Krieg wurde das Cottbuser Zentralgefängnis provisorisch von der Stadtverwaltung übernommen und anschließend dem Justizministerium des Landes Brandenburg unterstellt. Die vordringliche Aufgabe der Gefängnisleitung bestand zunächst im Wiederaufbau der durch einen Bombenangriff im Februar 1945 in großen Teilen zerstörten Anlagen.

Anders als in den sowjetischen Speziallagern bemühte man sich in den deutschen Gefängnissen auf dem Gebiet der SBZ um einen humanen Umgang mit den Häftlingen und versuchte, an Reformbestrebungen im Strafvollzug der Weimarer Republik anzuknüpfen. Dies galt auch für Cottbus.

Zunächst musste allerdings das bloße Überleben der Häftlinge gesichert werden. Die höchst unzureichende Ernährung wie auch der Mangel an Heizmaterial führten bei vielen Gefangenen zu erheblichen Gesundheitsproblemen, einige Häftlinge starben an Entkräftung. Nur langsam konnten diese Verhältnisse verbessert werden.

Mit den Fortschritten beim Wiederaufbau stieg auch die Zahl der Gefangenen, unter denen sich zu dieser Zeit nur in Einzelfällen politische Häftlinge befanden. Insbesondere die sowjetische Besatzungsmacht drängte auf eine möglichst effiziente Gefangenenarbeit, um die Häftlinge „besser ausnutzen" zu können.

1951 wurde das Gefängnis dem DDR-Innenministerium und somit der Deutschen Volkspolizei übertragen. Mit dem Betreiberwechsel verschärfte sich das Haftregime erheblich, da die neuen Verantwortlichen den bisherigen Strafvollzug als von „falschen humanitären Gedanken" geprägt ansahen. Die Häftlingszahlen stiegen weiter, obwohl das Gefängnis schon seit 1949/50 stark überbelegt war. Das weitgehend ausgetauschte Personal – in aller Regel ohne spezifische Ausbildung – zeigte sich von seinen Aufgaben oft überfordert. Gewalt gegen die Häftlinge war an der Tagesordnung.

Im Juli 1953 kam es in der völlig überfüllten Strafvollzugsanstalt (ca. 3.000 Inhaftierte bei offiziell zwischen 580 und 1300 schwankenden Kapazitätsgrenzen) zu einem größeren Hungerstreik. Danach gingen die Häftlingszahlen stark zurück, ab den sechziger Jahren waren meist zwischen 500 und 1.000 Menschen inhaftiert.

Die Zahl der politischen Gefangenen kann für Cottbus wie für die ganze DDR nur grob bestimmt werden. Neben den wegen „Staatsverbrechens" Verurteilten soll-

ten auch sogenannte „Wirtschaftsverbrecher" in entsprechende Schätzungen einbezogen werden, da viele von ihnen insbesondere in den fünfziger Jahren nur zum
Zwecke ihrer Enteignung bestraft wurden. Für Cottbus kann nach der Übernahme
durch die Volkspolizei wohl von mehr als 50% „Politischen" ausgegangen werden.

1961 wurde auch die Cottbuser Untersuchungshaftanstalt des Innenministeriums auf das Gelände in der Bautzener Straße verlegt.

Die Vollzugsanstalt selbst entwickelte sich seit Mitte der sechziger Jahre immer
mehr zu einem Schwerpunktgefängnis für ausreisewillige DDR-Bewohner, die
wegen der Vorbereitung oder Durchführung eines Fluchtversuchs verurteilt worden waren. Die völkerrechtlich nicht haltbaren Urteile machten sie zu politischen
Gefangenen. Häftlinge, die primär wegen ihrer politischen Überzeugung, also wegen „staatsfeindlicher Hetze" oder „landesverräterischer Nachrichtenübermittlung" verurteilt worden waren, blieben demgegenüber immer deutlich in der Minderheit. Während der prozentuale Anteil der politischen Gefangenen an allen Inhaftierten in der DDR seit den fünfziger Jahren sank – in den achtziger Jahren
betrug er nur noch ca.10 % – traf das auf Cottbus nicht zu.

Trotz aller Schwierigkeiten bei der genaueren Bestimmung der Zahlen politischer Gefangener kann man wohl für die Zeit zwischen 1945 und 1989 von einer
insgesamt fünfstelligen Zahl politischer (Vollzugs-)Häftlinge in der Bautzener
Straße ausgehen.

Ehemalige Inhaftierte berichten immer wieder, aus Cottbus seien seit den siebziger Jahren besonders viele Häftlinge freigekauft worden. Die Rede ist häufig
von mehreren Hundert Freikäufen pro Jahr. Genaue Zahlen liegen aber nicht vor.
Als gesichert kann gelten, dass mehrere Tausend Cottbuser Gefangene von der
Bundesregierung freigekauft wurden. Eine seriös abgesicherte konkretere Schätzung kann erst nach einer umfassenden Einsichtnahme in die Unterlagen zum
Freikauf abgegeben werden. Dies ist momentan nicht möglich.

Die Gesamtzahl der zwischen 1945 und 1989 im Cottbuser Zentralgefängnis Inhaftierten lässt sich aufgrund der lückenhaften Jahresstatistiken, der fehlenden
durchgängigen Informationen über die Strafdauer und der Vielzahl an Amnestien,
die die statistische Aufarbeitung weiter erschweren, nur grob schätzen. Sicherlich
kann man von mehr als 20.000 Betroffenen ausgehen, die den dortigen Strafvollzug zwischen Sommer 1945 und Herbst 1989 erleiden mussten.

10.2. Strukturen und Haftbedingungen

Der Strafvollzug in der DDR war eine tragende Säule der Parteidiktatur, da er die Inhaftierung und Isolierung vermeintlicher oder tatsächlicher Gegner der SED ermöglichte. Die entsprechenden Beschlüsse des Politbüros, die die direkte Einflussnahme der SED-Führung manifestierten, wurden seit 1953 durch Befehl des Innenministers unverändert in Kraft gesetzt. Die Partei legte die Strafvollzugspolitik und die Haftbedingungen bis ins Detail fest; insbesondere gegenüber „Staatsfeinden" mahnte sie zur Unnachgiebigkeit.

Auf der Arbeitsebene des zentralen Parteiapparates der SED waren die Abteilungen Sicherheit sowie Staats- und Rechtsfragen für den Strafvollzug zuständig. Deren erhebliche Bedeutung für Justiz und Strafvollzug resultierte daraus, dass die von den zuständigen staatlichen Stellen eingebrachten Vorlagen für die zentralen SED-Entscheidungsgremien über ihre Schreibtische liefen und dort verändert oder zur Überarbeitung zurückgewiesen werden konnten. ZK-Sekretär Erich Honecker kontrollierte beide Abteilungen ab 1956; nach seinem Amtsantritt als 1. Sekretär des ZK 1971 galt beiden Feldern weiterhin seine besondere Aufmerksamkeit. Bis zu seinem Sturz 1989 griff er selbst in Detailfragen des Strafvollzugs ein.

Auf zentraler staatlicher Ebene war das sogenannte „Organ Strafvollzug" im Ministerium des Inneren für die Strafvollzugseinrichtungen zuständig. In den Bezirken beaufsichtigten die der Volkspolizei unterstellten Abteilungen Strafvollzug die Gefängnisse der jeweiligen Region.

Die Staatsanwälte für Strafvollzugsaufsicht hatten zumindest eine formale Kontrollfunktion bezüglich der Gefängnisse, wurden dieser jedoch nur selten gerecht. Sie sahen über Missstände in den Haftanstalten in der Regel hinweg.

Für die „politisch-operative" Kontrolle des Strafvollzugs war das Ministerium für Staatssicherheit verantwortlich - insbesondere dessen Linie VII, die das Innenministerium und seine nachgeordneten Dienststellen überwachte. In den größeren Haftanstalten war das MfS durch eine sogenannte Operativgruppe vor Ort präsent, so auch in Cottbus.

Neben seinem offiziellen Personal in den Gefängnissen verfügte das Mielke-Ministerium auch dort über Inoffizielle Mitarbeiter. Sogenannte „Erzieher" (die Offiziere unter dem Aufsichtspersonal) wurden häufig als Führungs-IM (FIM) verpflichtet und leiteten ihrerseits in der Regel mehrere Häftlinge als Zuträger an, die sie z. T. selbst als IM empfohlen hatten. In Cottbus war der Anteil der IM unter den Strafvollzugsmitarbeitern wahrscheinlich besonders hoch, das Kontrollnetz des MfS ausgesprochen dicht. Letztlich entschied das MfS auch über die Entlassung insbesondere derjenigen politischen Häftlinge, gegen die seine Linie IX vor ihrer Verurteilung ermittelt hatte, erst recht galt das für „Freikaufkandidaten".

Mit allen Mitteln versuchte die Stasi den Abfluss von Informationen in die Bundesrepublik und andere westliche Staaten zu verhindern, was aber nie in gewünschtem Maße gelang. So musste das Mielke-Ministerium z.b. 1983 108 von Amnesty international veranlasste Schreiben „vorwiegend aus Frankreich, England, Italien und den USA" an die Leitung des Cottbuser Gefängnis' registrieren, die die Haftbedingungen kritisierten und sich für Inhaftierte einsetzten.

Ehemalige Cottbuser Häftlinge berichten häufig vom vergleichsweise hohen Bildungsniveau ihrer Leidensgenossen, dies gilt vor allem für die siebziger Jahre. Der Zusammenhalt der Gefangenen soll aufgrund der Dominanz der „Politischen" gegenüber den „Kriminellen" besser als in anderen Haftanstalten gewesen sein, auch Gewalt zwischen den Häftlingen kam seltener vor.

Trotz der vielfältigen Repressionen versuchten die Häftlinge immer wieder, Verzweiflung und Resignation zu überwinden und politischen Protest zu artikulieren, was z.B. Siegmar Faust mit dem illegalen Verfassen von 15 handgeschriebenen Ausgaben der Gefangenenzeitung „Armes Deutschland" mit Hilfe der ihn unterstützenden Haftkameraden überzeugend gelang.

Allerdings ist eine Idealisierung der sozialen Beziehungen der Häftlinge untereinander für die Cottbuser Vollzugsanstalt ebensowenig angebracht wie für andere DDR-Gefängnisse. Auch unter den politischen Gefangenen gab es z.T. heftige Konflikte, vor allem zwischen „Ausweisern" (Gefängnisjargon für Ausreisewillige) und „Einweisern" (die in die DDR entlassen werden wollten). Letztere – häufig als „rote Socken" geschmäht – mussten viel Intoleranz seitens ihrer eigenen „Haftkameraden" ertragen.

Viele Inhaftierte, die den SED-Staat rigoros ablehnten, radikalisierten sich in der Haft; aus dem Hass auf die dortigen menschenverachtenden Verhältnisse und die dafür Verantwortlichen entwickelten sich z. T. antidemokratische Einstellungen und mitunter sogar Sympathien für westdeutsche rechtsextremistische Parteien.

Das Cottbuser Vollzugspersonal galt unter DDR-Häftlingen als überdurchschnittlich gewalttätig. Zwei besonders brutale Schließer erhielten nach dem Ende des SED-Staates die beiden einzigen nicht zur Bewährung ausgesetzten Freiheitsstrafen, die von bundesdeutschen Gerichten wegen Gefangenenmisshandlung in der DDR verhängt worden waren. Vier weitere Haftstrafen für Cottbuser Wärter wurden zur Bewährung ausgesetzt – bundesweit gab es nur sieben andere Fälle.
Ein beträchtlicher Teil der früheren Häftlinge kämpft auch heute noch mit Haftfolgeschäden physischer und psychischer Art. Neben den Nachwirkungen der

Misshandlungen spielen auch die ansonsten schlechten Haftbedingungen eine Rolle.

Die Unterbringung in den Massenzellen muss insbesondere in den fünfziger und sechziger Jahren als menschenverachtend bezeichnet werden. Berüchtigt war Cottbus für seine besonders unwürdigen „Transporterzellen", die für neu angekommene bzw. „Transithäftlinge" genutzt wurden, sowie für die Arrestzellen („Tigerkäfige").

Auch Hygiene und medizinische Versorgung entsprachen nicht den Notwendigkeiten, es gibt sogar Berichte über Todesfälle aufgrund verweigerter oder unzureichender ärztlicher Behandlung.

Nach der extremen Mangelernährung der vierziger und fünfziger Jahre wurde das Essen später immer wieder als quantitativ ausreichend, aber ungesund und weitgehend geschmacksfrei beschrieben, teilweise bekamen die Häftlinge sogar verdorbene Lebensmittel.

Nicht selten kam es in Cottbus zu Suizidversuchen, die in einigen Fällen auch „erfolgreich" waren. Darüber hinaus gab es Todesfälle durch Krankheiten, die nicht immer fachgerecht behandelt wurden.

Die Haftzwangsarbeit in der DDR muss als massive Menschenrechtsverletzung angesehen werden. Besonders skandalös waren die Arbeitsbedingungen und der Arbeitszwang für politische Gefangene. Seit Mitte der sechziger Jahre wurden die Cottbuser Häftlinge vorwiegend in auf dem Gefängnisgelände gelegenen Produktionsstätten von Pentacon und Sprela beschäftigt. Die Arbeit war aufgrund veralteter Produktionsmethoden und mangelnden Arbeitsschutzes sehr unfallträchtig und ineffizient.

10.3. Fazit

Zweifellos gehörte das Cottbuser Zentralgefängnis – obwohl deutlich kleiner als beispielsweise die Haftanstalten Brandenburg oder Bautzen I – zu den wichtigsten Gefängnissen der SBZ/DDR.

Das war nicht zuletzt seinem besonderem Profil geschuldet – die große Mehrheit der Häftlinge saß wegen einer mit ihrem Ausreisebegehren verbundenen „Straftat" ein – nach völkerrechtlichen Maßstäben handelte es sich bei ihnen um politische Gefangene. Eine solche Konzentration dieser Häftlingsklientel hatte keine andere Haftanstalt aufzuweisen.

Das Cottbuser Wachpersonal „genoss" wohl nicht zu Unrecht einen besonders schlechten Ruf – einige Schließer neigten zu exzessiver Gewalt.

Dagegen wurde das Klima unter den Gefangenen von nicht wenigen Häftlingen, die auch etwa Brandenburg oder Bautzen erlebt und erlitten hatten, als meist „angenehmer" beschrieben – man hatte häufig mit Gleichgesinnten zu tun und musste sich seltener mit Schwerkriminellen arrangieren.

Auf anderen Gebieten unterschieden sich die Verhältnisse in Cottbus aber kaum von denen in anderen Gefängnissen. Es herrschten quasi-militärische Ordnungsvorstellungen; die Häftlinge sollten offiziell „erzogen", faktisch aber gebrochen werden.

Die Arbeitsbedingungen waren katastrophal (Normdruck, mangelnder Arbeitsschutz, veraltete Produktionsanlagen). Auch die sonstigen Haftbedingungen (häufige Überfüllung, schlechte Ernährung und Bekleidung, mangelhafte Hygiene und Gesundheitsversorgung) führten bei nicht wenigen Häftlingen zu bleibenden physischen und psychischen Schäden.

Aufgrund ihres Ausreiseantrags hatten die meisten Cottbuser Gefangenen eine vergleichsweise erfreuliche Perspektive. Nach den Strapazen der Haft winkte häufig der Freikauf durch die Bundesregierung - der zumindest in den siebziger und achtziger Jahren direkt in die Bundesrepublik führte. Auch diejenigen unter den Cottbuser Häftlingen, die in die DDR entlassen wurden, standen dem SED-Staat in aller Regel noch ablehnender gegenüber als vor ihrer Haft.

Alles in allem war das Zentralgefängnis Cottbus zweifellos eine „öde Stätte", wie es im von den politischen Gefangenen gesungenen „Cottbus-Lied" heißt. Das „Zuchthaus" nahm als „Ausreisergefängnis" eine spezielle Position im DDR-Strafvollzug ein, ohne aus dessen Gesamtrahmen zu fallen. In allen Gefängnissen des SED-Staates wurden die Menschenrechte der Inhaftierten fundamental verletzt. Insbesondere die politische Haft produzierte keineswegs geläuterte Staatsbürger, sondern häufig genug radikalisierte Antikommunisten – das Erziehungskonzept der SED schlug also vollkommen fehl.

11. Quellen- und Literaturverzeichnis

11.1. Sekundärliteratur/gedruckte Quellen

Alisch 1999 = Steffen Alisch: „…ist es u. E. nicht zweckmäßig, mit diesen Zahlen gegenüber dem Senat zu arbeiten" – West-Berliner Besucher und „parteiliche" Statistik, in: ZdF (Zeitschrift des Forschungsverbundes SED-Staat) 7/1999, S. 41-49.

Alisch 2013 = Steffen Alisch: Der Mythos vom Goldesel Strafvollzug. Anmerkungen zur Rentabilität der Haftzwangsarbeit in der DDR und deren Entlohnung, in: ZdF (Zeitschrift des Forschungsverbundes SED-Staat) 33/2013, S. 73-86.

Alisch/Schroeder 2010 = Steffen Alisch/Klaus Schroeder: Lob des Ehrenamts, in: ZdF (Zeitschrift des Forschungsverbundes SED-Staat) 28/2010, S. 176-77.

Ansorg 2005 = Leonore Ansorg: Politische Häftlinge im Strafvollzug der DDR. Die Strafvollzugseinrichtung Brandenburg, Berlin 2005.

Aris/Heitmann 2013 = Nancy Aris/Clemens Heitmann (Hg.): Via Knast in den Westen. Das Kaßberg-Gefängnis und seine Geschichte, Leipzig 2013.

Arnold 1993 = Jörg Arnold: „Strafvollzug in der DDR". Ein Gegenstand gegenwärtiger und zukünftiger Forschung, in: Monatsschrift für Kriminologie und Strafrechtsreform Nr. 6/1993, S. 390-404.

Bastian/Neubert 2003 = Uwe Bastian/Hildigund Neubert: Schamlos ausgebeutet. Das System der Haftzwangsarbeit politischer Gefangener des SED-Staates, Berlin 2003.

Beckmann/Kusch 1994: Regina Kusch/Andreas Beckmann: Gott in Bautzen. Gefangenenseelsorge in der DDR, Berlin 1994.

Beer 2011 = Harald Beer: Schreien hilft dir nicht, Leipzig 2011.

Beer/Weißflog 2011 = Kornelia Beer/Gregor Weißflog: Weiterleben nach politischer Haft in der DDR. Gesundheitliche und soziale Folgen, Göttingen 2011.

Beleites 1998 = Johannes Beleites: Die Rolle des MfS im Bereich des Untersuchungshaft- und Strafvollzuges in der DDR. In: Horch und Guck 3/1998, S.46-55.

Beleites 1999 = Johannes Beleites: Die Rolle des Ministeriums für Staatssicherheit im Bereich des Untersuchungshaft- und Strafvollzuges in der DDR. In: Rolf Herrfahrdt (Hg.): Dokumentation der 24. Arbeits- und Fortbildungstagung in Güstrow/Mecklenburg, Hannover 1999, S. 41-56.

Berger 1988 = Gabriel Berger: Mir langt's, ich gehe. Der Lebensweg eines DDR-Atomphysikers von Anpassung zu Aufruhr, Freiburg 1988.

Berger 2008 = Gabriel Berger: Ich protestiere, also bin ich, Berlin 2008.

Besier 1995 = Gerhard Besier; Der SED-Staat und die Kirche 1969-1990. Berlin/Frankfurt/M. 1995.

Beyer 2003 = Achim Beyer: Urteil: 130 Jahre Zuchthaus. Jugendwiderstand in der DDR und der Prozess gegen die „Werdauer Oberschüler 1951", Leipzig 2003.

Bilke 1995 = Jörg Bernhard Bilke: Unerwünschte Erinnerungen, in Materialien 1995, Band III/2, S. 796-828.

Borchert 2002 = Jens Borchert: Erziehung im DDR-Strafvollzug, Herbolzheim 2002.

Brauckmann 1996 = Roland Brauckmann: Amnesty International als Feindobjekt der DDR. Schriftenreihe des Berliner Landesbeauftragten für die Unterlagen des Staatssicherheitsdienstes der ehemaligen DDR (Band 3), Berlin 1996.

Buddrus 1996 = Michael Buddrus: „… im Allgemeinen ohne besondere Vorkommnisse". Dokumente zur Situation des Strafvollzugs der DDR nach der Auflösung der sowjetischen Internierungslager 1949–1951, in: Deutschland Archiv Nr. 1/1996, S. 10-33.

Dölling 2009 = Birger Dölling: Strafvollzug zwischen Wende und Wiedervereinigung, Berlin 2009.

Dokumente 2012 = Dokumente zur Deutschlandpolitik, „Besondere Bemühungen" der Bundesregierung, Band 1: 1962 bis 1969. Bearbeitet von Elke Hammer, München 2012.

Eberle 2000 = Henrik Eberle: GULag DDR? – Ökonomische Aspekte des Strafvollzugs in den 50er und 60er Jahren. In: Heiner Timmermann (Hg.): Die DDR – Recht und Justiz als politisches Instrument, Berlin 2000, S. 113-140.

Eisenfeld 2002 = Bernd Eisenfeld: Rechtsextremismus in der DDR – Ursachen und Folgen, in: Manfred Agethen/Eckhard Jesse/Ehrhart Neubert (Hrsg.): Der missbrauchte Antifaschismus. DDR-Staatsdoktrin und Lebenslüge der deutschen Linken, Freiburg/Basel/Wien 2002, S. 221-236.

Erler 1997 = Peter Erler: „Lager X". Das geheime Haftarbeitslager des MfS in Berlin- Hohenschönhausen (1952-1972). Fakten – Dokumente – Personen. Arbeitspapiere des Forschungsverbundes SED-Staat 25/1997, Berlin 1997.

Faust 1980 = Siegmar Faust: In welchem Lande lebt Mephisto? Schreiben in Deutschland, München 1980.

Faust 1983 = Siegmar Faust: Ich will hier raus, Berlin 1983.

Finn 1960 = Gerhard Finn: Die politischen Häftlinge der Sowjetzone, Pfaffenhofen 1960.

Finn 1981 = Gerhard Finn unter Mitarbeit von Karl Wilhelm Fricke: Politischer Strafvollzug in der DDR, Köln 1981.

Flügge 1996 = Christoph Flügge: Wie war es wirklich in den DDR-Gefängnissen? Über die Schwierigkeiten einer amtlichen Auskunft. In: Zeitschrift für Strafvollzug und Straffälligenhilfe 2/1996, S.100-102.

Freyberger u. a. 2003 = Harald Freyberger/Jörg Frommer/Andreas Maercker/Regina Steil: Gesundheitliche Folgen politischer Haft in der DDR. Expertengutachten, Dresden 2003.

Fricke 1979 = Karl Wilhelm Fricke: Politik und Justiz in der DDR. Zur Geschichte der politischen Verfolgung 1945 – 1968. Bericht und Dokumentation, Köln 1979.

Fricke 1988 = Karl Wilhelm Fricke: Zur Menschen- und Grundrechtssituation politischer Gefangener in der DDR, 2. erg. Auflage, Köln 1988.

Fricke 1999 = Karl-Wilhelm-Fricke (Hg.): Humaner Strafvollzug und politischer Missbrauch, Dresden 1999.

Fricke 2000 = Karl Wilhelm Fricke: Der Wahrheit verpflichtet. Texte aus fünf Jahrzehnten zur Geschichte der DDR, Berlin 2000.

Fricke/Klewin 2001 = Karl Wilhelm Fricke/Silke Klewin: Bautzen II. Sonderhaftanstalt unter MfS-Kontrolle 1956-1989, Leipzig 2001.

Furian 1991 = Gilbert Furian: Mehl aus Mielkes Mühlen. Politische Häftlinge und ihre Verfolger-Erlebnisse. Briefe – Dokumente, Berlin 1991.

Greiner 2010 = Bettina Greiner: Verdrängter Terror, Hamburg 2010.

Heidenreich 2009 = Ronny Heidenreich: Aufruhr hinter Gittern. Leipzig 2009.

Heitmann/Sonntag 2009 = Clemens Heitmann/Marcus Sonntag: Einsatz in der Produktion. Soldaten und Strafgefangene als Stützen der DDR-Staatswirtschaft. In: DeutschlandArchiv 3/2009, S. 451-458.

HELP e.V. 2002 = HELP e.V. (Hrsg.): Das gestohlene Leben. Dokumentarerzählungen über politische Haft und Verfolgung in der DDR, Berlin 2002.

Heyme/Schumann 1991 = Torsten Heyme/Felix Schumann: Ich kam mir vor wie'n Tier – Knast in der DDR, Berlin 1991.

IGFM 1985 = Internationale Gesellschaft für Menschenrechte „Strafvollzug in der DDR", Frankfurt/Main 1985.

IGFM 1986 = Internationale Gesellschaft für Menschenrechte (Hrsg.): Politische Haft in der DDR. Befragung politischer Gefangener aus der DDR über ihre Inhaftierung in der DDR, Stand 1986, Frankfurt/Main 1986.

IGFM 2005 = Internationale Gesellschaft für Menschenrechte (Hrsg.): Politische Haft in der DDR. Ergebnisse einer Befragung politischer Gefangener in den 80er Jahren, Frankfurt/Main 2005.

Jehmlich 2009 = Gerhard Jehmlich: Der VEB Pentacon Dresden, Geschichte der Dresdner Kamera- und Kinoindustrie nach 1945, Dresden 2009.

Kaminsky 2004 = Annette Kaminsky (Hg.): Orte des Erinnerns. Gedenkzeichen, Gedenkstätten und Museen zur Diktatur in SBZ und DDR, Bonn 2004.

Kern 1958 = Herbert Kern: Die Erziehung im Strafvollzug, Berlin 1958.

Kessler 2001 = Dietrich Kessler: Stasi-Knast, Berlin 2001.

Kittan 2012 = Tomas Kittan: Das Zuchthaus Cottbus. Die Geschichte des politischen Strafvollzugs, 3. Aufl. Cottbus 2012.

Krolkiewicz 2003 = Ralf-Günter Krolkiewicz: Hafthaus, Wilhelmshorst 2003.

Lenz 2003 = Reinhold Lenz: Der Lenz ist da. Der Lebensweg eines Justizvollzugsbeamten, Berlin 2003.

Lippmann 2009 = Bernd Lippmann: Moderner Menschenhandel – Freikauf politischer Häftlinge aus der DDR. In: Eckart Conze (Hg.): Die demokratische Revolution 1989 in der DDR. Weimar 2009.

Lippmann 2012 = Bernd Lippmann: Das Konstruktionsbüro. Ein Erfahrungsbericht aus dem Zuchthaus Cottbus. in: ZdF (Zeitschrift des Forschungsverbunds SED-Staat) Nr. 31/2012, S. 43-45.

Lippmann 2013a = Bernd Lippmann: Die Anwerbung von Stasi-Spitzeln unter politischen Gefangenen und ihr Agieren in der Bundesrepublik. In. Aris/Heitmann 2013; S. 81-98.

Lippmann 2013b = Bernd Lippmann: Aljoscha und das Fotoalbum, das es nicht geben durfte. In. Aris/Heitmann 2013; S. 166-178.

Lolland/Rödiger 1977 = Jörg Lolland/Frank S. Rödiger (Hg.); Gesicht zur Wand! Berichte und Protokolle politischer Häftlinge in der DDR, Stuttgart 1977.

Maltzahn 2010 = Dietrich von Maltzahn: Mein erstes Leben oder Sehnsucht nach Freiheit, 3. korrigierte Auflage, München 2010.

Marxen/Werle 2009 = Klaus Marxen/Gerhard Werle (Hrsg.): Strafjustiz und DDR-Unrecht. Dokumentation, Band 7 (unter Mitarbeit von Mario Piel/Petra Schäfter): Gefangenenmisshandlung, Doping und sonstiges DDR-Unrecht, Berlin 2009.

Materialien 1995 = Materialien der Enquete-Kommission „Aufarbeitung von Geschichte und Folgen der SED-Diktatur in Deutschland" (12. Wahlperiode des Deutschen Bundestages), hrsg. vom Deutschen Bundestag, Baden-Baden 1995.

Materialien 1999 = Materialien der Enquete-Kommission „Überwindung der Folgen der SED-Diktatur im Prozess der deutschen Einheit" (13. Wahlperiode des Deutschen Bundestages), hrsg. vom Deutschen Bundestag, Baden-Baden 1999.

Mihr 2002 = Anja Mihr: Amnesty International in der DDR. Der Einsatz für Menschenrechte im Visier der Stasi, Berlin 2002.

Ministerium des Inneren 1979 = Ministerium des Inneren (Hrsg.): Strafvollzug in der Deutschen Demokratischen Republik. Lehrbuch, Berlin 1979.

Müller 1998 = Klaus-Dieter Müller: „Jeder kriminelle Mörder ist mir lieber ..." Haftbedingungen für politische Häftlinge in der Sowjetischen Besatzungszone und der Deutschen Demokratischen Republik und ihre Veränderungen von 1945 – 1989, in: Klaus-Dieter Müller/Annegret Stephan (Hrsg.): Die Vergangenheit läßt uns nicht los. Haftbedingungen politischer Gefangener in der SBZ/DDR und deren gesundheitliche Folgen, Berlin 1998, S. 15-138.

Müller 2012 = Jörg Müller: Strafvollzugspolitik und Haftregime in der SBZ und in der DDR, Göttingen 2012.

Oleschinski 1993 = Brigitte Oleschinski: „Nur für den Dienstgebrauch?" Das Tabu Strafvollzug in der DDR, in: Rolf Hanusch (Hrsg.): Verriegelte Zeiten. Vom Schweigen über die Gefängnisse in der DDR, Tutzing 1993, S. 7-13.

Oleschinski 1994 = Brigitte Oleschinski: Schlimmer als schlimm. Strafvollzug in der DDR, in: Bundesjustizministerium (Hrsg.): Im Namen des Volkes? Über die Justiz im Staat der SED. Wissenschaftlicher Begleitband zur Ausstellung des Bundesministeriums der Justiz, Leipzig 1994, S. 255-262.

Peter 1994 = Andreas Peter: Der Juni-Aufstand im Bezirk Cottbus, in: Deutschland Archiv 27 (1994) 6, S. 585-594.

Pfarr 2013 = Micha Christopher Pfarr: Die strafrechtliche Aufarbeitung der Misshandlung von Gefangenen in den Haftanstalten der DDR, Berlin 2013.

Pieper 1997 = Bernd Pieper: Roter Terror in Cottbus. Siebzehn Monate in Gefängnissen der DDR, Berlin 1997.

Plogstedt 2010 = Sybille Plogstedt: Knastmauke. Das Schicksal von politischen Häftlingen der DDR nach der deutschen Wiedervereinigung, Gießen 2010.

Pohl 2001 = Dieter Pohl: Justiz in Brandenburg 1945 – 1955. Gleichschaltung und Anpassung, München 2001.

Priebe/Denis 1999 = Stefan Priebe/Doris Denis: Gesundheitliche und psychische Folgeschäden politischer Verfolgung im Hinblick auf Rehabilitierung und Wiedergutmachung, in: Materialien 1999, Band II/1, S. 289-339.

Probst 2009 = Gabi Probst: Ungebrochene Karrieren – Hunderte Ex-Stasi-Mitarbeiter im Dienst der Brandenburger Polizei, Beitext zur Sendung am 03.06.2009, < http://www.rbb-online.de/klartext/archiv/klartext_vom_03_06/ungebro chene_karrieren.html> (letzter Zugriff: 27.7.2009).

Raschka 1997 = Johannes Raschka: „Für kleine Delikte ist kein Platz in der Kriminalitätsstatistik." Zur Zahl politischer Häftlinge während der Amtszeit Honeckers, Dresden 1997.

Raschka 1998 = Johannes Raschka: Einschüchterung, Ausgrenzung, Verfolgung. Zur politischen Repression in der Amtszeit Honeckers, Dresden 1998.

Raschka 2000 = Johannes Raschka: Justizpolitik im SED-Staat. Anpassung und Wandel des Strafrechts während der Amtszeit Honeckers, Köln/Weimar/Wien 2000.

Rathje 1997 = Ulf Rathje: Die Strafgefangenen- und Verhaftetendateien der Verwaltung Strafvollzug des Ministeriums des Inneren der DDR, in: Historical Social Research, 22/1997, Nr.1, S.132-139.

Rehlinger 1991 = Ludwig A. Rehlinger: Freikauf. Die Geschäfte mit politisch Verfolgten 1963-1989, Berlin 1991.

Rosenbaum-Held 2006 = Anatol Rosenbaum-Held: Die DDR feiert Geburtstag, und ich werde Kartoffelschäler, Berlin 2006.

Rothenbächer 2009 = Wulf Rothenbächer: Für meine Nachfahren, Rhoda-Wiedenbrück 2009 (unveröffentlicht).

Sauer/Plumeyer 1991 = Heiner Sauer/Hans-Otto Plumeyer: Der Salzgitter Report. Die Zentrale Erfassungsstelle berichtet über Verbrechen im SED-Staat, Esslingen/München 1991.

Schmidt 1986 = Andreas Schmidt: Leerjahre. Leben und Überleben im DDR-Gulag, Böblingen1986.

Schmidt 2011 = Karin Schmidt: Zur Frage der Zwangsarbeit im Strafvollzug der DDR, Hildesheim 2011.

Schöneburg 1993 = Volkmar Schöneburg: Freiheitsstrafen und Strafvollzug im Strafrecht der DDR, in: Rolf Hanusch (Hrsg.): Verriegelte Zeiten. Vom Schweigen über die Gefängnisse in der DDR, Tutzing 1993, S. 14-21.

Schroeder 1998 = Klaus Schroeder unter Mitarbeit von Steffen Alisch: Der SED-Staat. Geschichte und Strukturen der DDR, München 1998.

Schroeder 2006 = Klaus Schroeder: Die veränderte Republik. Deutschland nach der Wiedervereinigung, München 2006.

Schröder/Wilke 1999 = Wilhelm Heinz Schröder/Jürgen Wilke: Politische Gefangene in der DDR. Eine quantitative Analyse, in: Materialien 1999, Band VI, S. 1080-1292.

Seewald 2012 = Enrico Seewald: „Der absolute Schwerpunkt der Bezirksverwaltung Karl-Marx-Stadt". In: ZdF (Zeitschrift des Forschungsverbunds SED-Staat) Nr. 31/2012, S. 56-73.

Selitrenny 2001= Rita Selitrenny: Die schriftlichen Hinterlassenschaften aus dem DDR-Untersuchungshaft- und Strafvollzug. In DeutschlandArchiv 5/2001, S.801-805.

Skribanowitz 1991 = Gert Skribanowitz: Feindlich eingestellt. Vom Prager Frühling ins deutsche Zuchthaus, Böblingen 1991.

Sonntag 2011 = Marcus Sonntag: Die Arbeitslager in der DDR, Essen 2011.

Storck 2010 = Matthias Storck: Karierte Wolken. Lebensbeschreibungen eines Freigekauften, Giessen, Basel 2010.

Trobisch-Lütge 2004 = Stefan Trobisch-Lütge: Das späte Gift. Folgen politischer Traumatisierung in der DDR und ihre Behandlung, Gießen 2004.

Vaatz 2002 = Arnold Vaatz: Offener Brief an Stephan Hermlin, März 1987, in: Ilko-Sascha Kowalczuk (Hrsg.): Freiheit und Öffentlichkeit. Politischer Samisdat in der DDR 1985-1989, Berlin 2002, S. 204-213.

Vesting 2012 = Justus Vesting: Zwangsarbeit im Chemiedreieck. Strafgefangene und Bausoldaten in der Industrie der DDR, Berlin 2012.

Völkel 2008 = Claudia Völkel: Die besonderen Bemühungen der Bundesregierung um Haftentlassung und Übersiedlung aus der DDR. Aus der Überlieferung des Bundesministeriums für innerdeutsche Beziehungen (B 137), in: Mitteilungen aus dem Bundesarchiv 1/2008.

Wachsmann 2006 = Nikolaus Wachsmann: Gefangen unter Hitler: Justiz und Strafvollzug im NS-Staat, Berlin 2006.

Wagner 2009 = Andreas Wagner: DDR-Gefängnisse – das Beispiel Bützow. In; Behrens, Heidi/Ciupke, Paul/Reichling, Norbert (Hg.): Lernfeld DDR-Geschichte, Schwalbach 2009, S.355-365.

Wentker 2001 = Hermann Wentker: Justiz in der SBZ/DDR 1945-1953. Transformation und Rolle ihrer zentralen Institutionen, München 2001.

Werkentin 1995 = Falco Werkentin: Politische Strafjustiz in der Ära Ulbricht, Berlin 1995.

Werkentin 1998 = Falco Werkentin: Zur Dimension politischer Inhaftierung in der DDR 1949 – 1989, in: Klaus-Dieter Müller/Annegret Stephan (Hrsg.): Die Vergangenheit lässt uns nicht los. Haftbedingungen politischer Gefangener in der SBZ/DDR und deren gesundheitliche Folgen, Berlin 1998, S. 139-152.

Winkler 1984 = Karl Winkler: Made in GDR. Jugendszenen aus Ost-Berlin. 2. Auflage Berlin 1984.

Winter 1996 = Friedrich Winter: Der Fall Defort. Drei evangelische Pfarrer im Konflikt. Eine Dokumentation, Berlin 1996.

Wölbern 2013 – Jan Philipp Wölbern: Mit dem Wunderbus nach Gießen. Der Häftlingsfreikauf und die Stasi-U-Haftanstalt in Karl-Marx-Stadt. In: Aris/Heitmann 2013, S. 46-56.

Wunschik 1999 = Tobias Wunschik: Der DDR-Strafvollzug unter dem Einfluß der Staatssicherheit in den siebziger und achtziger Jahren, in: Roger Engelmann/Clemens Vollnhals (Hrsg.): Justiz im Dienste der Parteiherrschaft. Rechtspraxis und Staatssicherheit in der DDR, Berlin 1999, S. 467-493.

Wunschik 2001 a = Tobias Wunschik: Selbstbehauptung und politischer Protest von Gefangenen im DDR-Strafvollzug, in: Ehrhart Neubert/Bernd Eisenfeld (Hrsg.): Macht – Ohnmacht – Gegenmacht. Grundfragen zur politischen Gegnerschaft in der DDR, Bremen 2001, S. 267-292.

Wunschik 2001 b = Tobias Wunschik: Die Strafvollzugspolitik des SED-Regimes und die Behandlung der Häftlinge in den Gefängnissen der DDR, in: Heiner Timmermann (Hg.): Deutsche Fragen. Von der Teilung zur Einheit, Berlin 2001, S. 257-284.

Wunschik 2002 = Tobias Wunschik: Die Haftanstalt Cottbus und das Ministerium für Staatssicherheit, Vortrag im Rahmen der Veranstaltung „Damit die Erinnerung nicht abreißt…" Politische Haft in Cottbus 1949 – 1989, 6.11.2002, < http:// www.bstu.bund.de/nn_713370/DE/MfS-DDR-Geschichte/Einzelthemen/   Themenarchiv/Widerstand-in-DDR-Haftanstalten/wunschik__haftanstalt__cottbus. html__nnn=true > (letzter Zugriff: 27.7.2009).

Wunschik 2003 = Tobias Wunschik: „Zinker" und „Zellenrutscher". Die IM der Staatssicherheit im Strafvollzug der DDR, in: Horch und Guck. Berlin, Heft 4/2003, S. 61ff.

Wunschik 2004 a = Tobias Wunschik: Norilsk und Workuta, Cottbus und Hoheneck. Die Proteste der Häftlinge in der Sowjetunion und der DDR nach Stalins Tod 1953, in: Heiner Timmermann: Das war die DDR, Münster 2004, S. 198 - 218.

Wunschik 2004 b = Tobias Wunschik: Politischer Strafvollzug und Haftanstalten der DDR, in: Anette Kaminsky (Hrsg.): Orte des Erinnerns. Gedenkzeichen, Gedenkstätten und Museen zur Diktatur in SBZ und DDR, Leipzig 2004, S. 494-500.

Wunschik 2005 = Tobias Wunschik 2005: Die Befreiung der Gefangenen im Juni 1953, in: Roger Engelmann/Ilko-Sascha Kowalczuk (Hrsg): Volkserhebung gegen den SED-Staat, Göttingen 2005, S. 175-199.

Wunschik 2006 =Tobias Wunschik: Die Haftanstalt Bützow-Dreibergen und die Stasi in den 50er und 60er Jahren. In: Politische Memoriale e,V. Mecklenburg-Vorpommern (Hg.): Beiträge zur Geschichte des Strafvollzuges und der politischen Strafjustiz in Mecklenburg-Vorpommern, Rostock 2006, S. 135-147.

Wunschik 2008 = Tobias Wunschik 2008: Ein Regenmantel für Dertinger. Das instabile „Tauwetter" im Gefängniswesen der DDR 1956/57, in: Roger Engelmann/Thomas Großbölting/Hermann Wentker (Hrsg.): Kommunismus in der Krise, Göttingen 2008, S. 297-325.

Wunschik 2009 = Tobias Wunschik: Hauptabteilung VII: Ministerium des Inneren, Deutsche Volkspolizei , MfS-Handbuch.

Wunschik 2010 = Tobias Wunschik: Primat der Erziehung oder der Ökonomie? Der Arbeitseinsatz von Gefangenen in der DDR. In: Gerhard Ammerer u.a. (Hg.): Orte der Verwahrung, Leipzig 2010, S. 149-166.

Woynar 2002 = Ines Woynar: Strafvollzug in der DDR (Diplomarbeit), Hamburg 1992.

Zahn 1997 = Hans-Eberhard Zahn: Haftbedingungen und Geständnisproduktion in den Untersuchungs-Haftanstalten des MfS, in: Schriftenreihe des Landesbeauftragten für die Unterlagen des Staatssicherheitsdienstes der ehemaligen DDR (Band 5), Berlin 1997.

Ziegler 1998 = Thomas Ziegler: Der Strafvollzug in der DDR. In: Sächsisches Staatsministerium der Justiz (Hg.):Hinter Gittern – Drei Jahrhunderte Strafvollzug in Sachsen. Dresden 1998, S. 34-45.

Zschorsch 1977 = Gerald Zschorsch: Glaubt bloß nicht, dass ich traurig bin. Frankfurt/Main 1977.

11.2. Unveröffentlichte Quellen

Bundesarchiv Berlin
Abteilung DDR
 Bestand Ministerium der Justiz
 Bestand Generalstaatsanwalt der DDR
 Bestand Oberstes Gericht der DDR
 Bestand Ministerium des Inneren

Stiftung Archiv der Parteien und Massenorganisationen im Bundesarchiv
 Parteiarchiv der SED
 Politbüro des ZK
 Bestand Sekretariat des ZK
 Bestand Büro Günter Mittag
 Bestand Büro Walter Ulbricht
 Bestand Büro Erich Honecker
 Bestand Büro Egon Krenz
 Bestand Abteilung Sicherheit des ZK
 Bestand Abteilung Staats- und Rechtsfragen des ZK

Archiv des Bundesbeauftragten für die Unterlagen des Staatsicherheitsdienstes der ehemaligen Deutschen Demokratischen Republik

Stadtarchiv Cottbus
 Bestand Rat der Stadt Cottbus

Archiv der JVA Cottbus

Brandenburger Landeshauptarchiv
 Bestand Ministerium für Justiz
 Bestand Deutsche Volkspolizei, Bezirksleitung Cottbus
 Bestand Landgericht Potsdam

12. Abkürzungsverzeichnis

AB: Arbeitsbereich in der StVE
AEB: Arbeitseinsatzbetrieb
AKG: Auswertungs- und Kontrollgruppe des MfS
AfNS: Amt für Nationale Sicherheit
Ai: Amnesty international
ASG: Auskúnftsbereiter Strafgefangener
ASTAK: Antistalinistische Aktion
AV: Allgemeiner Vollzug
BArch: Bundesarchiv
BdVP: Bezirksverwaltung der Deutschen Volkspolizei
BGL: Betriebsgewerkschaftsleitung
BLHA: Brandenburgisches Landeshauptarchiv
BStU: Der Bundesbeauftragte für die Unterlagen des Staatssicherheitsdienstes
der ehemaligen DDR
BV: Bezirksverwaltung
BVfS: Bezirksverwaltung für Staatssicherheit
BVSV: Bezirksverwaltung Strafvollzug
DA: Dienstanweisung
EB: Erziehungsbereich
EV: Ermittlungsverfahren bzw. Erleichterter Vollzug
FDGB: Freier Deutscher Gewerkschaftsbund
FDJ: Freie Deutsche Jugend
FIM: Führungs-IM
GM: Gesellschaftlicher Mitarbeiter des MfS
GO: Grundorganisation (der SED)
GSSD: Gruppe der sowjetischen Streitkräfte in Deutschland
GST: Gesellschaft für Sport und Technik
GTW: Gefangenentransportwagen
GULag: Hauptverwaltung der Straflager (Sowjetunion)
GVS: Geheime Verschlusssache
HA: Hauptabteilung (des MfS)
HAL: Haftarbeitslager
HKH: Haftkrankenhaus
HVDVP: Hauptverwaltung Deutsche Volkspolizei (MdI)
IGFM: Internationale Gesellschaft für Menschenrechte
IKMR: Inoffizieller kriminalpolizeilicher Mitarbeiter aus dem Kreis der Rechts-
brecher
IM: Inoffizieller Mitarbeiter des MfS
IMS: Inoffizieller Mitarbeiter des MfS zur Sicherung
JHS: Juristische Hochschule (des MfS) in Potsdam-Eiche
JStV: Jugendstrafvollzug
JVA: Justizvollzugsanstalt
KgU: Kampfgruppe gegen Unmenschlichkeit
KO: Konspiratives Objekt des MfS
LDPD: Liberaldemokratische Partei Deutschlands (DDR)

LPG: Landwirtschaftliche Produktionsgenossenschaft
LStU: Landesbeauftragter für die Unterlagen des Staatssicherheitsdienstes
MAPO: VEB Matratzen- und Polstermöbelfabrik
MdI: Ministerium des Innern
MDN: Mark der Deutschen Notenbank (DDR)
MfS: Ministerium für Staatssicherheit
ND: Neues Deutschland
NKWD: Volkskommissariat für Innere Angelegenheiten der UdSSR
NSA: Nichtsozialistisches Ausland
NSW: Nichtsozialistisches Wirtschaftsgebiet
NVA: Nationale Volksarmee
OibE: Offizier im besonderen Einsatz des MfS
OPK: Operative Personenkontrolle
OV: Operativer Vorgang
RBB: Rundfunk Berlin-Brandenburg
SAPMO: Stiftung Archiv der Parteien und Massenorganisationen der DDR
SBZ: Sowjetische Besatzungszone
SG: Strafgefangener
SKK: Sowjetische Kontrollkommission
SMAD: Sowjetische Militäradministration in Deutschland
StGB: Strafgesetzbuch
StPO: Strafprozessordnung
StUG: Stasi-Unterlagen-Gesetz
StäV: Ständige Vertretung
StVA: Strafvollzugsanstalt
StVE: Strafvollzugseinrichtung
SV: Strafvollzug
TH: Technische Hochschule
UHA: Untersuchungshaftanstalt
UOKG: Union der Opfer der kommunistischen Gewaltherrschaft
VA: Vollzugsanstalt
VEB: Volkseigener Betrieb
VP: Volkspolizei
VSV: Verwaltung Strafvollzug
VVS: Vertrauliche Verschlusssache
ZI: Zelleninformant
ZK: Zentralkomitee (der SED)
ZMD: Zentraler Medizinischer Dienst

13. Namensverzeichnis

**Studien des Forschungsverbundes SED-Staat
an der Freien Universität Berlin**

Herausgegeben von Klaus Schroeder und Jochen Staadt

Die Bände 1-14 sind beim Akademie Verlag erschienen.

Band   15   Jochen Staadt (Hrsg.): „Die Eroberung der Kultur beginnt!" Die Staatliche Kommission für Kunstangelegenheiten der DDR (1951-1953) und die Kulturpolitik der SED. 2011.

Band   16   Benjamin Schröder / Jochen Staadt (Hrsg.): Unter Hammer und Zirkel. Repression, Opposition und Widerstand an den Hochschulen der SBZ/DDR. 2011.

Band   17   Klaus Schroeder/ Monika Deutz-Schroeder / Rita Quasten / Dagmar Schulze Heuling: Später Sieg der Diktaturen? Zeitgeschichtliche Kenntnisse und Urteile von Jugendlichen. 2012.

Band   18   Jochen Staadt (Hrsg.): Schwierige Dreierbeziehung. Österreich und die beiden deutschen Staaten. 2013.

Band   19   Beate Kaiser: Die Pionierorganisation *Ernst Thälmann*. Pädagogik, Ideologie und Politik. Eine Regionalstudie zu Dresden 1945-1957 und 1980-1990. 2013.

Band   20   Steffen Alisch: Strafvollzug im SED-Staat. Das Beispiel Cottbus. 2014.

www.peterlang.com

www.ingramcontent.com/pod-product-compliance
Lightning Source LLC
Chambersburg PA
CBHW041931260326
41914CB00010B/1258